ÉTICA APLICADA

PROTECÇÃO SOCIAL

ÉTICA APLICADA

PROTECÇÃO SOCIAL

COORDENAÇÃO
MARIA DO CÉU PATRÃO NEVES
ANTÓNIO BAGÃO FÉLIX

Título original:
Ética Aplicada: Protecção Social

Revisão: Cátia Loureiro

Capa: FBA

Depósito Legal n.º 434192/17

Biblioteca Nacional de Portugal – Catalogação na Publicação

ÉTICA APLICADA

Ética aplicada: protecção social / coord. Maria do Céu Patrão Neves,
António Bagão Félix. – (Ética aplicada; 5)
ISBN 978-972-44-2074-5

I – NEVES, Maria do Céu Patrão, 1959-
II – FÉLIX, Bagão, 1948-

CDU 172

Paginação:
EDIÇÕES ALMEDINA, S.A.

Impressão e acabamento:
PENTAEDRO, LDA.

para
EDIÇÕES 70

1.ª edição: Novembro de 2017

EDIÇÕES 70, uma chancela de Edições Almedina, S.A.
Avenida Engenheiro Arantes e Oliveira, n.º 11 – 3.º C – 1900-221 Lisboa / Portugal
e-mail: geral@edicoes70.pt

www.edicoes70.pt

Índice

Sob o signo da responsabilidade

Maria do Céu Patrão Neves
António Bagão Félix

I

O filósofo francês Emmanuel Lévinas, em *Ética e Infinito* (1982), para explicar a sua noção de «responsabilidade», citava Dostoiévski declarando que «somos todos culpados de tudo e de todos perante todos, eu mais do que os outros». A afirmação causa surpresa, mesmo perplexidade, sendo maioritariamente repudiada talvez devido à incompreensão do seu genuíno sentido, aparentemente alienado da realidade. Relembrar que esta afirmação não é originariamente própria, mas recuperada de *Os Irmãos Karamázov* (1879), não será suficiente para aquiescer. Até mesmo porque Lévinas é inequívoco no sentido que a citação adquire na sua obra: «Não devido a esta ou àquela culpabilidade efectivamente minha, por causa de faltas que tivesse cometido; mas porque sou responsável de uma responsabilidade total, que responde por todos os outros [...].» (Lévinas, *Ética e Infinito*, pp. 90-91).

Será necessário mergulhar mais profundamente no pensamento levinasiano para perceber o significado da «responsabilidade» como resposta ao outro que, no mundo, antecede o eu, tal como – para o filósofo – também a responsabilidade antecede a liberdade. Esta responsabilidade não é, pois, não pode ser, imputabilidade pelo «feito» (meramente subsidiária da liberdade), mas antes resposta pelo que importa «fazer» (tornando-se primordial na ordem do agir).

A explicação de Lévinas para esta inversão da perspectiva tradicional – na declaração da primordialidade do outro sobre o eu e da responsabilidade sobre a liberdade – pode apresentar-se de forma simples. Cada um de nós surgiu numa comunidade já constituída, que o antecedeu e que o chamou à existência. O outro não só precede o eu, mas também este, quando chega à existência, responde ao apelo do outro que o faz ser. Eis o que também a evidência empírica corrobora: são os pais que chamam o novo ser à existência.

O outro antecede sempre o eu, o qual, ao surgir no mundo, se apresenta como resposta ou responsabilidade (corroborando a sua etimologia latina: *respondere*) ao apelo do outro. A presença do outro incumbe o eu à responsabilidade antes mesmo do gozo da liberdade, antes mesmo deste agir de moto próprio, antes mesmo do «feito».

Esta responsabilidade pelo «a fazer» pode ser perspectivada também na esteira do filósofo alemão Hans Jonas (divergente da de Lévinas) como decorrente ou até proporcional ao poder de cada indivíduo, ao poder de que cada um se reveste e exerce. Assim, segundo Hans Jonas, em *O Princípio Responsabilidade* (1979), são os que dispõem de mais poder que também possuem mais obrigações, são os que mais podem que mais devem responder, que mais responsabilidade têm. Um governante tem mais poder do que os seus concidadãos e, por isso, mais responsabilidades; o mesmo se verificando, por exemplo, com um dirigente de uma instituição em relação aos membros da mesma.

Seguindo a linha levinasiana ou a linha jonasiana, o que nos importa destacar é esta abertura, este alargamento da noção de «responsabilidade» na sua reconceptualização contemporânea, como extravasando «o feito» e a mera consequência da liberdade, para se estender ao «a fazer» e vir a pautar as livres escolhas. Tematiza-se e fundamenta-se o que a tradição designava por omissão, a ausência de uma acção necessária possível, e confere-se-lhe a dimensão de obrigação – não se fazer o que se pode quando se deve é também não assumir uma responsabilidade própria –, o que só mais recentemente o Direito começou também a contemplar na sua visão restrita da «responsabilidade» como «imputabilidade».

Esta «responsabilidade» como «resposta por todos os outros» e «pelo que importa fazer», em suma, a responsabilidade como resposta ética ao outro, oferece-se como fundamentação teórica para todas as modalidades de intervenção social, não necessariamente alternativa ao difícil princípio da justiça ou à frágil virtude da solidariedade, mas certamente mais radical.

Reconheçamos que os princípios, dada a sua natureza genérica, são de fácil anuência: quem hoje ousaria dizer ser contra a justiça?! Porém, a necessidade de especificar os princípios éticos em normas morais, conferindo-lhes conteúdo, isto é, passar dos enunciados gerais abstractos para regras concretas de acção efectiva, raramente é consensual. Afinal, o que será mais justo: distribuir bens de acordo com a necessidade ou de acordo com o mérito? Se se atribui o mesmo tipo de ajuda a duas famílias que hoje se encontram em circunstâncias semelhantes, como agir amanhã quando aquela que tudo despendeu em consumíveis voltar a reclamar assistência e a outra, que aproveitou para se autonomizar socialmente, ficar à margem de qualquer apoio? O processo de especificação dos princípios em normas para sua posterior aplicação aos casos concretos singulares evidencia a existência de uma pluralidade de modalidades – modelo libertário, igualitário, contratual, comunitário – ou de directrizes da acção possível, por vezes mesmo de sentido contraditório. Em suma, o consenso e mesmo unanimidade em torno da justiça como princípio ético não garante uma prática comum a todos os actores da intervenção social.

Reconheçamos que as virtudes são simples disposições para agir de uma determinada forma, as quais se podem despertar através da educação, incentivar através do exemplo, cultivar através de uma prática continuada, mas que não se podem impor como obrigatórias. Compreende-se bem que exortemos alguém a ser altruísta, empático ou sereno, mas jamais poderemos exigir o exercício do que reputamos como qualidades de carácter. Podemos, quando muito, declará-las igualmente como valores, ou enunciados avaliativos que exprimem apreciação, valores objectivos, uma vez que persistem independentemente das circunstâncias, e universais, uma vez que se confirmem transversais no tempo e no espaço. A solidariedade é uma virtude, que reputamos também de valor, que se consubstancializa no reconhecimento do que apela à partilha, dependendo da vontade de cada um.

Esta responsabilidade será certamente mais do que uma virtude, ainda que requeira a solicitude em relação ao outro, e provavelmente menos do que um princípio, não se impondo em toda a sua extensão como obrigatoriedade. Mas como resposta ética às necessidades do outro, a responsabilidade deverá estabelecer-se como referencial indelével da coexistência pacífica e assim também, especificamente, da «protecção social», enquanto acção que reconhece o outro na sua realidade particular e estreita a relação entre todos, instituições e pessoas individuais, profissionais e voluntários...

Eis porque este volume sobre a *Ética Aplicada à Protecção Social* entende a acção de forma muito ampla como englobando toda a intervenção organizada, protagonizada por diferentes actores, que se desenrole no domínio social com a finalidade de responder às necessidades humanas. Neste sentido, pode envolver um conjunto de profissões e actividades que exercem trabalho social, como sejam o serviço social, mas também a educação social ou a animação sociocultural entre outras que aqui não contemplamos; simultaneamente, reconhece que o domínio do Serviço Social se tem vindo a desenvolver e a estruturar como área disciplinar por excelência em que se formam os assistentes sociais como profissionais da intervenção e protecção sociais – que aqui privilegiamos sem se lhes nos restringirmos. Importa, pois, não confundir estas diferentes expressões que, reportando-se a um domínio comum de actuação – a sociedade em geral – se revestem de vincadas especificidades – âmbito, natureza e requisitos da intervenção, entre outros – em que radica, aliás, o seu valor particular.

Neste contexto, justificar-se-á também, certamente, especificar que esta obra não adopta uma perspectiva deontológica, mas desenvolve-se no plano de uma ética aplicada, aliás, como a designação geral da colecção pressupõe. Sublinha-se que a «deontologia», ou ética profissional, é não só elaborada pelos profissionais da área, mas se dirige também exclusivamente a estes. Trata-se de uma auto-regulação, regra geral plasmada em códigos (deontológicos) ou conjunto de normas que obrigam todos os profissionais. Estas normas são de natureza ético-moral, visando à perfectibilização (no sentido aristotélico de realização máxima das potencialidades) do carácter do profissional, na convicção de que o modo de ser de cada um influencia o seu nível de desempenho; são também de natureza jurídico-administrativa, visando à qualidade e prestígio do exercício profissional, no reconhecimento de que toda e qualquer profissão tem uma função social a cumprir. Uma auto-regulação, porém, nunca pode ser muito exigente já que é, afinal, elaborada pelos próprios para si mesmos e deve ser de cumprimento acessível a todos os membros da profissão. Os códigos deontológicos são fundamentais para o bom desempenho do profissional e para o prestígio da profissão, mas não deixam de se constituir como mínimos éticos ao se restringirem a normas consensuais e, por isso, não dispensam o profissional de procurar agir sempre melhor, além do estabelecido deontologicamente.

A ética aplicada é de âmbito mais alargado visto que, reportando-se a uma área de actividade sócio-profissional, se vai constituindo através do concurso dos respectivos profissionais e cidadãos em geral, dirigindo-se particularmente a todos os que podem ser afectados por essa actividade. Por isso adopta a perspectiva da moral comum, de uma moral vivida, especificamente aplicada a cada uma das diferentes actividades sócio-profissionais, como é a Protecção Social. Trata-se, pois, de uma hetéro-regulação.

Hoje, nas sociedades democráticas e pluralistas em que vivemos, as deontologias profissionais não se podem constituir à margem da ética aplicada à mesma actividade profissional, na justa medida em que os cidadãos têm o direito de se pronunciar sobre os procedimentos que os envolvem, que lhe dizem respeito. E, na intervenção social, o domínio da protecção – horizonte amplo em que se desenvolve uma ética aplicada – extravasa o do serviço social – que se quer regulado deontologicamente –, co-estendendo-se à responsabilidade pelo «a fazer» «por todos». Aliás, esta imensa responsabilidade será talvez a razão de ser mais remota e preponderante da protecção social – tal como já sugerimos – e, simultaneamente, a origem dos mais lancinantes dilemas que todos os que procedem à intervenção social, profissional ou voluntariamente, enfrentam.

Um dilema moral consiste no reconhecimento da existência de duas obrigações com igual peso moral, as quais não é possível cumprir simultaneamente, tornando-se imperioso optar por uma em detrimento da outra, sob o risco de falhar ambas, o que resultaria num prejuízo acrescido. Qualquer que seja o sentido da opção, uma das obrigações ficará sempre por realizar, o que gera frequentemente um sentimento de culpa e remorso, um sentimento de frustração, tornando estas escolhas tão difíceis quanto inalienáveis.

Estes dilemas podem ser muito penalizadores para os profissionais da área social que no quotidiano se entregam ao serviço social *lato sensu*, causando acentuado desgaste profissional e pessoal. Além das sistematizações existentes dos dilemas mais frequentes experienciados, sobretudo pelos assistentes sociais, consideramos que estes se enquadram em duas grandes categorias: os que decorrem da percepção da desproporção dos meios ante as necessidades; e os que emergem da consciência do peso das consequências para outros das decisões próprias.

Nenhum destes contextos geradores de dilemas desaparecerá. Os meios de intervenção serão sempre insuficientes independentemente das políticas sociais, se bem que estas possam e devam rendibilizar e optimizar o contributo humano e os recursos técnicos e financeiros. Entretanto, não podemos deixar de sublinhar que esta relação entre a prestação de serviços sociais e as políticas sociais não deve ser politizada, sob o risco de ficar refém de ideologias que, pela sua própria natureza, restringem a criatividade e imaginação, também indispensáveis para, a cada momento e em circunstâncias concretas singulares, encontrar os melhores meios para dar resposta às necessidades de sempre. Por outro lado, o impacto da acção do assistente social nos assistidos é enorme, o que, associado a um grau de incerteza incontornável na tomada de decisão, pode ser gerador de forte angústia: deve retirar-se aquela criança daquela família? O risco em que se considera estar é superior ao sofrimento que se perspectiva infligir? Estas decisões não têm recuo possível, são absolutamente indeléveis, e as suas consequências não se esgotam no presente ou a médio prazo, podendo ser permanentes e acompanhar as pessoas envolvidas ao longo da sua vida com efeitos devastadores.

É sob o signo desta responsabilidade – que Lévinas apresenta como «indeclinável», por não poder ser recusada, e «não intercambiável», por ninguém se poder substituir – que o serviço social, mas também a protecção social, se exercem. Os conhecimentos teóricos, a proficiência prática e a preocupação por bem agir, em que o assistente social investirá e desenvolverá continuamente, mitigarão as incertezas e as frustrações, mas será apenas a consciência do que fica por fazer que desencadeará a responsabilidade de o fazer, de fazer sempre mais e melhor…

Ética Aplicada: Protecção Social apresenta duas secções distintas complementares, incidindo a primeira sobre «temas fundamentais» à intervenção social, incontornáveis neste âmbito reflexivo e da prática, e uma segunda sobre «questões específicas», consideradas a partir dos principais aspectos implicados na protecção social.

O tema que primeiramente se reconhece como fundamental no contexto geral deste volume é o da «Protecção social: domínios e conceitos» em que Pedro Adão e Silva apresenta «as origens da moderna protecção social», diferenciando-a de outras modalidades de acção social e identificando as suas funções próprias, incluindo o «surgimento da segurança social e uma breve discussão das características dominantes dos modelos bismarckianos e beveridgeanos».

Francisco Branco destaca «O Serviço Social como elemento substantivo para a efectivação da Política Social», o que o conduz a «situar a relação serviço social e política social numa perspectiva histórica», bem como a apreciar o serviço social, «à luz dos actuais debates em políticas públicas, enquanto actor político (*policy actor*) no processo da política social».

«Ética, Lei e Deontologia no Serviço Social: dilemas e mediação» contempla elementos de consideração indispensável na sua definição conceptual como nas suas possíveis articulações na dinâmica social, a que Pedro Vaz Patto procede aplicando-os também a dilemas pertinentes como o do sigilo profissional ou a objecção de consciência.

Seguem-se outros «Requisitos éticos relacionados com a protecção e intervenção sociais», que Maria do Rosário Carneiro, partindo da «identificação dos pressupostos da protecção e da intervenção sociais», vai sucessivamente desenvolvendo contemplando: princípios e valores, a variação e o concreto, o eticamente interdito, possível, exigido, os saberes e os dons, a designada ética da primeira pessoa e da terceira pessoa.

Esta secção dedicada aos «temas fundamentais» encerra com as diversas «Abordagens éticas da intervenção social», da autoria de Cristina Pinto Albuquerque, e entre as quais se destacam as éticas da virtude, do cuidado, do dever, realçando-se ainda elementos indispensáveis na tomada de decisão ética como sejam a prudência e a justiça.

As «questões específicas» contempladas são diversas e abrangentes. Isabel de Freitas Vieira considera os «Paradigmas de protecção e intervenção sociais» apresentando «uma proposta de renovação paradigmática [...] que nos desafia a perceber a criação artística e a imaginação como instrumentos para uma intervenção social, de crescente consciencialização ética e política, empreendida a partir de uma mudança cultural de co-responsabilização do sector público, empresarial e de economia social solidária».

Clara Cruz dos Santos analisa os «Factores influenciadores da acção ética no Serviço Social» destacando os «que podem condicionar e impregnar de sentido uma prática profissional consciente e activa», nomeadamente os relacionados com: a construção da acção profissional; o saber prático do serviço social; a construção do projecto ético-político da profissão, incluindo factores externos como sejam as políticas públicas e a organização estatal dominante.

José Manuel Moreira reflecte sobre a «Responsabilidade das organizações sociais», alertando para um risco por vezes desatendido: o das instituições sociais, geridas exclusivamente pelos ditames do «profissionalismo», poderem subvalorizar sentimentos de «humanidade no trato aos necessitados» e até de deixarem de «ser um instrumento para paliar e combater a pobreza, para se converter num meio dirigido de subsidiar a existência de pobreza».

O «Poder, direito e gestão ética da protecção social», por Maria da Glória Garcia, propõe-nos dois percursos – «da dignidade da pessoa ao cuidar do outro» e «da ética da protecção ao Estado de Direito» – para se vir a centrar nas várias gerações dos direitos humanos, alicerces de um novo percurso a realizar «da construção da justiça social à necessidade de gestão ética da protecção social», em que as normas ético-jurídicas referidas se inscrevem.

Eugénio Fonseca e José Manuel Pereira de Almeida incidem sobre «Ética, inovação social e «partes interessadas» sublinhando, respectivamente: o actual pluralismo moral e requisito do «*valor* do respeito recíproco»; orientações para a «inovação transformadora perante os sistemas de protecção social»; e a natureza e funções das partes interessadas na protecção e intervenção sociais, a saber, prestadores profissionais, voluntários destinatários da acção social.

Henrique Joaquim desenvolve «Uma nova dimensão das relações e transferências sociais» defendendo uma mudança «de perspectiva e passar da visão do problema para a visão da finalidade última da acção social: a dignificação da pessoa humana através da instauração de um "personalismo comunitário", assente na solidariedade», e que tem como «meta a construção da felicidade» individual e colectiva.

As problemáticas que se seguem apresentam-se mais específicas privilegiando as relações familiares e sociais que frequentemente requerem uma intervenção social mais atenta e regular. Uma primeira é relativa ao «Envelhecimento demográfico e desenvolvimento social», que modela significativamente as relações humanas contemporâneas e que Maria João Valente Rosa aborda começando por desmontar vários «equívocos sobre o envelhecimento que têm alimentado visões infundadas» e evidenciando ser urgente «tornar o envelhecimento aliado do desenvolvimento através da revisão de muitos princípios inadequados, que continuam a comandar sociedades modernas e que perigam o seu equilíbrio social futuro.

Uma segunda incide sobre a «Ética familiar na protecção social», que Maria Irene Carvalho, adoptando «um ponto de vista crítico da realidade social, da política social e da gestão pública dos bens colectivos», apresenta focando «as questões da ética familiar através de uma análise centrada na acção dos profissionais de Serviço Social, na sua intervenção com indivíduos e famílias no sistema nacional de protecção social».

Por fim, José Ribeiro de Castro centra-se na «Ética geracional na protecção social» partindo da afirmação de que as "gerações futuras" estão sentadas à nossa mesa comum e em cada dia se acrescentam, enquanto nas gerações presentes se reduzem as testemunhas de um certo passado, pela ordem natural das coisas» para considerar depois «o modo como nos relacionamos, como nos compreendemos, ou não, como cuidamos uns dos outros. E como deveríamos, ou devemos, cuidar».

Este volume da colecção *Ética Aplicada* que se dedica à *Protecção Social*, sendo esta entendida como um conjunto de direitos e deveres sociais, tem essencialmente dois corpos: aquele que se consubstancia em prestações legalmente exigíveis e passíveis de garantia judiciária e de acesso aos tribunais (em particular, os chamados regimes contributivos e previdenciais); e o da acção e intervenção sociais traduzidas na concessão de prestações e serviços sociais não exigíveis administrativa ou juridicamente. É sobretudo nesta última expressão da Protecção Social que as questões éticas e deontológicas mais se revelam fundamentais. Ou seja, além de normas jurídicas de enquadramento da acção dos protagonistas sociais, tornam-se decisivos os aspectos de relação, contexto e enquadramento na abordagem dos casos e das pessoas ou famílias envolvidas.

Neste livro, assume-se, pois, em plenitude a exigência de boas práticas das chamadas éticas contemporâneas, sobretudo da ética do cuidado, da ética das virtudes e das evocadas éticas relacionadas com a inteligência emocional.

Em termos globais da Protecção Social, há alguns pontos nos planos técnico, social e político e, por consequência, também axiológico, que importa referenciar.

Hoje e sempre mais, importa fundamentar o justo equilíbrio entre o papel do Estado e da Sociedade na realização de fins sociais. Trata-se de um assunto que, ao longo dos tempos, tem sido objecto de grandes discussões e polémicas doutrinárias. Todavia, há uma abordagem, ao menos ligada à ética do bem comum, que importa ter presente: não é a Sociedade que se deve organizar à medida das conveniências políticas e burocráticas do Estado, mas sim este que se deve adaptar e servir as necessidades da Sociedade sem a diminuir. Ou seja, a afirmação profunda do princípio da subsidiariedade, porque entre o Estado e a Sociedade há o fundamento de qualquer ética social: a pessoa.

Daí a necessidade de enfrentar as novas realidades com uma renovada moldura do contrato social, numa sociedade global e em mutação acelerada de meios e de exigência de propósitos. Não apenas tornando-o mais eficiente e sobretudo mais ético, reprimindo os abusos e os desperdícios, como igualmente promovendo uma maior cultura de partilha solidária de riscos.

Perante a indivisibilidade dos direitos humanos e a indissociabilidade dos riscos sociais, atrevemo-nos, nesta breve introdução, a gizar os pressupostos de uma desafiante dimensão ética da iniciativa social baseada na solidariedade, na subsidiariedade, na adopção consciente do princípio da proporcionalidade dos meios e em novas respostas sociais.

Quanto à solidariedade, importa entendê-la como um valor moral e social, e não uma tecnicalidade, como uma expressão de vida livre em sociedade, e não como uma norma exterior ou imposta, como um estímulo activo, e não como uma dependência estigmática, como uma referência estável de exemplaridade geracional, e não como um constrangimento mecânico ou orgânico, como uma forma de realizar justiça com alma, e não como um valor de troca contabilística. Em suma, solidariedade fundamentada em princípios inalienáveis de dignidade e centralidade da pessoa, e não em interesses circunstanciais.

O princípio da subsidiariedade deve ser consubstanciado na obrigação de o Estado respeitar e proteger a solidariedade das famílias e dos corpos intermédios. Ou seja, na ordem das coisas subordinada à ordem das pessoas e na harmoniosa e responsável hierarquia e subordinação de valores: o ser antes do ter; a convivência antes do isolamento; a família antes da cidade; a cidade antes do Estado. Este princípio incita a potenciar a ideia de capilaridade social, estreitando a relação de confiança entre quem age e quem é alvo da acção, o que, só por si, torna mais candente a exigência ética por não ser intermediada por níveis de decisão ou de acção distantes, desconhecidos ou mesmo opacos.

O princípio da justa proporcionalidade dos meios deve concretizar-se por via de uma sintonia social entre as macro-políticas e as micro-iniciativas, de um justo equilíbrio entre riqueza e distribuição, da melhor combinação possível entre recursos monetários e não monetários (tempo, competência, saberes, partilha, gratidão, lealdade, gratuidade, etc.), da prevenção como método prioritário e de uma intervenção estatal que não caia nos excessos de burocracia e de tecnocracia social.

Por fim, a não cristalização das respostas a novos desafios sociais implica inovação social nos métodos, nos programas, nos domínios de actuação, em várias expressões novas ou renovadas de serviços de proximidade geográfica ou relacional, de desenvolvimento local, de educação de adultos e de adaptação profissional, de apoio à imigração e à migração interna, de renovação urbana e conservação ambiental, de solidariedade inter-étnica, de apoio diferenciado à «quarta idade», de apoio aos reclusos, de ajuda aos excluídos pela solidão e abandono, de acompanhamento da preparação para uma «reforma activa», de serviços solidários e multipolares de apoio ao domicílio, de auxílio aos jovens em dificuldade escolar e relacional, e de estímulo de formas de cooperação de vizinhança, etc. Tudo com a necessária adaptação através de integração e não compartimentação das respostas, de reforço da qualidade da resposta e não apenas da quantidade, de estruturas leves e flexíveis e não concentradas e burocráticas e de uma simbiose eficaz e humanizada entre voluntariado, generosidade e profissionalismo. Esta conjugação deve traduzir-se não só na plenitude dos meios para alcançar fins justos, como na eliminação de diferentes e danosas expressões de indiferença cívica, social e, sobretudo, ética.

Aristóteles deixou-nos na obra *Retórica* a sua tese sobre a argumentação baseada em três conceitos: *Ethos, Pathos* e *Logos.*

Ethos que se exprime numa argumentação, exposição e relação radicadas no carácter – diríamos hoje, baseadas numa *praxis* de valores, de princípios de conduta e de virtudes. Através do *ethos,* a palavra (e a acção, consequentemente) torna-se digna de confiança e de credibilidade.

Pathos centra-se na emoção, no estado emocional de quem recebe a palavra ou beneficia da acção – aquilo a que hoje associamos o dom do carisma e da capacidade de convencimento, através da inteligência emocional e da persuasão por via dos sentimentos que induzam à receptividade de quem ouve. Porém, se for exclusivo na retórica, o *pathos* pode degenerar facilmente em manipulação e demagogia.

Diferentemente do *ethos*, centrado na pessoa, e do *pathos*, percepcionado do lado do receptor, o *logos* valoriza a própria comunicação e relação. Apela por isso à razão, à lógica e estruturação da linguagem e à solidez baseada no saber e no conhecimento.

É bom regressar, aqui, a esta profunda actualidade aristotélica e perceber a exigência que ela comporta no mundo contemporâneo, na coisa pública, sobretudo, mas não só. Observamos, então, como é escassa a conjugação plena do *ethos*, *pathos* e *logos* em tanta e prolixa argumentação que nos invade o dia-a-dia, como escasseiam os exemplos que preencham estes três requisitos, com a inteligência e sensatez da razoabilidade. Pois é este triângulo, cujos vértices não são divisíveis, que perpassa todo a missão, vocação e acção na esfera da Protecção Social, seja enquanto legislador, dirigente, assistente, educador, voluntário.

Porque, afinal, por todos estes vectores, perpassam indelevelmente as questões de natureza ética e deontológica.

Leituras recomendadas

Lévinas, Emmanuel, *Ética e Infinito*, Lisboa, Edições 70, 1988.

Jonas, Hans, *Le principe responsabilité* (trad. francesa de *Das Prinzip Verantwortung*, Frankfurt, Isnel V., 1979), Paris, Cerf, 1992.

Patrão Neves, M. (Coord.), *Ética: dos fundamentos às práticas*, vol. I, Lisboa, Edições 70, 2016, p. 300.

I

TEMAS FUNDAMENTAIS

Protecção social: domínios e conceitos

Pedro Adão e Silva
Departamento de Ciência Política e Políticas Públicas
do Instituto Universitário de Lisboa (ISCTE)

Este capítulo discute as origens da moderna protecção social. Partindo da definição e da conceptualização de «Estado Social», o texto procura, por um lado, diferenciar a protecção social moderna de instrumentos políticos preexistentes que tinham objectivos sociais e, por outro, identificar as funções políticas e económicas desempenhadas pela protecção social, particularmente pelo seguro social público. O capítulo termina com uma contextualização histórica do surgimento da segurança social e uma breve discussão das características dominantes dos modelos bismarckianos e beveridgeanos.

1. O que é o Estado Social?

O Estado Social é uma criação europeia – tal como o Estado-nação, a democracia de massas e o capitalismo industrial –

e é também a forma que o Estado assume na maior parte dos países do capitalismo organizado. A centralidade do Estado Social ajuda a explicar por que razão a expressão passou a ser motivo de disputa política, pelo que a sua politização anda de mão dada com a ausência de uma definição exacta e partilhada sobre qual o seu âmbito e as suas raízes.

A expressão Estado Social incorpora a ideia de transformação das funções do Estado moderno, até aí essencialmente centradas na manutenção da ordem, no monopólio da violência legítima e na produção e aplicação da Lei, no sentido de uma maior assunção de responsabilidades na provisão e garantia do bem-estar dos cidadãos. Esta *Grande Transformação* (Polanyi, 1944) foi uma resposta funcional às forças combinadas da industrialização, da urbanização, do crescimento demográfico e à emergência do capitalismo e teve um marco histórico nas reformas sociais introduzidas por Bismarck na Alemanha, no último quartel do século XIX. Se é nesse contexto que surge o termo alemão *wohlfahrtsstaat*, a generalização da expressão é fruto de um período histórico concreto e resulta da sua utilização em inglês (Castles *et al.*, 2010). De acordo com Flora (1986), a expressão *welfare state* foi introduzida no Reino Unido pelo Arcebispo Temple, como contraponto ao *machtstaat* (Estado-poder) que caracterizava a ambição germânica, de poder militar, durante a Segunda Guerra Mundial[1].

A expressão disseminar-se-ia e entraria no léxico político e académico, essencialmente, no pós-guerra, passando a ter

[1] Curiosamente, no relatório da autoria do deputado liberal William Beveridge, elaborado no pós-guerra – e que é visto como sendo a primeira tentativa de definir uma arquitectura institucional e política para as modernas políticas sociais –, a expressão *welfare state* nunca é utilizada. De acordo com Cousins (2005), Beveridge não tinha simpatia pela expressão, pois via nela uma tendência para a engenharia social, típica das formulações de Aldous Huxley no seu romance *Admirável Mundo Novo* (1932).

várias definições, a um só tempo, ambíguas e não consensuais. De acordo com a definição da *Enciclopédia Britânica* (1974), *welfare state* (Estado de Bem-estar Social) é «uma forma de governo no qual o Estado desempenha um papel central na protecção económica e no bem-estar dos seus cidadãos»[2]. Já seguindo uma definição mais recente, do *Collins English Dictionary* (2000), trata-se de «um sistema no qual o governo assume a responsabilidade principal na garantia da segurança social e económica da população, normalmente através de protecção no desemprego, pensões de velhice, e outras medidas de segurança social. Um sistema social caracterizado por estas políticas».

Como se pode depreender destas definições, o Estado Social apresenta um conjunto de características relativamente indisputadas. Em primeiro lugar, pressupõe uma transferência de responsabilidade na garantia do bem-estar económico e social do conjunto da sociedade para o Estado. Uma responsabilidade que passa assim a ser partilhada, ou socializada. Em segundo lugar, há instrumentos de política que tendem a caracterizar o Estado Social, designadamente as políticas de protecção social vocacionadas para responder aos riscos sociais clássicos (por exemplo: doença, velhice e desemprego). Finalmente, a expressão remete para o modo como este conjunto de políticas consubstancia arranjos institucionais e modelos sociais que conferem uma natureza sistémica à intervenção das políticas públicas.

Sendo possível encontrar definições partilháveis de Estado Social em dicionários ou enciclopédias, o mesmo não é verdade se nos cingirmos a textos académicos. O facto de a utilização da expressão resultar, frequentemente, quer de discursos normativos sobre os propósitos e a eficácia da acção do

---

[2] Edição em língua inglesa, citada por Greve (2006).

conjunto das políticas que configura o Estado Social, quer de perspectivas distintas sobre o que explica histórica e politicamente as diversas configurações que este assume, faz que não exista uma definição incontestada. Ainda assim, a definição de «Estado Social» proposta pelo historiador britânico Asa Briggs (1969) é frequentemente citada como sendo, ao mesmo tempo, suficientemente abrangente e não assentando num discurso normativo: «Um Estado Social é um Estado no qual o poder organizado é usado deliberadamente (através da política e da administração) para alterar o papel das forças de mercado pelo menos em três dimensões – *primeiro*, garantindo aos indivíduos e às famílias um rendimento mínimo independentemente do valor de mercado do seu trabalho ou da sua propriedade; *segundo*, diminuindo a exposição à insegurança e ao risco perante algumas contingências sociais (por exemplo: doença, velhice e desemprego); *terceiro*, assegurando a todos os cidadãos, sem discriminação de classe social ou de *status*, a oferta, de acordo com os melhores padrões possíveis, de serviços sociais.»

A conceptualização de Asa Briggs remete para três dimensões constituintes do Estado Social: uma primeira que se prende com a existência de uma rede de mínimos sociais, que protege todos os cidadãos em risco e necessidade; uma segunda que aponta para a resposta aos riscos sociais clássicos e que, de algum modo, depende do tipo de contribuição prévia, relacionando-se, como tal, com a participação no mercado de trabalho; e uma terceira que resulta do conjunto de serviços sociais que o Estado assegura aos indivíduos e às famílias. Ainda assim, trata-se de uma definição relativamente circunscrita, uma vez que se foca no conjunto de instrumentos de política pública e não tanto no seu impacto nas economias políticas.

Mais recentemente, designadamente com o impulso decisivo dos trabalhos do dinamarquês Esping-Andersen (1990), na esteira das preocupações de Karl Polanyi com a necessidade de reinstitucionalização social da economia no contexto de desenvolvimento dos mecanismos da economia de mercado (1944), o âmbito da expressão Estado Social foi alargado, passando a reflectir, de modo mais lato, a forma como, através de um conjunto de políticas públicas, a própria economia política passou a assentar em mecanismos que promoviam a desmercadorização das relações sociais. A expressão «capitalismo de bem-estar», cunhada por Esping-Andersen, se bem que possibilite uma análise precisa do modo como o Estado Social tem um efeito sistémico e influencia estruturas sociais mais amplas, afasta, contudo, exclusivamente da provisão pública o nível de análise que decorre de definições mais delimitadas como a de Asa Briggs[3].

2. Quais as funções do Estado Social?

A matriz institucional do Estado Social não se desenvolveu de forma contínua e linear. Se bem que seja possível encontrar antecedentes da moderna protecção social em vários instrumentos de resposta à pobreza, nomeadamente nas *poor laws* (leis para apoiar os pobres) desenvolvidas no Reino Unido ou nos mecanismos de caridade associados a formas privadas de solidariedade, é somente no final do século XIX que se encontram as raízes do Estado Social moderno. Foi essencialmente com a generalização da lógica de seguro social, através da apropriação pelo Estado central dos princípios presentes nos seguros mútuos, e o seu alargamento aos funcionários públicos e aos corpos especiais do Estado, que se começou a

[3] Em «O modelo de *welfare* da Europa do Sul: reflexões sobre a utilidade do conceito» (2002), discuti as características principais da discussão tipológica promovida por Esping-Andersen, bem como as limitações desta para compreender a Europa do Sul e o caso português em particular.

institucionalizar a protecção social moderna. O que antes eram riscos sociais escassamente cobertos, ignorados ou dependentes de formas privadas de solidariedade, passaram a ser sujeitos à intervenção de instrumentos de política pública, que em importante medida preservam as suas características principais até aos nossos dias.

É neste sentido que o Estado Social deve ser visto como uma inovação histórica e um instrumento político de grande eficácia, não tanto pela sua capacidade para lidar com as formas mais severas de pobreza, mas pela forma como integra e protege todos, particularmente as classes médias. Este objectivo é consagrado por meio da redistribuição de recursos ao longo do ciclo de vida[4].

Com a introdução do seguro social público e obrigatório, na passagem do século XIX para o século XX, os países mais industrializados iniciaram um processo que, mais tarde, levaria à consolidação do Estado Social nas democracias europeias após a Segunda Guerra Mundial, representando uma transformação nas nossas sociedades com um alcance comparável, em relevância, ao desenvolvimento da democracia representativa.

Quando começaram a ser criadas as primeiras prestações sociais (de velhice, doença e invalidez), baseadas num sistema de repartição (assente em contribuições específicas sobre os salários), numa lógica de seguro social, o que estava em causa não era uma preocupação específica com a pobreza. Pelo contrário, o objectivo era proteger as classes médias emergentes, isto é, os trabalhadores assalariados, de eventuais riscos sociais que os impedissem de trabalhar e levassem à perda do rendimento salarial (primeiro, a velhice, a doença e a invalidez; só

---

[4] Este ponto segue de perto o argumento que desenvolvi juntamente com Mariana Trigo Pereira em *Cuidar do Futuro – Os mitos do Estado Social português* (2015).

mais tarde o desemprego seria protegido). O princípio da contributividade, que está na base do seguro social, tem implícito a protecção dos rendimentos daqueles que têm rendimentos anteriores do trabalho e não daqueles que vivem em privação material. Daí que as prestações sociais contributivas devam ser vistas, em última análise, como rendimento salarial diferido.

Isto não quer dizer que o combate à pobreza e às formas extremas de privação material não faça parte dos objectivos do Estado Social. Faz, e com respostas particularmente eficazes na diminuição da extensão do fenómeno (Bahle, Pfeifer e Wendt, 2010; Saunders, 2010). No entanto, a principal inovação associada ao Estado Social é a criação de prestações substitutivas do rendimento do trabalho, baseadas no seguro social e diferenciadas de acordo com os rendimentos e contribuições anteriores. Este conjunto de prestações veio possibilitar a redistribuição de recursos ao longo do ciclo de vida, a protecção contra quebras de rendimento, oferecendo, desta forma, uma sensação de segurança a todos os cidadãos e aos trabalhadores em particular.

A pobreza como condição social e económica existe desde tempos imemoriais, mesmo que nem sempre tenha sido percepcionada como um problema social a requerer resposta política. Ainda assim, especialmente a partir do século XIX, os países mais industrializados começaram a desenvolver políticas condicionais, discricionárias, dirigidas a grupos e indivíduos em situação de privação, correspondendo a categorias circunscritas de necessidades. Foi, na verdade, fazendo uso destes tipos de intervenção que o Estado moderno iniciou as suas interveniências nas áreas sociais. As *poor laws* da Grã-Bretanha vitoriana são o exemplo paradigmático de políticas deste tipo, nas quais o Estado oferecia protecção em géneros («cama, mesa e roupa lavada») a quem se encontrava em situação de indigência. A esta protecção estava frequentemente ligada a perda da condição de cidadão (e, consequentemente, a diminuição de direitos civis e políticos) e um mecanismo de troca, em que à protecção estava associado o trabalho não assalariado, quando não mesmo o internamento em instituições.[5] Políticas deste tipo foram sendo adoptadas em todos os países industrializados e caracterizam também alguma da intervenção supletiva das políticas públicas, nas áreas sociais, em Portugal durante o Estado Novo (Rodrigues, 2002).

No essencial, trata-se de respostas assistencialistas, que radicam em dois pressupostos: são direccionadas a alguma necessidade específica e pressupõem a ausência de recursos suficientes. De alguma forma, as políticas modernas de assistência social, se bem que sujeitas a transformações profundas e baseadas, hoje, em direitos sociais de cidadania, têm a sua génese nestes princípios. Já o Estado Social moderno tem como núcleo duro o seguro social obrigatório, não discricionário e com prestações que correspondem a direitos e deveres contributivos individuais, assentes em modelos administrativos centralizados e com grande grau de sofisticação.

Como tal, na sua génese, o Estado Social não se formou e desenvolveu para proteger os mais necessitados. Foi, sim, uma inovação política que garantiu protecção e cobertura daqueles

---

[5] Aprovadas primeiro em 1597, durante o reinado dos Tudors, é possível traçar a genealogia de muitas políticas sociais nestes mecanismos. Contudo, ao contrário do moderno Estado Social, estas políticas tinham como objectivo não apenas um dever moral de matriz cristã com a pobreza, mas também, ou essencialmente, um objectivo de controlo social e de higienização, visando, por um lado, garantir a segurança do conjunto da sociedade, controlando os pobres, e, por outro, garantir a existência de um «exército de reserva de mão-de-obra», essencial para o desenvolvimento inicial do processo de industrialização. Para uma discussão exaustiva das *poor laws* e da sua evolução ao longo do tempo, veja-se Brundage (2002). Para uma leitura dos antecedentes da protecção social moderna, focada nas formas quer seculares, quer religiosas da caridade e do alívio da pobreza, veja-se o volume editado por Safley (2003).

que possuíam algum rendimento, fruto do seu trabalho, protegendo-os de riscos futuros, seguindo o princípio contributivo, compensando os trabalhadores em função de descontos anteriores (aqueles que mais contribuíam eram também os que, mais tarde, mais beneficiariam) – incentivando, simultaneamente, uma maior formalização do mercado de trabalho pela associação de segurança e protecção ao emprego formal. Por isso mesmo, a protecção social passou a assentar na repartição, na solidariedade geracional e na distribuição social ao longo do ciclo de vida.

Esta opção tinha, aliás, objectivos políticos precisos – a formação de comunidades políticas de pertença, através da cooptação das classes trabalhadoras, integrando-as em Estados-nações que emergiam, contribuindo para a legitimação política dos regimes. Não mais era possível a um Estado limitar-se a preservar a ordem e a garantir a segurança. Iniciava-se uma nova etapa do Estado moderno, em que o cumprimento da Lei passou a caminhar de braço dado com a garantia de bem-estar material, libertando os cidadãos da necessidade e do risco. O Estado Social deve, por isso, ser interpretado como uma resposta política ao processo de modernização e às transformações sociais profundas que lhe estão associadas (a industrialização, a urbanização, o crescimento demográfico, a construção do Estado-nação moderno e, só mais tarde, a democratização).

Independentemente da matriz institucional dominante ou do legado histórico em que assentam, os Estados Sociais foram concebidos enquanto sistemas fechados, cuja lógica implica fronteiras que distinguem os membros (aqueles que são os contribuintes e/ou beneficiários) dos não membros. Os limites do Estado Social são os de cada Estado-nação e esta ligação não é, de maneira nenhuma, uma coincidência. Na verdade, um dos factores mais decisivos para o desenvolvimento de políticas sociais foi a vontade política de promover solidariedades nacionais e, em última análise, de construir e delimitar as fronteiras dos Estados-nações (Giddens, 1994, p. 136). Neste sentido, o Estado-nação europeu tornou-se tipicamente num Estado Social; sendo que as componentes de cidadania social se foram revelando não menos importantes do que a cidadania civil ou política no processo de formação do Estado. Aliás, o direito a decidir quanto à extensão dos direitos sociais tornou-se num aspecto crucial para o exercício da soberania nacional, que deixou de estar delimitada apenas por mecanismos políticos e/ou militares passando a assentar também num conjunto intricado de direitos sociais (Ferrera, 2005).

Os mecanismos de protecção social passaram a desempenhar um papel fulcral enquanto instrumentos de pertença política, através da socialização dos riscos, na constituição de relações de reciprocidade entre os indivíduos, sendo que são essas relações que, ao criarem elos sociais e formas de solidariedade mecânica, legitimam a própria sociedade e, como tal, o seu garante institucional – o Estado. Daí que o Estado Social, enquanto forma institucional que garante direitos sociais de cidadania, se tenha tornado mais do que uma dimensão estatal, sendo mais adequado considerá-lo o qualificativo do modelo estatal actual (Giddens, 1994, p.134).

3. Como se caracteriza o Estado Social?

Para superar a dificuldade em estabelecer, com precisão, o momento em que é possível falar do Estado Social moderno, por contraponto a mecanismos preexistentes de protecção social, Christopher Pierson define três tipos de critério: a introdução de seguros sociais que visam proteger dos riscos tradicionais, organizados publicamente, através da burocracia moderna; o alargamento da cidadania associada à extensão de direitos sociais, nomeadamente quando, ao contrário do que acontecia com as medidas de combate à pobreza (frequentemente, um beneficiário de apoios no âmbito das diversas *poor laws* perdia direitos civis e políticos), o benefício de prestações sociais passou a promover a participação política; o peso crescente da despesa social em percentagem da riqueza total – contrariando assim os valores residuais (inferiores a cinco por cento) que caracterizavam a despesa social até ao início do século XX (Pierson, 1998, pp. 106-107). Neste sentido, Christopher Pierson identifica o período entre 1880 e 1914 como aquele em que nos países europeus foram lançados os alicerces do Estado Social. Apesar de diferenças significativas na extensão dos programas, bem como nas suas matrizes institucionais e lógicas de financiamento, vários países europeus desenvolveram esquemas de protecção social, nos quais o Estado assumia um papel determinante, entre o final do século XIX e o início da Primeira Grande Guerra.

A tabela 1 dá conta do ano em que alguns países seleccionados primeiro introduziram respostas públicas para lidar com os riscos sociais clássicos, assim como a criação de prestações familiares. Além do carácter pioneiro da Alemanha, que primeiro criou a pensão de invalidez e de velhice, assim como o subsídio de doença, importa referir que, independentemente da natureza do regime de protecção social, em todos os casos, o risco de desemprego teve respostas posteriores, enquanto as prestações familiares, do tipo abono de família, foram criadas ainda mais tarde. O caso português é, a este propósito, singular. Enquanto invalidez, doença e velhice tiveram resposta durante a Primeira República, se bem que com níveis de cobertura reduzidos e incoerências técnicas, o abono de família seria criado já durante o Estado Novo (Maia, 1985), enquanto a protecção no desemprego só se desenvolveria após a transição para a democracia (Silva e Pereira, 2012), já que a maturação do sistema português e a sua modernização estão intimamente ligadas ao processo de europeização (Silva, Sousa e Pereira, 2014).

País / Risco	Invalidez	Doença	Velhice	Desemprego	Família
Portugal	1919	1919	1919	1975	1942
Alemanha	1871	1883	1889	1927	1954
França	1898	1898	1895	1905	1932
Itália	1898	1886	1898	1919	1936
Reino Unido	1897	1911	1908	1911	1945
Suécia	1901	1891	1913	1934	1947

Tabela 1: Ano da introdução das principais prestações sociais.
Fontes: Christopher Pierson (1998) e Fernando Maia (1985).

Se atentarmos na extensão do sufrágio universal, como medida da generalização da cidadania política, é possível identificar uma forte correlação (ainda que não exista um nexo causal directo) entre democracia política e garantia de protecção social. Os países em que o sufrágio universal surgiu mais cedo foram também aqueles onde primeiro foram garantidas prestações sociais públicas (Pierson, 1998) – um processo acompanhado pela extensão do direito de voto àqueles que beneficiavam de prestações de combate à pobreza. Finalmente, se bem que sejam necessárias algumas cautelas quando se olha para estes tipos de dado e séries estatísticas, uma comparação dos gastos com despesa social revela que, a partir dos anos 30, todos os países gastavam mais de cinco por cento do seu produto em despesa social – o que contrasta com os valores residuais despendidos até então e que são bem inferiores aos actuais, que correspondem a um aumento muito significativo da relevância das funções sociais nas responsabilidades das políticas públicas.

Mas do mesmo modo que o período até à Primeira Guerra Mundial corresponde ao lançamento dos alicerces do Estado Social, é com o *New Deal* (nome pelo qual ficou conhecido o conjunto de programas sociais desenvolvido a partir de 1933, durante a administração de Franklin Delano Roosevelt, nos Estados Unidos da América (EUA), enquanto tentativa de resposta à forte depressão dos anos 30, que se assiste ao início do período «dourado» e de crescimento expressivo do Estado Social, que assume também novas configurações, consubstanciando o edifício de cidadania assente em direitos civis, políticos e sociais, tal como densificado por Marshall (1950).

A partir dos anos 30, primeiro nos EUA e, após a Segunda Guerra Mundial, nas democracias ocidentais europeias, o Estado, além da função protectora, passa também a ter como objectivo assumido a redistribuição de recursos e a regulação da actividade económica, desempenhando uma função de estabilização do conjunto da economia política e das relações sociais. É neste sentido que Rosanvallon vê neste processo a transformação do Estado de um modelo predominantemente protector – cuja função é em grande parte proteger bens adquiridos – para um modelo previdencial, cuja acção visa igualmente medidas de regulação de sentido positivo e redistributivo (Rosanvallon, 1984, p. 19). Este novo papel do Estado resultava, em grande medida, de uma aplicação da equação keynesiana, baseada em políticas que visavam à regulação e estímulo das relações económicas através de funções desempenhadas por um Estado económica e socialmente activo. John M. Keynes (1936), cujo objectivo primeiro era elaborar uma teoria de regresso ao pleno emprego em economia de mercado, conclui que esta síntese só era possível mediante uma intervenção planificada por parte do Estado, a ser feita por intermédio da política fiscal e da determinação da taxa de juro, de forma que regulasse o nível adequado para estimular o investimento e a propensão ao consumo (Rosanvallon, 1984, p. 41). Com as propostas keynesianas estava, assim, encontrada uma fundamentação económica que sustentaria o alargamento de direitos de cidadania.

Durante um longo período, entre a Segunda Guerra Mundial e o primeiro choque petrolífero (em 1973), foi este compromisso que consolidou um pacto social amplo, assente no princípio de que o processo de acumulação de capital era compatível com a legitimação política, tal como consubstanciada em direitos sociais de cidadania. Dava-se, assim, no seio das sociedades liberais, um grande impulso no sentido da compatibilização, ensaiada progressivamente desde o século XVIII, entre a esfera económica (capitalismo) e a esfera política (democracia)[6].

É também durante este período que se institucionalizam os dois sistemas de protecção que se tornariam dominantes e que perduram nas matrizes institucionais da protecção social até

---

[6] É esta compatibilização que, em grande parte, vai levar à ruptura entre as correntes marxistas e sociais-democratas. A primeira, inicialmente, crítica da possibilidade do desenvolvimento do Estado Social e a segunda, defensora deste modelo, então em projecto. Esta ruptura encontra-se já visível no programa reformista do Partido dos Trabalhadores Alemães – que Marx condenou no seu texto «Crítica do Programa de Gotha» – e assume uma visibilidade ainda maior, em 1959, no programa do congresso de Bad Godesberg do Partido Social-Democrata da Alemanha (SPD, na sigla em alemão). Importa, então, referir as duas principais críticas de Marx ao reformismo social-democrata: primeiro, a ideia social-democrata de que o Estado pode ter uma acção neutra e universal é que, de acordo com Marx, as estruturas estatais reproduzem desigualdades resultantes das relações de produção; a segunda crítica encontra-se de certa forma ligada com esta, uma vez que o programa de Gotha, ao advogar que o socialismo deveria ser definido em termos de justiça social, põe em causa o materialismo histórico – segundo o qual, valores morais, como sejam a justiça e a igualdade, não existem independentemente das relações de classes. Assim, para Marx, os valores morais são parte da superestrutura ideológica e não podem operar enquanto motivos políticos autónomos no sentido da reforma da estrutura básica da sociedade. Ao contrário da visão social-democrata, a estrutura da sociedade e as desigualdades classistas que a caracterizam não podem ser alteradas através da acção política enquadrada pelas instituições liberais.

aos nossos dias: os sistemas bismarckianos e os beveridgeanos. Estes sistemas incorporam princípios institucionais, tipos de cobertura e lógicas de financiamento distintos.

A denominação «bismarckiano» advém do chanceler alemão Otto von Bismarck (1815-1898), que, a partir de 1880, instituiu um sistema obrigatório de seguro social, visando responder aos riscos de doença (em 1883), de acidentes de trabalho (em 1884) e de velhice (em 1889) (Greve, 2006; Kuhnle e Sander, 2010)[7]. A instituição deste sistema resultou não tanto de uma vontade de generalizar o bem-estar, mas, sim, de uma intenção política de conter as reivindicações crescentes do movimento operário, ao mesmo tempo que se criava uma fidelidade acrescida dos funcionários públicos e de outros corpos especiais a um Estado-nação em formação. Desta forma, a ambição política era muito mais de natureza legitimadora do poder do que propriamente redistributiva e igualitária. No contexto das primeiras iniciativas legislativas de Bismarck, os riscos associados aos acidentes de trabalho encontravam-se particularmente cobertos, reflectindo um conjunto de problemas que resultava do processo de industrialização, caracterizado inicialmente por um nível elevado de acidentes laborais. Aliás, uma das preocupações centrais por trás das iniciativas legislativas de Bismarck era promover os aumentos de produtividade – o que passaria, em importante medida, por tornar menos incerta a relação dos trabalhadores com o mercado laboral.

Ainda hoje, nos sistemas de matriz bismarckiana, a protecção social se encontra directamente relacionada com a participação prévia no mercado de trabalho e o montante e duração das prestações depende das contribuições anteriores.

---

[7] Para uma análise exaustiva das medidas de protecção social de Bismarck, comparando-as com o que acontecia no Reino Unido no mesmo período, veja-se Hennock (2007).

Os sistemas bismarckianos são, comparativamente, escassamente redistributivos e visam, no essencial, compensar os indivíduos, perante um acontecimento que os afastou temporária ou definitivamente do mercado de trabalho. Daí que estes sistemas possam ser descritos como sendo substitutivos dos rendimentos do trabalho. Fundamentalmente, os sistemas bismarckianos assentam numa lógica de seguro social, gerido publicamente, e são financiados por contribuições, quer dos empregadores quer dos trabalhadores, com o Estado a ter uma posição secundária no financiamento (daí os países caracterizados por estes sistemas serem hoje comummente apelidados de corporativos) (Palier, 2010).

Já os sistemas beveridgeanos têm as suas raízes no relatório *Social Insurance and Allied Services*, elaborado por William Beveridge[8] em 1942, com vista à organização de um sistema de protecção social no Reino Unido, alicerçado em cuidados de saúde universais e prestações familiares, num contexto de pleno emprego. O Relatório Beveridge propunha um plano para um conjunto de serviços e políticas sociais assegurados pelo Estado, financiados através de contribuições, quer dos trabalhadores quer dos empregadores, complementado por financiamento público, por intermédio de impostos gerais. Este novo sistema substituiria as políticas parciais previamente existentes por um sistema global, coerente e de acesso universal.

O regime de protecção social proposto pelo Plano Beveridge assentava em quatro princípios fundamentais: era um sistema

---

[8] William Beveridge era um deputado do Partido Liberal, o que só vem confirmar a ideia de que o modelo de Estado Social, apesar de ter sido desenvolvido em grande parte pelos governos trabalhistas e sociais-democratas, não foi originariamente criado por estes. Como refere Giddens (1994, pp. 138-139), estas correntes criaram e alimentaram uma criança que não tinham dado à luz.

«universal», abrangendo todos os cidadãos, independentemente da sua condição económica e da sua situação perante o mercado de trabalho; financiado por uma quotização única que protegia todos os cidadãos de riscos diversificados, logo era um sistema «unificado»; ao mesmo tempo, tratava-se de um sistema «uniforme», ou seja, as prestações eram tendencialmente uniformes, independentemente do rendimento dos indivíduos – ainda que complementadas por seguros sociais voluntários; e era também um sistema «centralizado», já que implicava necessariamente uma reforma administrativa tendente à criação de um serviço público único (Rosanvallon, 1984, p. 115).

A tabela 2 (Elementos caracterizadores da protecção social) dá conta das diferenças entre os dois sistemas de protecção social predominantes, de acordo com um conjunto de dimensões relevantes.

Assim, enquanto o critério de elegibilidade nos sistemas bismarckianos é a participação anterior no mercado de trabalho e o preenchimento dos prazos de garantia, já o acesso à protecção social de acordo com princípios beveridgeanos é a condição de cidadão, independentemente da existência de descontos anteriores. Da mesma forma, os sistemas de matriz bismarckiana são financiados por meio de contribuições específicas sobre o trabalho, que tendem a ser *flat-rate* (é o caso da taxa social única em Portugal), e o financiamento nos sistemas beveridgeanos é assegurado por impostos gerais, que são, em comparação, mais progressivos.

Já quanto ao contexto institucional, os sistemas bismarckianos, sendo herdeiros dos princípios ocupacionais que caracterizavam as mutualidades, estavam tradicionalmente organizados em torno de caixas de previdência, com regras distintas consoante o sector de actividade. Em contraste, ao estabelecimento de sistemas beveridgeanos – historicamente posterior – está associada uma reforma institucional, no sentido de criação de regras únicas, independentemente da situação profissional dos beneficiários.

A estes princípios diferenciados correspondem, naturalmente, objectivos distintos do ponto de vista da redistribuição. Conquanto nos sistemas bismarckianos a redistribuição seja feita ao longo do ciclo de vida, com a população activa de hoje a financiar, com as suas contribuições, os benefícios da população activa de ontem, nos sistemas beveridgeanos a redistribuição é entre indivíduos com diferentes rendimentos – sendo que aqueles que mais rendimentos têm são também quem, comparativamente, realiza maior esforço de financiamento do sistema.

Estas diferenças têm implicações profundas. Desde logo, os sistemas não devem ser avaliados de acordo com princípios que não são os seus: enquanto o objectivo primordial dos sistemas bismarckianos é a compensação dos rendimentos perdidos do trabalho (por força da indisponibilidade definitiva ou temporária para participar no mercado de trabalho), o propósito dos sistemas beveridgeanos é a redistribuição de rendimentos.

Natureza do sistema	Critério de elegibilidade	Financiamento	Contexto institucional	Impacto redistributivo	Princípio orientador
Bismarckiano	Participação no mercado de trabalho	Contribuição sobre o trabalho (*flat rate*)	Fragmentado (ocupacional)	Ao longo do ciclo de vida	Compensação
Beveridgeano	Cidadania	Impostos gerais (tendencialmente progressivos)	Centralizado (unificado)	Entre classes de rendimentos	Redistribuição

Tabela 2: Elementos caracterizadores da protecção social.

Importa sublinhar, também, que, nos nossos dias, os sistemas de protecção social não correspondem de forma linear aos princípios aqui identificados, pois tem-se assistido a um processo de hibridização dos mesmos (Bonoli e Natali, 2012; Hemerijck, 2012). Contudo, hoje, pese embora os sistemas de protecção social combinarem características que têm raízes fundadoras distintas, persiste, em cada um ou, pelo menos, entre subsistemas, uma predominância de uma matriz fundadora bismarckiana ou beveridgeana, ainda que mitigada.

Leituras recomendadas

BAHLE, Thomas; PFEIFER, Michaela e WENDT, Claus, *Social Assistance*, *in*: CASTLES, F. G. *et al.* (ed.), *The Oxford Handbook of the Welfare State*, Oxford, Oxford University Press, 2010, pp. 448-460.

BONOLI, Giuliano e NATALI, David (ed.), «The Politics of the "New" Welfare States: Analysing Reforms in Western Europe», *The Politics of The New Welfare State*, Oxford, Oxford University Press, 2012.

BRIGGS, Asa, «The Welfare State in Historical Perspective», *in*: PIERSON, Christopher e CASTLES, Stephen, *The Welfare State Reader*, Cambridge, Polity Press, 2000, pp. 18-32.

BRUNDAGE, Anthony, *The English Poor Laws, 1700-1930*, Nova Iorque, Palgrave, 2002.

CASTLES, Frank G. *et al.* (ed.), *The Oxford Handbook of the Welfare State*, Oxford, Oxford University Press, 2010.

COUSINS, Mel, *European Welfare States: Comparative Perspectives*, Londres, Sage, 2005.

ESPING-ANDERSEN, Gøsta, *The Three Worlds of Welfare Capitalism*, 1.ª Edição, 1990. Cambridge, Polity Press, 1996.

Ferrera, Maurizio, *The Boundaries of Welfare. European Integration and the New Spatial Politics of Solidarity*, Oxford, Oxford University Press, 2005.

Flora, Peter (ed.), *Growth to Limits*, Berlim, De Gruyter, 1986.

Giddens, Anthony, *Beyond Left and Right*, Cambridge, Polity Press, 1994.

Greve, Bent, *Historical Dictionary of the Welfare State*, Lanham: Maryland, The Scarecrow Press, 2006.

Hemerijck, Anton, *Changing Welfare States*, Oxford, Oxford University Press, 2012.

Hennock, E. P., *The Origin of the Welfare State in England and Germany, 1850-1914 – Social Policies Compared*, Cambridge, Cambridge University Press, 2007.

Keynes, John Maynard, *Teoria Geral do Emprego, do Juro e da Moeda*, 1.ª edição: 1936, Lisboa, Relógio D'Água, 2010.

Kuhnle, Stein e Sander, Anne, «The Emergence of the Western Welfare State», *in*: Castles, F. G. *et al.* (ed.), *The Oxford Handbook of the Welfare State*, Oxford, Oxford University Press, 2010.

Maia, Fernando, *Segurança Social em Portugal. Evolução e Tendências*, Lisboa, IED, 1985.

Marshall, T. H., *Citizenship and Social Class*, 1.ª edição: 1950, Londres, Pluto Press, 1996.

Palier, Bruno, «Continental Western European», *in*: Castles, F. G. *et al.* (ed.), *The Oxford Handbook of the Welfare State*, Oxford, Oxford University Press, 2010, pp. 601-615.

Pierson, Christopher, *Beyond the Welfare State. The New Political Economy of Welfare*. Cambridge, Polity Press, 1998, pp. 99-133.

Polanyi, Karl, *The Great Transformation*, Nova Iorque, Rhinehart, 1944.

Rodrigues, Fernanda, *Assistência Social e Políticas Sociais em Portugal*, Lisboa, ISSS, 2002.

ROSANVALLON, Pierre, *A Crise do Estado-Providência*, Lisboa, Editorial Inquérito, 1984.

SAFLEY, Thomas Max, *The Reformation of Charity: the Secular and the Religious in Early Modern Poor Relief*, Boston, Brill Academic Publishers, 2003.

SAUNDERS, Peter, «Inequality and Poverty» *in* CASTLES, F. G. *et al.* (ed.), *The Oxford Handbook of the Welfare State*, Oxford, Oxford University Press, 2010, pp. 526-537.

SILVA, Pedro Adão e, «O modelo de *welfare* da Europa do Sul: reflexões sobre a utilidade do conceito», *Sociologia, Problemas e Práticas*, 38, 2002, pp. 25-59.

SILVA, Pedro Adão e PEREIRA, Mariana Trigo, «As Políticas de Proteção no Desemprego em Portugal», Sociologia, Problemas e Práticas, 70: 133-150, CIES-IUL/Editora Mundos Sociais, 2012.

SILVA, Pedro Adão e PEREIRA, Mariana Trigo, *Cuidar do Futuro – Os mitos do Estado Social português*, Lisboa, Clube do Autor, 2015.

SILVA, Pedro Adão e; SOUSA, Sílvia e PEREIRA, Mariana Trigo, «Maturação e convergência: a evolução da proteção social», *in*: ALEXANDRE, Fernando *et al.* (org.), *A Economia Portuguesa na União, 1986-2010*, Coimbra, Actual, 2014.

O Serviço Social como elemento substantivo de efectivação da Política Social

Francisco Branco

Universidade Católica Portuguesa

Pensar o lugar e o papel do Serviço Social na efectivação da Política Social implica, visando construir um olhar informado, não só situar a sua relação numa perspectiva histórica, mas também (re)analisar, à luz dos actuais debates sobre políticas públicas, o Serviço Social enquanto actor político (*policy actor*) no processo da Política Social.

No entanto, atendendo ao contexto específico português e ao escopo do presente volume, no qual se cruzam lógicas que se remetem quer à ética aplicada a um campo da vida social (a protecção social), quer à ética aplicada a uma profissão particular (o Serviço Social), quer ainda a um conglomerado de profissões sociais (o trabalho social), importa intentar uma clarificação preliminar quanto ao Serviço Social como profissão e a sua relação com o campo mais amplo do trabalho social.

1. Serviço Social e profissões do trabalho social

A utilização indistinta ou mesmo equívoca das expressões «serviço social» e «trabalho social», ou das suas declinações profissionais «assistentes sociais» e «trabalhadores sociais», tanto nos contextos de formação, como nos contextos profissionais, como ainda na literatura científica e técnica, exige análise, pois o seu uso não informado ou indefinido encerra o risco de gerar confusão no campo das profissões sociais e na forma de as nomear, tendo em conta os diferentes factores que influenciaram e influenciam o seu uso nos diversos contextos históricos, institucionais e sociais.

O uso equívoco destas expressões pode ser explicado tanto pela descontextualização sócio-histórica das designações originais, como pelo propósito de estabelecer rupturas nos processos de desenvolvimento profissional, e ainda como consequência da dinâmica das disputas jurisdicionais entre campos profissionais.

A descontextualização sócio-histórica das designações originais das diferentes profissões surge associada ao recurso a uma tradução literal das designações históricas usadas nos países onde ocorreu, em primeiro lugar, a emergência e institucionalização destas profissões, ignorando-se a genealogia da profissão e o itinerário observado no campo das profissões sociais em regiões e contextos específicos. É esta a situação que não raramente se observa no discurso e literaturas científica e profissional em Portugal.

Na verdade, é frequente entre nós a tradução literal de *social work* como «trabalho social», ignorando que, no caso português, se registou uma vincada influência francófona no quadro da qual esta profissão foi cunhada como «serviço social», com absoluta equivalência à designação anglo-saxónica *social work*. Como explica Marcelle Laforest, o termo «serviço social» deriva, nos países francófonos ou de influência francófona e de religião católica (como França, a Bélgica, o Quebeque, Portugal, Espanha, Itália, etc.), do papel determinante da Igreja Católica no desenvolvimento e enquadramento desta actividade. Deste modo, a noção de serviço caritativo em relação a pessoas em situação de necessidade perpetuou-se na fase inicial da profissionalização, tornando-se, ao mesmo tempo, numa dimensão importante da ética profissional. Uma segunda razão apontada por Laforest prende-se com a denominação de «agências de serviço social», dada pela população às primeiras instituições que reuniram as pioneiras da profissão (cf. Laforest, 1984, *apud* Mayer, 2002, p. 6).

Uma outra dimensão essencial para uma adequada designação dos campos profissionais em análise prende-se com a trajectória das profissões médico-sociais e do trabalho social nestes países e regiões. Particularmente em França, no período após a Segunda Guerra Mundial, registou-se um grande desenvolvimento e diferenciação das profissões sociais. À profissão histórica de «assistentes de serviço social», a primeira a profissionalizar-se e institucionalizar-se (1932), junta-se um conjunto de outras profissões: conselheiros de economia social e familiar, educadores especializados e, mais tarde, animadores socioculturais. Como Bouquet (2005) esclarece:

> «Em França, a expressão "trabalho social" (*travail social*) tem uma significação particular que difere daquela que é utilizada noutros países. Ela engloba uma quinzena de profissões como sejam a de assistente de serviço social, de educador, de animador, de educador de infância e de conselheiro de economia social e familiar.»

Neste sentido, e nestes contextos, a expressão «trabalho social» deve ser entendida como se reportando a um conjunto de profissões incluindo o Serviço Social, a animação sociocultural, a educação social, entre outras profissões ou ocupações similares que, historicamente, se desenvolveram neste campo, em momentos distintos, e que, de uma forma que se pretende rigorosa e fiel à sua genealogia, entendemos designar como «profissões do trabalho social».

Como referimos, o uso vago destas expressões pode também decorrer de alterações introduzidas historicamente na designação da profissão de Serviço Social e Assistente Social.

Em alguns contextos, regista-se a utilização da expressão «trabalho social» em vez da de «serviço social», com o propósito de estabelecer rupturas nos processos de desenvolvimento profissional ou de marcar uma distanciação no que diz respeito a períodos e características que apresentam conotações críticas para as respectivas comunidades profissionais. Esta perspectiva é sustentada por alguns autores sul-americanos que utilizam estas expressões associadas a orientações diferentes no âmbito e sentido social da profissão. Por exemplo, Ander-Egg (1974) associa a expressão «serviço social» a uma concepção tecnocrática e desenvolvimentista da profissão e a de «trabajo social» a uma concepção conscientizadora-revolucionária do Serviço Social. Com esta intencionalidade, a expressão «trabajo social» passa a ser usada de modo generalizado nos países sul-americanos de expressão castelhana, nomeadamente a partir do designado «movimento de reconceptualização», que teve lugar na década de 60, sem prejuízo de estes países terem conhecido um processo de emergência e institucionalização do Serviço Social de influência vincadamente francófona ou germânica e, só mais tarde, norte-americana. Registe-se, no entanto, que esta alteração não ocorreu no Brasil, um dos países onde os movimentos críticos e de reconceptualização tiveram expressões mais significativas.

Uma mudança de designação, semelhante à que se verificou nos países da América Latina, ocorreu igualmente em Espanha, se bem que com um significado algo distinto, no contexto do processo de desenvolvimento profissional e académico do Serviço Social.

As primeiras escolas criadas em Espanha receberam a designação de «Escuelas de Asistencia Social» e os seus profissionais de «Asistentes Sociales», tendo sido criada a Federación Española de Asociaciones de Asistentes Sociales (FEDAASS) em 1967. No entanto, nos anos 70, depois da restauração da democracia e da nova Constituição, verifica-se em Espanha a mudança da designação profissional para «trabajo social», como a documentação da época esclarece.

> Resulta particularmente relevante para a revisão do Trabalho Social o Terceiro Congresso Nacional, realizado em 1976 em Sevilha, pois nele se acordou a mudança da designação de assistente social para trabalhador social, e de serviço social para Trabalho Social. No referido congresso, González Seara expressava-se assim na sua comunicação: «Os trabalhadores sociais são uns profissionais que a sociedade industrial tornou necessários, mas somente o serão uma vez que sejam profissionais capacitados para resolver os problemas que se lhes destinem.» (1976, p. 29.) O mesmo interventor alude à necessidade de superar uma intervenção paliativa, advogando uma acção fundamentada, capaz de incidir nas causas e não só nos efeitos.[1]

Tal significa que, tendo-se operado uma mudança na designação profissional, a nova denominação se reporta à mesma profissão, apenas se pretendendo enfatizar a necessidade de uma «reconceptualização» do papel social da profissão. Deste modo, podemos observar uma equivalência absoluta entre as denominações «serviço social» (Portugal e Brasil) e «trabajo social» (Espanha e países latino-amcricanos), pelo que se

---

[1] Vega, N. e Nieto, M., «Trabajo Social en España», *in:* Garcia, Tomás e Bracho, Carmen, *Introducción al trabajo social*, Madrid, Alianza Editorial, 2003, pp. 131-152.

reitera o carácter equívoco do recurso a uma tradução literal e historicamente descontextualizada do termo anglo-saxónico original *social work*.

O uso ambivalente das designações profissionais «serviço social» e «trabalho social» em Portugal, como porventura noutros contextos, pode ainda estar associado a uma dinâmica de disputas jurisdicionais entre campos disciplinares e profissionais ou ser usado com propósitos menos claros de diluição das fronteiras e especificidades profissionais, designadamente entre profissões históricas no campo das profissões sociais em Portugal, como é o caso do Serviço Social, e profissões e ocupações emergentes, como ocorre com a Educação Social, a Investigação Social Aplicada, etc.

Se é certo que, como sustenta Abbott (1988), as disputas, os conflitos e a competição em áreas jurisdicionais constituem a dinâmica de desenvolvimento profissional, e que, na sua visão, a história das profissões é a história das condições e consequências da apresentação de reclamação de jurisdição por parte dos grupos ocupacionais, tal não justifica, no entanto, o recurso a formulações não rigorosas do ponto de vista da genealogia e do desenvolvimento das profissões do trabalho social, como ocorre com a seguinte elaboração de Dias de Carvalho (2003), para citar apenas um exemplo:

> «É assim que os técnicos de Serviço Social – *assistentes sociais e educadores sociais* – tendem a ficar no centro de um debate que, sendo apenas aparentemente corporativo, em muito ultrapassa de facto essas fronteiras para se situar ao nível das próprias perspectivas sobre os fundamentos, finalidades e avaliação do trabalho social no seu todo.»

Assim, deve concluir-se que, no contexto português, a expressão «trabalho social» deve ser entendida, na tradição francesa, como um conjunto de profissões (Assistentes Sociais,

Educadores Especializados, Animadores, etc.) e que a tradução portuguesa da expressão anglófona *Social Worker* é, dada a genealogia francófona de «serviço social» em Portugal, «assistente social» (de *Assistant de Service Social*, simplificadamente *Assistant Social*) e não «trabalhador social».

2. Serviço Social e Política Social: lições da Era Progressiva[2]

«O serviço social não evoluiu no vácuo. Uma série de acontecimentos afectaram o seu desenvolvimento e continuarão a influenciar a forma que assumirá no futuro. Alguns desses eventos são representados por factos maiores da história [...], tais como padrões de povoamento, as guerras, as condições internacionais, flutuações económicas, a filosofia dos líderes políticos eleitos, e outros. *Esses acontecimentos influenciaram as decisões sobre a extensão em que esta sociedade viria a responder às necessidades sociais dos seus membros e, posteriormente, os programas sociais que seriam suportados.*» (itálico adicionado) (Morales e Sheafor, 2002, p. 51.)

A interpretação sócio-histórica da génese e institucionalização das profissões sociais em geral, e do Serviço Social em

---

[2] Nesta secção do texto, recorremos por vezes ao uso equivalente das expressões «política social» e «reforma social». A «política social» como disciplina científica surgiu no contexto do século XX, sob a grande influência da escola britânica de administração social, tendo Richard Titmuss como uma figura preeminente no contexto da London School of Economics. No entanto, o nosso uso da «política social» é consistente com o entendimento de que o estabelecimento da Política Social como disciplina científica foi precedido por iniciativas de precursores do Serviço Social para a reforma social. Neste sentido, é interessante notar que MARSHALL (1965, p. 33) usou a expressão «política de reforma social» para referenciar políticas que ganharam forma no período de transição do século XIX para o XX.

particular, na linha de Morales e Sheafor (2002), entre tantos outros autores, leva-nos a argumentar que essas profissões e ocupações surgiram em resposta a necessidades e problemas sociais.

A origem do Serviço Social moderno reside em dois importantes movimentos sociais que se apresentam como uma resposta à questão social e urbana na sociedade industrial: o Movimento das Organizações de Caridade (Charity Organization Societies – COS, na sigla em inglês) e o Movimento das Residências Sociais (*Settlement Movement*[3]), que tiveram a sua origem no continente europeu, mais especificamente no Reino Unido, e, posteriormente, se expandiram para o Novo Mundo. Neste contexto, o Serviço Social constitui-se como uma disciplina profissional nas ciências sociais dedicada ao estudo dos problemas sociais e à intervenção nos mesmos, como uma «sociatria», recuperando a expressão de Richmond (1930). Nesta perspectiva, *l'effort social*[4] (o esforço social) encarna a indissolúvel relação entre Política Social e Serviço Social, visão claramente presente quer em Jane Addams, quer em Mary Richmond, ainda que sob influências e formas distintas, para referenciar duas das mais destacadas pioneiras do Serviço Social.

---

[3] Trata-se de um termo de difícil tradução para português. Numa tradução mais literal, poderia considerar-se «assentamento» ou «colónia», mas, procurando dar conta do significado social e das circunstâncias históricas em que este movimento emergiu, será mais adequado o uso da palavra «comunidade» ou «residência», uma vez que se tratava de uma comunidade de mulheres e homens de classe média, sem relação familiar, que viviam cooperativamente como «residentes» em zonas pobres e de população imigrante, com o propósito de prestação de serviços e combate à pobreza. Em França, este movimento foi designado «residências sociais».

[4] MAYER, Robert, *Évolution des Pratiques en Service Social*, Quebeque, Gaetan Morian Éditeur, 2002.

O envolvimento de Jane Addams na reforma social é relativamente bem conhecido e reconhecido. A reforma social foi um dos pilares do Movimento das Residências Sociais, especialmente na Hull House (nome da mansão onde originariamente foi instalada a residência social mais influente nos EUA), em Chicago, um dos três erres do seu lema: *residence, research, reform* (residência, investigação, reforma).

Em Addams, a prática orientada para/pela Política Social era um elemento intrínseco e central do Serviço Social. Em 1909, Jane Addams foi eleita presidente da National Conference of Charities and Corrections (NCCC) e esteve envolvida no estabelecimento de normas mínimas relativas às condições de trabalho na indústria para os homens da classe trabalhadora, à regulação de emprego das mulheres e à protecção do trabalho infantil, e de um sistema de seguros de acidentes de trabalho, de velhice e de desemprego[5].

Apesar de se tratar de uma dimensão não (re)conhecida da sua obra, Mary Richmond exerceu um papel de liderança em campanhas para a reforma social, na aprovação de legislação nas áreas da educação, emprego, habitação, cuidados de saúde e saúde pública, e foi particularmente activa no âmbito do bem-estar das crianças e das questões das mulheres[6]. Algumas destas acções ocorreram durante os anos em que trabalhou em Filadélfia (entre 1900 e 1909). Neste período, Richmond

---

[5] Franklin, Donna, «Mary Richmond and Jane Addams: From Moral Certainty to Rational Inquiry in Social Work Practice», *Social Service Review*, vol. 60, 4, pp. 504-525, 1986.

[6] Agnew, Elizabeth, *From Charity to Social Work: Mary E. Richmond and the creation of an American profession*, Chicago, University of Illinois Press, 2004; Pittman-Munke, Peggy, «Mary E. Richmond: The Philadelphia Years», *Social Casework*, vol. 66, 3, pp. 160-166, 1985; Richmond, M., *The Retail Method of Reform, in:* Richmond, Mary E., *The Long View*, Nova Iorque, Russell Sage Foundation, 1930, pp. 214-221.

elaborou o projecto visando amenizar a situação das mulheres em condição de pobreza e de privação, como resultado do abandono dos maridos. Patrocinou, com a Universidade da Pensilvânia, o estudo dos mendigos e sem-abrigo. Outro foco importante da actividade como reformadora social foi o seu envolvimento nas actividades de protecção à criança que contribuíram para a criação da Comissão do Trabalho da Criança da Pensilvânia, a legislação do trabalho infantil, a criação do Tribunal de Menores e a reforma da Sociedade para a Protecção das Crianças da Crueldade[7].

O compromisso das pioneiras do Serviço Social com a reforma social[8] na Era Progressiva, o seu pensamento e propostas, permitem-nos extrair algumas orientações relevantes para pensar, hoje, no Serviço Social como elemento substantivo de efectivação da Política Social: em primeiro lugar, a consciência da inseparabilidade do Serviço Social e da Política Social, contribuindo para a conceptualização da «prática da política social» (*policy practice*)[9] como uma componente do Serviço Social; em segundo lugar, o entendimento da contribuição do Serviço Social para a Política Social como uma acção baseada na investigação, contribuindo assim para o desenvolvimento de políticas sociais enraizadas (*grounded social policy*).

---

[7] Agnew, *ibidem*; Pittman-Munke, *ibidem*.

[8] Para um maior aprofundamento, veja-se Branco (2016).

[9] A utilização do termo «prática da política social», como componente da prática profissional do Serviço Social, resulta da dificuldade de tradução do termo anglo-saxónico *policy practice*, visto que este conceito, na perspectiva adoptada, radica na distinção entre a intervenção dos assistentes sociais visando influenciar a Política Social enquanto componente da sua prática profissional (*policy*), distintamente da sua possível prática política enquanto cidadãos (*politics*). Veja-se Gal e Weiss-Gal (2013).

Nesta linha de pensamento, é interessante considerar a concepção de Richmond do «Círculo da Reforma Social». Num artigo publicado em 1906[10], a autora sustenta a ideia de que um processo eficaz de reforma social implica um duplo movimento circular, tendo início na intervenção directa num microplano, que designa de «retalho», e a ele retorna, na sequência do processo legislativo ou de adopção de medidas de política, formando-se então duas curvas: uma ascendente, baseada na auscultação das populações e na investigação, e outra descendente, decorrente da aprovação das medidas de política visando à aplicação das leis e à sua monitorização, que completam o círculo (ver figura 1).

Richmond ilustra este processo com base no seu próprio envolvimento e experiência na campanha contra o trabalho infantil, na Pensilvânia, ressaltando a centralidade das pequenas tarefas de intervenção directa e da administração para a eficácia das reformas sociais, diríamos hoje, das políticas sociais.

> «A campanha foi muito instrutiva. Durante sete meses, antes da nova proposta de lei ter sido esboçada, realizaram-se encontros com crianças trabalhadoras a partir de clubes, escolas, residências e reformatórios. [...]
> O projecto tornou-se lei. Mas não imaginamos que as reformas do Trabalho Infantil estejam asseguradas [...]. Elas tornaram-se possíveis, mas a sua concretização deve ser um longo e lento processo de pequenas intervenções (*retail process*) que os defensores da lei têm de desenvolver. O movimento deu o seu melhor a partir do interesse nas crianças individualmente consideradas, retornando aí de novo, monitorizando e salvaguardando os seus interesses, explicando a lei e a sua aplicação aos empregadores, professores e

---

[10] Richmond, M., «The Retail Method of Reform», *in:* Richmond, Mary E., *The Long View*, Nova Iorque, Russell Sage Foundation, 1930, pp. 214-221.

pais, cooperando com os inspectores do trabalho e as autoridades escolares [...].»[11]

Fonte: elaboração própria com base em Richmond (1930)

Figura 1: O Círculo da Reforma Social em Mary Richmond.

3. A Política Social na teoria e *ethos* do Serviço Social

A existência de uma estreita relação entre Serviço Social e Política Social radica, como vimos, quer em a genealogia da

---

[11] Richmond, M., «The Retail Method of Reform», *in: idem, ibidem*, pp. 217-218.

profissão estar associada aos movimentos sociais de resposta às questões social e urbana na transição do século XIX para o século XX, quer no entendimento, pelas mais preeminentes pioneiras do Serviço Social, da reforma social como uma das suas dimensões constituintes, quer ainda na relevância que a Política Social assumiu na reconceptualização do Serviço Social pelos movimentos críticos deste, ocorridos a partir dos anos 60, na América do Norte, na América latina e em alguns países europeus. Mas, tal como argumenta Castel (2005), deve igualmente relevar-se a circunstância de o desenvolvimento do Estado de Bem-estar Social (*welfare state*) e de o Serviço Social terem estado intimamente ligados durante o período que se seguiu à Segunda Guerra Mundial, sendo o reforço do sistema de bem-estar concomitante com a profissionalização do Serviço Social e das profissões do trabalho social em geral.

Este conjunto de factores pode explicar a relevância que é atribuída à Política Social por diferentes teorias em Serviço Social, como uma das dimensões da sua prática. Vejam-se, como exemplos, algumas referências clássicas. Pincus e Minahan (1973), no seu modelo de Serviço Social inspirado na teoria geral dos sistemas, advogam que «O propósito do serviço social consiste em (1) melhorar as capacidades dos indivíduos para a resolução de problemas e para lidar com as dificuldades enfrentadas, (2) ligar os indivíduos com os sistemas que lhes providenciam recursos, serviços e oportunidades, (3) promover um funcionamento operativo e humanizado desses sistemas, (4) *contribuir para o desenvolvimento e melhoria da política social*».[12]

Germain e Gitterman (2008) sustentam como característica central do *Life Model of Social Work Practice* que «O exercício

[12] PINCUS, Allen e MINAHAN, Anne, *Social Work Practice: Model and Methods*, Ilinóis, FE Peacock Publishers, 1973, p. 9. [Itálico do autor.]

profissional inclui a prática com indivíduos, famílias, grupos, comunidades, e a *advocacia organizacional e política*»[13].

A mesma orientação é explicitada no Documento de Araxá (1967)[14], considerado um marco do processo de reconceptualização do Serviço Social no Brasil e na América Latina, em que se especificam as funções do Serviço Social, e diferenciam a «macroactuação» (política social, planeamento) e a «microactuação» (administração de serviços sociais e serviços de atendimento directo, destinados a indivíduos, grupos e comunidades, populações e organizações).

> «*Política Social*: provocar o processo de formulação da política social quando ausente, ou da sua dinamização, quando inoperante, e provocar sua reformulação quando necessária; oferecer subsídios, dentro da perspectiva de globalidade ao embasamento dessa política; criar sistemas, canais e outras condições para a participação de quantos venham a ser atingidos pelas medidas da política.»[15]

Estas referências, entre muitas outras que poderiam ser convocadas, revelam que a Política Social como uma das dimensões da prática do Serviço Social está presente numa significativa diversidade de modelos e teorias, e não apenas nas abordagens críticas e radicais, que, porque privilegiam a intervenção nas dimensões estruturais que estão na base dos problemas socias que se revelam na vida dos «utentes» do Serviço Social, valorizam naturalmente a dimensão sociopolítica da prática.

---

[13] GERMAIN, Carel e GITTERMAN, Alex, *The Life Model of Social Work Practice*, [1.ª edição: 1980.] 3.ª Edição, [s. l.], 2008, p. 72. [Itálico do autor.]

[14] CBCISS, *Teorização do Serviço Social – Documento de Araxá*, 2.ª edição, São Paulo, Livraria Agir Editora, 1986.

[15] CBCISS, *ibidem*, p. 28.

Num outro plano, verifica-se igualmente que o princípio do envolvimento dos assistentes sociais na Política Social está igualmente consagrado quer nas orientações curriculares para a formação em Serviço Social, como se verifica nos Global Standards for Social Work Education and Training, estabelecidos pela Federação Internacional de Assistentes Sociais (International Federation of Social Workers – IFSW, na sigla em inglês)[16], e nos referenciais estabelecidos para a formação, quer nos códigos de ética, em vários países, como podemos documentar no estudo comparativo de Gal e Weiss-Gal (2013)[17], conforme quadro 1.

País	Código de Ética	Outros Documentos Profissionais	Literatura Profissional	Educação
Austrália	Explícito; extensivo	Extensivo	Limitada	Existente
Inglaterra	Explícito; extensivo	Não existente	Limitada	Fraca
Israel	Explícito; limitado	Limitado	Extensiva	Existente
Itália	Explícito; limitado	Não existente	Não existente	Não existente
Rússia	Explícito; limitado	Não existente	Não existente	Fraca
Espanha	Explícito; limitado	Limitado	Limitada	Existente
Suécia	Explícito; limitado	Limitado	Limitada	Fraca
EUA	Explícito; extensivo	Extensivo	Extensiva	Existente
Portugal	Não existente	Não existente	Limitada	Limitada

Quadro 1: A influência da Política Social nos códigos de ética e na formação em Serviço Social. Nota: Portugal não foi abrangido pelo estudo, sendo a sua inclusão da responsabilidade do autor. Fonte: adaptado de Gal e Weiss-Gal (2013).

---

[16] Sewpaul, Vishanthie e Jones, David, «Global standards for the education and training of the social work profession», *International Journal of Social Welfare*, vol. 14, 2005, pp. 218-230.

[17] pp. 183-209.

No caso de Portugal, na inexistência de um código de ética, a Associação dos Profissionais de Serviço Social adoptou a Resolução de Princípios de Ética (*Statement of Ethical Principles*) da Federação Internacional de Assistentes Sociais, aprovada em Outubro de 2004, sendo de destacar os princípios relativos à justiça social (4.2.), pela sua relação com o domínio da Política Social e, designadamente, a base que estipula que «o(a)s assistentes sociais têm o dever de chamar a atenção aos seus empregadores, governantes, políticos e público em geral, para as situações nas quais os recursos ou a sua distribuição são inadequados, assim como para as políticas e as práticas opressivas, injustas e dolosas».[18]

4. O Serviço Social enquanto *policy actor* no processo da Política Social

A concepção de Richmond do Círculo da Reforma Social e a distinção entre os processos de «retalho» (microintervenção) e «grosso» (macrointervenção) contribuem para a compreensão dos diferentes níveis envolvidos na prática da Política Social e da relevância e potencial das actividades de microplano (consulta, observação e salvaguarda).

Essa perspectiva é convergente com o pensamento de autores actuais da teoria das políticas públicas, os quais enfatizam a importância da aplicação do processo da Política Social, o qual afecta a concepção original da política[19] e influencia o real impacto de uma política social, uma vez que as suas

[18] Ética no Serviço Social – Declaração de Princípios. Disponível na Internet: http://cdn.ifsw.org/assets/ifsw_80111-4.pdf.

[19] Hill, Michael, *Understanding Social Policy*, [1.ª edição: 1990] 7.ª Edição, Oxford, Blackwell, 2003.

medidas são muitas vezes apenas directrizes e orientações políticas abstractas[20].

Todos estes aspectos são consistentes com uma concepção de prática da Política Social como parte integrante do Serviço Social (*policy practice*), enquanto actividade profissional que valoriza e integra a formulação e execução da Política Social no domínio organizacional, local, nacional e internacional, de acordo com os valores do Serviço Social.[21]

A conceptualização de Richmond está também, em vários aspectos, em linha com os modelos *bottom-up* (da base para o topo) de implementação de políticas públicas, que não reconhecem como pertinente a divisão entre formulação e aplicação da Política Social. Como argumentam Lipsky (1980) e Hill e Hupe (2009), a relação entre o desenho e a aplicação de uma dada política pública não se caracteriza pela simplicidade e linearidade, mas pela complexidade. De acordo com Knoepfel *et al.* (2011), as velhas concepções de execução sobrestimaram a capacidade de a Lei influenciar e controlar a administração e a sua acção em relação à sociedade civil, enquanto os estudos empíricos revelavam, pelo contrário, um conjunto de matizes explicativos da qualidade das políticas e seus efeitos.

A transição do conceito de execução para a expressão «jogo da execução» (*implementation game*) indica que os actores políticos estão envolvidos num processo competitivo, não apenas na distribuição dos recursos disponíveis para aqueles que são responsáveis pela execução do processo, mas também no que diz respeito à distribuição de poder na definição e redefinição das «regras do jogo» durante este processo. Nesta perspectiva,

---

[20] Jansson, Bruce, *Social Welfare Policy: From Theory to Policy Practice*, Belmont, Wadsworth Publishing Company, 1990.

[21] Gal, John e Weiss-Gal, Idit, *Social Workers Affecting Social Policy: An International Perspective*, Bristol, Policy Press, 2013.

a execução é a parte mais complexa e rica do processo das políticas públicas. De facto, esta fase do «ciclo de vida de uma política» implica uma relação directa entre os actores públicos na estrutura política e administrativa, os grupos-alvos, os beneficiários finais e os grupos que constituem as partes terceiras (positivamente e negativamente afectadas)[22].

Numa perspectiva semelhante, Knill e Tosun (2012) enfatizam que «a execução está longe de ser uma actividade trivial», pois envolve uma diversidade de actores e diferentes entidades com possíveis visões diferentes sobre a aplicação de uma determinada política pública. A esta luz, é importante rever criticamente algumas concepções sobre o lugar do Serviço Social na efectivação da Política Social – muito populares e amplamente aceites no contexto dos movimentos críticos latino-americanos dos anos 70 e que permanecem influentes – que tendem a estabelecer uma divisão entre os formuladores das políticas e/ou os administradores e «executores terminais» (ver nomeadamente Paulo Netto (1992)), desvalorizando a relevância e o potencial das actividades de microplano da prática da Política Social dos assistentes sociais enquanto «executores».

A (re)valorização do Serviço Social na aplicação da Política Social enquanto dimensão relevante da sua efectivação, não significa, no entanto, limitar o papel do Serviço Social no ciclo da Política Social à execução, querendo sobretudo enfatizar, como Christoph Knill e Jale Tosun[23] sublinham, que, sem uma execução adequada, a(s) política(s) não têm substância nem significado. Mas este papel pode ser alargado quer à influência sobre a agenda da Política Social, quer ao estudo e análise dos

---

[22] Knoepfel, Peter *et al.*, *Public Policy Analysis*, Bristol, Policy Press, 2011, p. 57, figura 3.1.

[23] Knill, Christoph e Tosun, Jale, «Policy Making», *Working Paper 1/2008*, Universidade de Kontanz.

problemas sociais, quer ainda à avaliação da Política Social. Nesta perspectiva, a prática da Política Social no Serviço Social (*policy practice*) é concebida como uma abordagem na qual a Política Social e a intervenção directa se combinam[24], tanto na formulação e na instauração de novos programas e medidas de política social, como na melhoria da política social existente, nos domínios organizacional, local e nacional, de acordo com os valores do Serviço Social.

De acordo com Gal e Weiss-Gal (2015), o envolvimento dos assistentes sociais na prática da Política Social é influenciado por três dimensões essenciais: oportunidade, facilitação e motivação. A oportunidade reporta-se à natureza e diversidade das instituições políticas que enquadram o processo da Política Social e que estruturam as regras formais e informais segundo as quais este se desenvolve. A facilitação remete para as organizações em que os assistentes sociais exercem a sua actividade, cujas características e cultura podem exercer um papel crucial na facilitação da prática da Política Social. Assim, os campos, atribuições e condições de trabalho compõem diferentes tipos de posto de trabalho, em instituições com culturas e identidades diferenciadas, influenciando o envolvimento do Serviço Social na Política Social. Tipicamente, a inserção mais alargada ou mais restrita em estruturas técnico-normativas da administração pública, com atribuições mais amplas no desenho e formulação da Política Social, ou em serviços de acção directa no sector público ou no terceiro sector, vocacionadas para a instauração dessa mesma política, configuram circunstâncias diversificadas neste âmbito.

---

[24] Gal, John e Weiss-Gal, Idit, *Social Workers Affecting Social Policy: An International Perspective*, Bristol, Policy Press, 2013; Wyers, Norma, «Policy-Practice in Social Work: Models and Issues», *Journal of Social Work Education*, vol. 27, 3, pp. 241-250, 1991, DOI:10.2307/23042660.

Segundo Gal e Weiss-Gal (2015), a motivação reporta-se ao assistente social individualmente considerado na sua predisposição para a prática da Política Social enquanto componente identitária da profissão, nomeadamente uma maior ou menor inclinação para o *policy making* e identificação com o valor da justiça social – aspectos que estarão associados quer à socialização profissional, através da educação e formação profissional, da influência dos contextos de trabalho e do papel das organizações profissionais, quer a características e valores individuais.

Assim, o grau de envolvimento e eficácia do Serviço Social na efectivação da Política Social é multideterminado, tanto pelas dimensões mais estruturais assinaladas, como pela agência dos próprios profissionais.

No caso português, o estatuto jurisdicional frágil e o prestígio profissional desvalorizado da profissão[25], a cultura política portuguesa, caracterizada por uma baixa participação e proactividade, e as tendências de retracção do Estado Social, não geram nem a oportunidade nem a facilitação que poderiam impulsionar um maior envolvimento da profissão de Serviço Social na influência das políticas sociais em Portugal. No entanto, são diversas as estratégias passíveis de ser adoptadas com o intuito de influenciar a Política Social nas diferentes fases do seu ciclo de desenvolvimento[26].

---

[25] Na impossibilidade de desenvolver aqui a argumentação que sustenta esta análise, remete-se o leitor para Branco, Francisco, «A Profissão de Assistente Social em Portugal», *Locus Soci@l*, 3, pp. 61-89, 2010.

[26] Entre outros: Gal, John e Weiss-Gal, Idit, *Social Workers Affecting Social Policy: An International Perspective*, Bristol, Policy Press, 2013; *Idem*, «The "Why" and the "How" of Policy Practice: An Eight-Country Comparison», *British Journal of Social Work*, vol. 45, 4, pp. 1083-1101, 2015. DOI:10.1093/bjsw/bct179; Cummins, Linda; Byers, Katharine e Pedrick, Laura, *Policy Practice for Social Workers: New Strategies for a New Era*, Boston, Allyn e Bacon, 2011; Banks, Sara, «The social professions and social policy: Proactive or reactive?» *European Journal of Social Work*, vol. 2, 3, pp. 327-339, 1999.

A advocacia legislativa (a audição de comissões parlamentares, a participação em consultas legislativas), a acção social (apelo à intervenção de instâncias judiciais ou recurso aos *media* por associações representativas, associações de defesa de direitos humanos ou outras, coligações e redes), a litigação judicial, a análise da Política Social e a disseminação de informação e campanhas são algumas dessas estratégias. Num outro plano – na linha do que vimos argumentando quanto à importância estratégica do papel do Serviço Social na execução da Política Social, enquanto fazedor e provedor da justiça social –, é igualmente necessário investir na avaliação dos impactos da Política Social entre os públicos com quem trabalha, por meio da sistematização das evidências, da realização de projectos de investigação na prática[27], da reportação dos dados às instâncias de decisão e planeamento, fomentando, crítica e proactivamente, a retroalimentação, a melhoria e ampliação da Política Social diante das necessidades humanas insatisfeitas e emergentes, na ampliação da voz dos cidadãos-utentes dos serviços. Por último, mas não em último lugar, é também muito importante apostar na autoformação num domínio complexo e tecnicamente exigente como é o das políticas públicas, em conclusão, retomando e aprofundando a articulação matricial entre o Serviço Social orientado para as políticas públicas (*social work oriented toward creating public policies*[28]) e a intervenção directa.

---

[27] Ver MITCHELL, F.; SHAW, I. F. e LUNT, N., *Practitioner Research in Social Services: a Literature Review,* Glasgow, Institute for Research and Innovation in Social Services, 2008.

[28] LENGERMANN, P. e NIEBRUGGE, G., «Three Thrice Told: Narratives of Sociology's Relation to Social Work», *in:* CALHOUN, C. (ed.), *Sociology in America,* Chicago, University of Chicago Press, [s. d.], pp. 63-114.

Leituras recomendadas

ABBOTT, Andrew, *The System of Professions*, Chicago, The University of Chicago Press, 1988.

AGNEW, Elizabeth, *From Charity to Social Work: Mary E. Richmond and the Creation of an American Profession*, Chicago, University of Illinois Press, 2004.

ANDER-EGG, Ezequiel, *El Trabajo Social como acción liberadora*, Buenos Aires, Editorial ECRO, 1974.

BANKS, Sara, «The social professions and social policy: Proactive or reactive?», *European Journal of Social Work*, vol. 2, 3, pp. 327-339, 1999.

BOUQUET, Brigitte, *Le Service Social Français*, *in:* DESLAURIERS, J.-P. e HURTUBISE, Y. (ed.), *Le Travail Social International – Eléments de Comparaison*, Laval, Presses Universitaires du Laval, 2005, pp. 35-65.

BRANCO, Francisco, «A Profissão de Assistente Social em Portugal», *Locus Soci@l*, 3, pp. 61-89, 2010.

BRANCO, Francisco, «The circle of social reform: The Relationship Social Work – Social Policy in Addams and Richmond», *European Journal of Social Work*, vol. 19, n.os 3-4, 2016, pp. 405-419.

CASTEL, Robert, «Devir do Estado Providência e Trabalho Social», *Locus Soci@l*, 4, pp. 7-21, 2005.

CBCISS, *Teorização do Serviço Social – Documento de Araxá*, 2.ª edição, São Paulo, Livraria Agir Editora, 1986.

CUMMINS, Linda; BYERS, Katharine e PEDRICK, Laura, *Policy Practice for Social Workers: New Strategies for a New Era*, Boston, Allyn e Bacon, 2011.

DIAS DE CARVALHO, A., «Nota de Apresentação», *in:* CHOPART, Jean-Noel (ed.), *Os Novos Desafios do Trabalho Social: Dinâmicas de um campo profissional*, Porto, Porto Editora, 2003, pp. 5-6.

FRANKLIN, Donna, «Mary Richmond and Jane Addams: From Moral Certainty to Rational Inquiry in Social Work Practice», *Social Service Review*, vol. 60, 4, pp. 504-525, 1986.

GAL, John e WEISS-GAL, Idit, *Social Workers Affecting Social Policy: An International Perspective*, Bristol, Policy Press, 2013.

GAL, John e WEISS-GAL, Idit, «The "Why" and the "How" of Policy Practice: An Eight-Country Comparison», *British Journal of Social Work*, vol. 45, 4, pp. 1083-1101, 2015. DOI:10.1093/bjsw/bct179.

GERMAIN, Carel e GITTERMAN, Alex, *The Life Model of Social Work Practice*, [1.ª edição: 1980] 3.ª edição [*s. l.*], [s. n.], 2008.

HILL, Michael, *Understanding Social Policy*, [1.ª edição: 1990], 7.ª Edição, Oxford, Blackwell, 2003.

HILL, Michael, HUPE, Peter P., *Implementing Public Policy*, 2.ª Edição, Londres, Sage, 2009.

JANSSON, Bruce, *Social Welfare Policy: From Theory to Policy Practice*, Belmont, Wadsworth Publishing Company, 1990.

JANSSON, Bruce, *Becoming an Effective Policy Advocate*, 4.ª Edição, Pacific Grove, Thomson Learning, 2003.

KNILL, Christoph e TOSUN, Jale, *Public Policy – A New Introduction*, Basingstoke, Palgrave Macmillan, 2012, p. 115.

KNOEPFEL, Peter *et al.*, *Public Policy Analysis*, Bristol, Policy Press, 2011.

LENGERMANN, P. e NIEBRUGGE, G., «Three Thrice Told: Narratives of Sociology's Relation to Social Work», *in:* CALHOUN, C. (ed.), *Sociology in America*, Chicago, University of Chicago Press, pp. 63-114.

LIPSKY, Michael, *Street-Level Bureaucracy: Dilemmas of the Individual in Public Services*, Nova Iorque, Russel Sage Foundation, 1980.

MARSHALL, T. A., *Política Social*, Rio de Janeiro, Zahar Editores, 1967.

MAYER, Robert, *Évolution des Pratiques en Service* Social, Quebeque, Gaetan Morian Éditeur, 2002.

McDonough, Josefina, *Policy Practice*, *in:* McDonough, Josefina, *The Welfare State and Social Work*, Thousand Oaks, Sage, pp. 347-374.

Mitchell, F.; Shaw, I. F. e Lunt, N., *Practitioner Research in Social Services: a Literature Review*, Glasgow, Institute for Research and Innovation in Social Services, 2008.

Morales, Armando e Sheafor, Bradford, *The Many Faces of Social Workers*, Boston, Allyn e Bacon, p. 51, 2002.

Netto, Paulo, *Capitalismo Monopolista e Serviço Social*, São Paulo, Cortez Editores, 1992.

Pincus, Allen e Minahan, Anne, *Social Work Practice: Model and Methods*, Ilinóis, FE Peacock Publishers, 1973.

Pittman-Munke, Peggy e Richmond, Mary E., «The Philadelphia Years», *Social Casework*, vol. 66, 3, pp. 160-166, 1985.

Richmond, M., «The Retail Method of Reform» *in:* Richmond, Mary E., *The Long View*, Nova Iorque, Russell Sage Foundation, 1930, pp. 214-221.

Richmond, M., «The Term "Social Case Worker"» *in:* Richmond, Mary E., *The Long View*, Nova Iorque, Russell Sage Foundation, 1930, pp. 474-478.

Sewpaul, Vishanthie e Jones, David, «Global standards for the Education and Training of the Social Work Profession», *International Journal of Social Welfare*, vol. 14, 2005, pp. 218-230.

Vega, N. e Nieto, M., «Trabajo Social en España», *in:* García, Tomás e Bracho, Carmen, *Introducción al trabajo social*, Madrid, Alianza Editorial, 2003, pp. 131-152.

Wyers, Norma, «Policy-Practice in Social Work: Models and Issues», *Journal of Social Work Education*, vol. 27, 3, pp. 241-250, 1991, DOI:10.2307/23042660.

Ética, Lei e Deontologia no Serviço Social: dilemas e mediação

Pedro Vaz Patto

Juiz Desembargador no Tribunal da Relação do Porto

Se começarmos por delimitar o conceito de Direito, poderemos depois distingui-lo do de Ética, identificar o âmbito mais vasto e mais profundo em que esta se situa e identificar pontos de confluência e divergência entre ambos os domínios. E referindo-nos à Ética, podemos referir-nos à Deontologia, como campo de aplicação da Ética a determinadas profissões.

1. Os conceitos: Direito, Ética e Deontologia

Para definir o conceito de Direito, recorro àquele que aprendi nas minhas primeiras aulas de Introdução ao Direito, de Mário Emílio Bigotte Chorão: «ordenação coercível das relações sociais segundo a justiça»[1].

---

[1] Ver Chorão, Mário Emílio Bigotte, *Introdução ao Direito*, Vol. I, *O Conceito de Direito*, Coimbra, Almedina, 1988.

O Direito não é estranho à Ética, uma vez que se relaciona com a justiça (uma virtude e uma dimensão do Bem); podemos, aliás, afirmar ser esta a sua finalidade. A Ética abrange um campo mais vasto (também outras virtudes e outras dimensões do Bem). Há quem associe, por isso, o Direito a um «mínimo ético». Veremos em que sentido podemos reportar-nos ao Direito como um «mínimo ético».

O Direito é uma ordenação de relações sociais e supõe a intersubjectividade, a alteridade. A Ética, em larga medida, também diz respeito às relações da pessoa com outras pessoas. Mas, pelo menos para algumas concepções, abrange também aspectos da relação da pessoa consigo própria (com o seu próprio corpo) e com Deus[2].

De acordo com a definição proposta, a finalidade do Direito é a justiça. Segundo a definição clássica, o acto de justiça consiste em dar a cada um aquilo que é seu (ou é seu direito), sendo a virtude da justiça a vontade de o fazer de forma habitual e constante.

A Ética abarca a justiça, mas também outras virtudes e outras dimensões do Bem. Assim, por exemplo, a ética cristã supõe a justiça, mas vai além dela; supõe também a caridade (no sentido de amor de entrega e doação, de amor oblativo), a qual dá mais do que aquilo a que o outro tem direito, dá também aquilo a que eu próprio tenho direito.

---

[2] Questão candente é hoje, também, a da dimensão ética (e, reflexamente, também jurídica) da relação da pessoa com outros seres vivos e com a natureza. Pode considerar-se que nessa relação estão também envolvidas outras pessoas, também habitantes da «casa comum», ou as gerações futuras, que dessa «casa comum» poderão, ou não, usufruir no futuro. Ou, noutra perspectiva (esta já sem reflexos jurídicos nos ordenamentos liberais modernos), envolve também a relação com Deus-Criador, ou com alguma forma de divinização da natureza (como sucede em culturas tradicionais ou formas contemporâneas de panteísmo).

Dir-se-á, porém, que o direito efectivo, real, nem sempre corresponde a um ideal de justiça, nem sempre é justo.

A corrente clássica do jusnaturalismo (em que se integra Mário Emílio Bigotte Chorão), na esteira de Aristóteles e de Tomás de Aquino, entre muitos outros, distingue, a este respeito, o direito natural do direito positivo. O direito natural (não escrito) decorre da natureza humana, da essência do ser humano e dos fins a que este está ordenado. É, pois, universal e imutável, ainda que a sua percepção não seja igualmente universal e imutável. O direito positivo decorre da vontade humana (de um legislador, no caso do direito legislado); é histórico e contingente. O direito positivo não deve contrariar o direito natural e dele deve colher inspiração. Se o fizer, será justo e corresponderá à sua finalidade. Pode não o fazer, como o revela o panorama da realidade jurídica de ontem e de hoje. Quando não o faz, pode dizer-se que a sua finalidade é desvirtuada. Encontramos, deste modo, uma possível área de conflito e divergência entre o Direito (direito positivo) e a Ética, a qual retomaremos.

Um outro aspecto da distinção entre Direito e Ética que importa destacar decorre das suas respectivas características.

São características do Direito a exterioridade e, consequentemente, a coercibilidade. O Direito desinteressa-se da motivação interior da pessoa. Basta-lhe um resultado externo conforme à justiça. Não exige que as pessoas cumpram as leis motivadas pelo amor à justiça, podem fazê-lo pelo temor das sanções decorrentes do seu incumprimento[3]. Por isso,

---

[3] Isso não significa que não seja desejável (pelo contrário) que as pessoas cumpram as leis motivadas pelo amor à justiça, ou que não deva almejar-se o arrependimento, no sentido de conversão interior, do agente de um crime. São objectivos desejáveis, mas que não podem ser impostos (e o Direito implica imposição, com recurso, directo ou indirecto, à força), precisamente porque são diferentes as perspectivas do Direito e da Ética.

pode ser imposto com o recurso à força (eis o que significa a coercibilidade).

A Ética, pelo contrário, diz respeito à motivação interior e, por isso, supõe uma adesão livre, isenta de qualquer coacção. Ninguém pode ser bom à força. A conversão interior não pode ser imposta por meios coercivos; essa seria uma pretensão própria de Estados totalitários. Desta forma, o campo da Ética é, em relação ao do Direito, não apenas mais vasto, mas também mais profundo.

O «mínimo ético» próprio do Direito é aquele que é indispensável à vida social. Por ser indispensável, pode e deve ser imposto pela força, se necessário. Além desse mínimo, há outros âmbitos da Ética (a caridade, a empatia, o cuidado, etc.) em que deve vigorar a adesão livre e em que a imposição coercitiva seria sempre impossível, sendo até abusivamente opressiva.

Alguns dos temas polémicos de política legislativa que marcam a actualidade dizem respeito, de algum modo, à fronteira entre Direito e Ética. Evocá-los ajuda-nos a compreender o alcance desta fronteira e da sua distinção.

Um caso ilustrativo será o da questão da constitucionalidade da criminalização do lenocínio simples (ou seja, da exploração da prostituição em situações não configuráveis como de coacção), decorrente do artigo 169.º, n.º 1, do Código Penal. O Tribunal Constitucional, no seu recente acórdão n.º 641/2016[4], confirmou (embora com votos de vencido) a sua jurisprudência anterior e constante no sentido dessa constitucionalidade. Quem, contra esta jurisprudência, advogue a inconstitucionalidade desta criminalização alega que criminalizar a exploração da prostituição quando há consentimento pleno da pessoa que se prostitui é uma forma de impor

---

[4] Disponível em: www.tribunalconstitucional.pt.

coercivamente uma opção de condenação da prostituição no plano puramente moral. Não haveria, pois, verdadeiro dano social nesse tipo de conduta. Quem, pelo contrário, advogue a constitucionalidade dessa criminalização (ou até da criminalização do cliente de prostituição, segundo o modelo da legislação sueca) alega que estamos perante uma instrumentalização da pessoa (como se verificará numa situação de escravidão consentida), que a relação de prostituição nunca é simétrica e representa sempre a exploração de alguma forma de vulnerabilidade e que o consentimento da pessoa que se prostitui nunca será (ou não será como regra) verdadeiramente genuíno. Estaremos, pois, perante um dano social que justifica a intervenção do Direito.

A discussão sobre a ilegalização (que se continua a verificar na legislação portuguesa) ou criminalização do consumo de droga também envolve considerações relativas à fronteira entre o Direito e a Ética.

Há quem alegue que a pessoa que consome estupefacientes só se prejudica a si própria, o que, de acordo com a célebre frase de Stuart Mill («sobre si próprio, sobre o seu corpo, o indivíduo é soberano»[5]), tem relevo apenas moral e não jurídico. Daí que esse consumo, por parte de pessoas adultas, deva ser livre. Há quem, pelo contrário, acentue o dano social indirecto do consumo de droga: o consumidor que corre o risco de se tornar toxicodependente não se prejudica apenas a si próprio, mas conjuntamente a sua família, o seu ambiente de trabalho, a sociedade em geral. O consumo de droga não assume relevo apenas individual, mas também um relevo social particularmente dramático. Daí que se justifique a intervenção do Direito.

---

[5] Ver a obra clássica deste autor *On Liberty*, Mineola: Nova Iorque, Dover Publications Inc., 2002.

E assim também quanto à discussão sobre a legalização da eutanásia e do suicídio assistido.

Os defensores dessa legalização alegam que com esta apenas se respeita a vontade da pessoa que requer a eutanásia ou pretende suicidar-se; apenas se respeita, como é próprio de uma sociedade aberta e pluralista, as opções morais dessa pessoa sobre o valor da vida em geral e da sua vida em particular. Pelo contrário, os opositores da legalização da eutanásia e do suicídio assistido alegam que essa legalização compromete a sociedade em geral, os serviços de saúde, a ordem jurídica e o Estado. Com essa legalização, o Estado, a ordem jurídica, os serviços de saúde, a sociedade em geral não são neutros, tomam partido, afirmam que nas situações em que se justifica a eutanásia e o suicídio assistido a vida perde dignidade, com todas as implicações sociais e culturais que tal acarreta. A eutanásia e o suicídio assistido não assumem relevo apenas individual, mas também social.

Está, assim, traçada a distinção entre Direito e Ética, tendo sido também já identificadas zonas de confluência e de conflito entre ambos. Todavia, importa salientar, desde já, um aspecto de confluência e de relevo jurídico indirecto entre os dois quando a Ética se traduz em códigos deontológicos de uma determinada profissão.

Quando determinada categoria profissional se estrutura como associação legalmente institucionalizada, como Ordem – a pertença a essa Ordem condiciona o acesso a essa profissão e ao seu exercício –, pode o código deontológico dessa profissão obter também confirmação legal e um relevo que já não se situa apenas no plano ético, mas também assume uma dimensão jurídica. Na verdade, a observância desse código deontológico deixa de ser facultativa e a sua inobservância pode envolver consequências disciplinares com reflexo na possibilidade legal de exercício da profissão. Estamos perante consequências jurídicas da observância, e inobservância, de regras deontológicas.

Estas deixam de ser (como se verifica com as regras éticas em geral) puramente facultativas e desprovidas de alguma forma de coercibilidade.

Essa situação verifica-se, em Portugal, com as profissões de médico, advogado, engenheiro, arquitecto, jornalista, notário, solicitador, psicólogo, enfermeiro, farmacêutico ou contabilista certificado. Não se verifica, porém, com profissionais de serviço social.

Analisando as questões das zonas de confluência ou de conflito entre as áreas do Direito e da Deontologia dos profissionais de serviço social, opto por me focar em duas que me parecem merecer uma consideração mais desenvolvida.

A aplicação da Deontologia dos profissionais de serviço social, como aliás de outras profissões, suscita frequentemente dilemas quando princípios e regras, de igual ou diferente importância, parecem estar em conflito ou apontar em sentidos divergentes de acção, em determinadas situações concretas.[6]

A primeira das questões que destaco diz respeito ao alcance e limites do dever de sigilo profissional quando o profissional de serviço social é confrontado com práticas ilegais ou criminosas. A segunda reporta-se ao comportamento desse profissional perante leis contrárias aos seus deveres deontológicos, com análise da temática da objecção de consciência.

Estas duas questões podem traduzir-se em dilemas éticos que concernem à relação entre a Deontologia e a Lei (ou a ordem jurídica em geral). Daí a opção pela sua análise mais aprofundada.

---

[6] Veja-se, sobre a questão, Carvalho, Maria Irene, *Ética Aplicada ao Serviço Social – Dilemas e Práticas Profissionais,* Lisboa, Pactor, 2016.

2. O dilema do sigilo profissional ante práticas ilegais

O dever de sigilo profissional está contemplado nos códigos deontológicos de várias profissões.

O documento Ética do Serviço Social: Declaração de Princípios[7], aprovado na assembleia-geral da Federação Internacional dos Assistentes Sociais e da Associação Internacional de Escolas de Serviço Social, em Adelaide, Austrália, em Outubro de 2004, foi traduzido e vem sendo divulgado em Portugal pela Associação dos Profissionais de Serviço Social. Pode considerar-se um código deontológico destes profissionais (sem dispor, porém, da confirmação legal de que dispõem os códigos deontológicos de outras profissões, acima referidas).

De acordo com o ponto 5.7 desta declaração, «o(a)s assistentes sociais devem manter a confidencialidade em relação à informação sobre as pessoas que utilizam os seus serviços. As excepções a este princípio só se justificam com base num valor ético de maior dimensão, nomeadamente a preservação da vida».

O desafio será, então, o de identificar as situações em que valores éticos de maior dimensão justificam excepções a este princípio e questionar de que forma o conhecimento de práticas ilegais ou criminosas por parte do profissional de serviço social, no exercício desta sua função, pode originar uma dessas excepções.

Importa começar por salientar a razão de ser (a *ratio*) deste dever de sigilo profissional. Está em jogo, por um lado, a preservação do direito à privacidade das pessoas que utilizam os serviços dos profissionais de serviço social e, por outro, a preservação da relação de confiança entre aquelas e estes,

[7] Disponível em: www.apross.pt/profissão/etica-e-deontologia/. [Consultado em Janeiro de 2017.]

necessária ao correcto desempenho dessa profissão. A violação do sigilo poderá significar trair a confiança de forma irreversível, com nefastas consequências, que atingem o exercício da profissão mesmo além da situação concreta.

Importa deixar claro que o conhecimento de alguma situação ilegal ou criminosa não constitui, de modo geral, motivo de excepção ao princípio do respeito pelo sigilo profissional dos profissionais de serviço social. A missão destes não se confunde com a dos agentes (policiais ou judiciais) que têm por missão o controlo da legalidade ou o combate à criminalidade. Uns e outros têm deveres específicos, igualmente importantes, mas complementares e que não devem confundir-se.

Assim, o dever de sigilo, em regra, não cede perante algum dever de sancionar condutas ilegais ou criminosas, ou de colaborar nesse sancionamento.

Haverá situações em que a divulgação de práticas ilegais ou criminosas é imprescindível não só para sancionar a ocorrência dessas práticas no passado, mas, sobretudo, para evitar a sua repetição no futuro. Neste caso, importa considerar a gravidade das consequências dessa acção, para o próprio utente dos serviços ou para terceiros. Dessa gravidade poderá resultar um dever (deontológico, também ele) de denúncia que se sobrepõe ao dever de sigilo.

Uma prática ilegal (ou até criminosa) que não afecte directamente bens pessoais, como a legislação sobre o controlo de estrangeiros, ou legislação fiscal, não assume uma gravidade susceptível de justificar uma violação do dever de sigilo.

Questão particularmente delicada poderá ser a de práticas ilegais que afectem interesses da instituição em que se integra o profissional de serviço social (uma conduta fraudulenta, por exemplo, que também prejudica outros utentes), a cuja tutela este também está vinculado por um dever de fidelidade. Poderá, neste caso, ser dever do profissional advertir o utente de que a situação deverá cessar sob pena de violação do dever de sigilo (a relação de confiança não será, com esse procedimento, traída, mas também não será violado o dever de fidelidade para com a instituição).

As situações mais graves serão as de perigo de continuação da prática de crimes contras as pessoas, como crimes contra a vida (homicídio: artigos 131.º e 132.º do Código Penal), crimes contra a integridade e saúde física e psíquica em termos contrários à dignidade humana (violência doméstica e maus-tratos: artigos 152.º e 152.º-A do mesmo Código), crimes contra a liberdade em termos que representem uma ofensa à dignidade humana (tráfico de pessoas: artigo 160.º do mesmo Código), crimes contra a liberdade sexual (coacção sexual, violação ou abuso sexual de pessoas incapazes: artigos 163.º, 164.º e 165.º do mesmo Código) ou crimes contra a autodeterminação sexual (abuso sexual de crianças: artigo 171.º, também do Código Penal). Pode justificar-se a violação do dever de sigilo se a denúncia da prática de algum destes crimes for necessária para evitar a sua repetição ou se a sinalização de uma situação de perigo for necessária para evitar a sua ocorrência. Estaremos então perante situações em que o dever de sigilo cede perante um dever de maior gravidade.

Vítimas desses potenciais crimes poderão ser terceiras pessoas ou os próprios utentes. Quando as vítimas são menores, será irrelevante a vontade dos progenitores, que até poderão ser autores ou cúmplices do crime. Nas situações em que o próprio utente adulto é potencial vítima do crime, pode suceder que este não pretenda apresentar queixa, por motivos diversos. Há que ter em conta a chamada «vitimação secundária», quando o procedimento criminal acarreta para a vítima inconvenientes que acrescem aos que envolvem a prática do crime. A vítima de um crime sexual poderá, compreensivelmente, não querer suportar a grave quebra da sua privacidade que o procedimento acarreta. Por isso, o procedimento criminal pela prática desses crimes, que tenham por vítimas adultos capazes e desde que deles não resulte suicídio ou morte da vítima, depende de queixa (artigo 178.°, n.° 1, do Código Penal). Quando o procedimento criminal (neste e noutros casos, que serão menos graves) depende de queixa e a vítima não pretende exercê-la, não se justifica a violação do dever de sigilo.

Um tipo análogo de «vitimação secundária» poderá afectar menores vítimas de crimes sexuais. Por esse motivo, o artigo 178.°, n.° 3, do Código Penal prevê a possibilidade de o Ministério Público, tendo em conta o interesse do menor, decidir, em determinadas condições, a suspensão provisória do processo. Não haverá, por isso, razão para evitar a denúncia em nome do próprio interesse do menor.

Também é frequente que a vítima (adulta) de violência doméstica não pretenda apresentar queixa pela prática deste crime. O procedimento criminal nestes casos não depende, porém, dessa apresentação. O legislador considerou (o que poderá ser discutível nalguns casos) que essa atitude será mais reflexo de uma situação de particular vulnerabilidade, de pressões ou ameaças do autor do crime, do que de genuína vontade de perdão. Se assim for, justifica-se, na verdade, a violação do dever de sigilo para evitar a continuação da prática deste crime.

Importará que esteja garantida a segurança da vítima e que seja efectivo o afastamento do perigo de continuação da actividade criminosa (e a Lei prevê instrumentos para tal, como a proibição de contactos ou o afastamento da residência do casal, com meios técnicos de controlo a distância, além da prisão preventiva: artigos 200.° e 202.° do Código de Processo Penal e 31.°, 35.° e 36.° da Lei n.° 112/2009, de 16 de Setembro).

De qualquer modo, interessa distinguir o crime de violência doméstica (cujo procedimento criminal não depende de queixa) de crimes de ofensas à integridade física, injúrias, ameaças ou outros, praticados contra cônjuge ou pessoa que a este se possa equiparar (cujo procedimento criminal, em regra, dependerá de queixa).

Nos termos do artigo 152.º, n.º 1, do Código Penal, integra a prática de um crime de violência doméstica a conduta de quem infligir maus-tratos físicos ou psíquicos, ao cônjuge ou ex-cônjuge; a pessoa de outro ou do mesmo sexo com quem o agente mantenha ou tenha mantido uma relação de namoro ou uma relação análoga à dos cônjuges, ainda que sem coabitação; ao progenitor de descendente comum em primeiro grau; ou a pessoa particularmente indefesa, nomeadamente em razão da idade, de deficiência, doença, gravidez ou dependência económica, que com ele coabite.

O traço distintivo entre o crime de violência doméstica e crimes de ofensa à integridade física, injúrias, ameaças ou outros, praticados contra alguma das pessoas acima referidas, dependerá da perspectiva adoptada a respeito do bem jurídico protegido através da incriminação em apreço.

De acordo com Plácido Conde Fernandes, esse bem jurídico é «a saúde enquanto manifestação da dignidade da pessoa humana e da garantia da integridade pessoal contra os tratos cruéis, degradantes ou desumanos, num bem jurídico complexo que abrange a tutela da sua saúde física, psíquica, emocional e moral». Para que uma conduta integre o crime em questão, exige-se «uma intensidade do desvalor, da acção e do resultado, que seja apta e bastante a molestar o bem jurídico protegido – mediante ofensa da saúde física, psíquica, emocional ou moral, de modo incompatível com a dignidade da pessoa humana»[8].

Para André Lamas Leite, «o fundamento último das acções abrangidas pelo tipo reconduz-se ao asseguramento das

---

[8] *In:* «Violência doméstica – novo quadro penal e processual penal», *Revista do CEJ*, 8, pp. 304-308 (especial), 1.º semestre de 2008.

condições de livre desenvolvimento da personalidade de um indivíduo no âmbito de uma relação interpessoal próxima, de tipo familiar ou análogo»[9].

O Código de Processo Penal reconhece o dever de sigilo profissional de diversas categorias de pessoas e a estas atribui a faculdade de, com esse fundamento, se escusarem do dever de deporem como testemunhas. Fá-lo no seu artigo 135.º, nos seguintes termos:

> «1 – Os ministros de religião ou confissão religiosa, os advogados, os médicos, os jornalistas, os membros de instituições de crédito e as demais pessoas a quem a lei permitir ou impuser que guardem segredo profissional podem escusar-se a depor sobre os factos por ele abrangidos.
>
> 2 – Havendo dúvidas fundadas sobre a legitimidade da escusa, a autoridade judiciária perante a qual o incidente se tiver suscitado procede às averiguações necessárias. Se, após estas, concluir pela ilegitimidade da escusa, ordena, ou requer ao tribunal que ordene, a prestação do depoimento.
>
> 3 – O tribunal imediatamente superior àquele onde o incidente se tiver suscitado, ou, no caso de o incidente se ter suscitado perante o Supremo Tribunal de Justiça, o plenário das secções criminais, pode decidir da prestação de testemunho com quebra do segredo profissional sempre que este se mostre justificado, segundo o princípio da prevalência do interesse preponderante, nomeadamente tendo em conta a imprescindibilidade do depoimento para a descoberta da verdade, a gravidade do crime e a necessidade de proteção de bens jurídicos. A intervenção é suscitada pelo juiz, oficiosamente ou a requerimento.

---

[9] *In:* «A violência relacional íntima», *Julgar*, 12, p. 49 (especial), Novembro de 2010.

> 4 – Nos casos previstos nos n.ºs 2 e 3, a decisão da autoridade judiciária ou do tribunal é tomada ouvido o organismo representativo da profissão relacionada com o segredo profissional em causa, nos termos e com os efeitos previstos na legislação que a esse organismo seja aplicável.
>
> 5 – O disposto no número anterior não se aplica ao segredo religioso.»

Uma questão adicional importante se suscita a este respeito. O n.º 1 deste artigo elenca algumas das categorias profissionais a quem é reconhecido, para este efeito, o dever de sigilo profissional. Abrange, além dessas categorias (em que não se incluem os profissionais de serviço social), «as demais pessoas a quem a lei permitir ou impuser que guardem segredo».

Ora, como vimos, o código deontológico dos profissionais de serviço social não obteve, até à data em que escrevo, reconhecimento legal. Poderá, pois, entender-se que o dever de sigilo desses profissionais não decorre da lei.

O acórdão da Relação de Coimbra de 5 de Novembro de 2007[10] não reconheceu a faculdade de escusa, com base no dever de sigilo profissional, de depoimento como testemunha, de um psicólogo, precisamente porque o código deontológico dos psicólogos, de onde decorria esse dever, não tinha, na altura, reconhecimento legal[11]. Poderá dizer-se o mesmo em relação ao dever de sigilo profissional dos profissionais de serviço social enquanto o respectivo código deontológico não obtiver reconhecimento legal. Daí também a importância de que tal reconhecimento legal venha a ocorrer rapidamente.

---

[10] *In: Colectânea de Jurisprudência*, tomo 5, 2007, p. 35.

[11] Hoje já não é assim, diante da Lei n.º 57/2008, de 4 de Setembro, e do Regulamento n.º 257/2011, publicado no Diário da República, Série II de 20 de Abril de 2011.

Enquanto tal não se verificar, será que um profissional de serviço social não goza, em qualquer situação, da faculdade de se escusar a depor como testemunha em processo penal invocando o seu dever de sigilo profissional?

Só vejo alguma hipótese de a tal obviar se se considerar que esse dever tem a sua fonte não só na legislação ordinária, mas na própria Constituição, designadamente no direito à reserva da intimidade da vida privada e familiar consignado no artigo 26.º, n.º 1, deste diploma. Poderá dizer-se que esse dever também decorre da lei (como exige o artigo 135.º do Código de Processo Penal, acima citado), não da lei ordinária, mas da lei constitucional.

Se assim não se entender, poderemos estar perante uma situação de conflito entre um dever deontológico e um dever jurídico e legal, sobre a qual incidiremos seguidamente.

3. O dilema do cumprimento da Lei e a objecção de consciência

Pode suceder que o profissional de serviço social se veja confrontado com a obrigação de cumprir leis com que não concorda, que considere injustas e até contrárias a deveres deontológicos.

De acordo com o código deontológico acima referido, os profissionais de serviço social devem reger-se pelos princípios do respeito pelos direitos humanos e pela dignidade humana e da promoção da justiça social. Pode acontecer que esses profissionais se vejam confrontados com a aplicação de leis que considerem contrárias a tais princípios: por exemplo, leis que restrinjam direitos de imigrantes ou benefícios sociais em termos que possam ser considerados contrários a direitos humanos fundamentais.

Os deveres deontológicos de respeito pelos direitos humanos e pela dignidade humana e de promoção da justiça social motivam os profissionais de serviço social a lutarem pela aplicação de leis conformes a tais princípios, recorrendo aos meios de participação próprios de um sistema democrático e não à sistemática desobediência de leis que possam ser consideradas injustas. Fazer depender a aplicação de uma lei da concordância de quem a deve aplicar conduziria à anarquia, à incerteza e à desigualdade.

Neste contexto, pode suscitar-se a questão da objecção de consciência. Esta não se confunde, porém, com a possibilidade de desobediência a uma lei com que, simplesmente, não se concorda ou até que se considera injusta.

Detenhamo-nos na análise do sentido e alcance do direito à objecção de consciência. Este é um corolário da liberdade de consciência e está consagrado na Constituição portuguesa, no seu artigo 41.º (o qual tem por epígrafe «*Liberdade de consciência, de religião e de culto*»), n.º 6: «É garantido o direito à objecção de consciência, nos termos da lei.»

A objecção de consciência, em muitos ordenamentos jurídicos, começou por ser invocada perante o dever de serviço militar. Este facto é sintomático do seu particular relevo. O dever de serviço militar pode considerar-se o mais gravoso dos deveres do cidadão perante o Estado, porque pode afectar o próprio direito à vida (num eventual cenário de guerra) e porque limita sempre a liberdade pessoal de forma significativa. Mas justifica-se por exigências da própria sobrevivência da comunidade política. Ora, mesmo perante um tão gravoso dever, e mesmo quando pode estar em jogo a sobrevivência da comunidade política, não podem ser desprezadas razões de consciência igualmente fortes, e pode, em virtude dessas razões de consciência (e desde que comprovada a sua autenticidade), ser invocada a objecção de consciência. Trata-se de um sinal claro do supremo relevo que assume a liberdade de consciência.

Ora, se assim é perante tão forte dever, é compreensível que o direito à objecção de consciência se estenda a outros âmbitos. De forma expressa, vários ordenamentos jurídicos o reconhecem no âmbito do aborto ou em outros âmbitos relativos à bioética. Um passo mais alargado será o de o reconhecer de forma generalizada em todos os âmbitos, sem necessidade de um reconhecimento específico.

Os constitucionalistas mais influentes tendem a considerar que o artigo 41.º, n.º 6, da Constituição portuguesa estabelece o direito à objecção de consciência apenas nos casos expressamente previstos na lei, como os casos do serviço militar e do aborto. Essa é a posição adoptada na Constituição anotada de Jorge Miranda e Rui Medeiros[12] e na Constituição anotada de J. J. Gomes Canotilho e Vital Moreira[13]. Será esse o sentido (restritivo) da expressão «*nos termos da lei*».

Também se pode considerar que a expressão «objecção de consciência» não restringe o alcance do direito aos casos expressamente previstos na lei ordinária, pois esse alcance restritivo esvaziaria de sentido útil o próprio reconhecimento constitucional desse direito (que acabaria por ficar inteiramente dependente da legislação ordinária). «*Nos termos da lei*» significará, então, de acordo com a regulação legal, que deve ser aplicada, mas sem que essa regulação condicione o reconhecimento do direito num qualquer campo específico.

Para o reconhecimento generalizado do direito à objecção de consciência, parece apontar o artigo 12.º, n.º 1, da lei portuguesa de liberdade religiosa, a Lei n.º 16/2001, de 22 de

---

[12] *In: Constituição Portuguesa Anotada*, Tomo I, Coimbra Editora, 2005, p. 450.

[13] *In: Constituição da República Portuguesa Anotada*, Vol. I, Coimbra Editora, 2007, p. 616.

Junho, que reconhece esse direito «nos termos da lei que *eventualmente* o regule»[14] (como que a dizer que da eventualidade da existência dessa lei não depende o reconhecimento desse direito).

É vasto o elenco de situações actuais em que, em vários países, tem sido suscitada a questão da tutela do direito à objecção de consciência em âmbitos não especificamente regulados. Por exemplo, perante a legalização do casamento entre pessoas do mesmo sexo, há quem invoque a objecção de consciência para evitar a sua participação na celebração desses casamentos, não por discriminar as pessoas que os celebram, mas porque entende que se trata de uma grave desvirtuação do conceito de casamento. Vários presidentes de câmara franceses reivindicaram esse direito, mas o *Conseil Constitutionnel* não veio a reconhecê-lo na sua decisão de 18 de Outubro de 2013.[15] O Tribunal Europeu dos Direitos do Homem recusou tal faculdade a uma funcionária do registo civil britânico que pretendia não celebrar uniões civis homossexuais.[16] Várias agências católicas de adopção britânicas cessaram as suas actividades por se recusarem a colaborar na adopção de crianças por pares do mesmo sexo e tal direito não lhes ser reconhecido.

Nos EUA, instituições católicas vêm lutando para que lhes seja reconhecido o direito de não colaborar em seguros que cubram o recurso à contracepção (incluindo meios que podem considerar-se abortivos) e à esterilização. O direito à objecção de consciência é reivindicado em muitos países por farmacêuticos que se recusam a fornecer pílulas com efeitos abortivos[17].

---

[14] [Itálico do autor.]

[15] Ver a decisão em: www.conseil-constitutionnel.fr.

[16] Ver a decisão do caso *Eweida and others v. The United Kingdom* em: www.echr.coe.int.

[17] Esse direito foi recentemente reconhecido por um tribunal da cidade italiana de Gorizia (ver www.avvenire.it, de 20/12/2016).

O direito à objecção de consciência tem sido invocado por pais e professores no que diz respeito a programas de «educação sexual» ideologicamente orientados. Em Espanha, muitos pais recusaram a frequência pelos seus filhos da disciplina de «educação para a cidadania» por a considerarem uma forma de propaganda ideológica, designadamente em prol da chamada «ideologia do género».

Adventistas do sétimo dia invocam a liberdade religiosa e de consciência para se recusar a trabalhar ou ter aulas ao sábado. Esta questão foi analisada, não à luz do direito geral à objecção de consciência, mas do prisma de uma disposição específica sobre o trabalho em dias dedicados ao culto religioso (o artigo 14.º da lei portuguesa de liberdade religiosa, acima referida), nos acórdãos do Tribunal Constitucional português n.os 544/2014 e 545/2014[18].

Se admitirmos o alcance generalizado do direito à objecção de consciência, dele não podemos excluir os profissionais de serviço social.

Como vimos, respeitar ao máximo a liberdade de consciência não é abrir a porta a qualquer tipo de desobediência anárquica à lei e à autoridade do Estado. Não é uma qualquer discordância política com as opções do legislador que justifica a objecção de consciência.

A lei portuguesa de liberdade religiosa (Lei n.º 16/2001, de 22 de Junho), acima referida, concerne, a este respeito, a «ditames impreteríveis da própria consciência» (artigo 12.º, n.º 1), «cuja violação implica uma ofensa grave à integridade moral que torne inexigível outro comportamento» (n.º 2 do mesmo artigo). Não se trata de uma opinião política ou subjectiva, mas de um ditame de consciência, um ditame a que a

[18] Consulte-se em: www.tribunalconstitucional.pt.

pessoa se considera vinculada e que não depende de si e das suas opiniões[19].

Importa ter presente o peso e o valor particulares que tem a liberdade de consciência numa sociedade assente na protecção da dignidade da pessoa humana, os quais, no confronto com outros direitos e valores legalmente tutelados, só são ultrapassados pelo direito à vida. A liberdade de consciência situa-se, por um lado, na esfera mais íntima da pessoa, por outro, na esfera de maior relevo no plano das opções existenciais da pessoa. Ser forçada a agir contra a sua consciência é, para a pessoa, mais grave do que muitos outros atentados à sua liberdade, à sua integridade física e saúde, à sua honra ou ao seu bem-estar. Compreende-se, por isso, o sentido da referência à violação da integridade moral no citado artigo 12.º da lei portuguesa de liberdade religiosa.

O objector de consciência não pretende, com a sua atitude, «boicotar» a aplicação da lei, ou modificá-la; sabe que outra pessoa no seu lugar a aplicará. O que pretende é evitar essa ofensa à sua integridade moral que representa uma atitude contrária aos «ditames impreteríveis da sua consciência».

É nestes termos que se concebe que um profissional de serviço social, como outro profissional, possa invocar a objecção de consciência. Reconhece-se a cautela, a prudência e a contenção com que uma questão desta delicadeza deve ser tratada;

---

[19] Ficou célebre a frase de um sacerdote italiano que prestava ajuda humanitária a imigrantes em situação irregular, ajuda que poderia ser considerada ilegal: «mudem a lei, porque não posso mudar o Evangelho».

A visão católica da consciência está assim definida na constituição *Gaudium et Spes*, do Concílio Vaticano II (n.º 16): «No fundo da própria consciência, o homem descobre uma lei que não se impôs a si mesmo, mas à qual deve obedecer; [...]. O homem tem no coração uma lei escrita pelo próprio Deus; a sua dignidade está em obedecer-lhe, e por ela é que será julgado. A consciência é o centro mais secreto e o santuário do homem, no qual se encontra a sós com Deus, cuja voz se faz ouvir na intimidade do seu ser.»

mas também não pode ignorar-se a possibilidade de se repetirem exemplos históricos em que a obediência cega à lei serviu de justificação para as maiores atrocidades.

Leituras recomendadas

Ascensão, José de Oliveira, *Direito – Introdução e Teoria Geral*, Coimbra, Almedina, 2016.

Chorão, Mário Emílio Bigotte, *Introdução ao Direito*, Vol. I, *O Conceito de Direito*, Coimbra, Almedina, 1988.

Chorão, Mário Emílio Bigotte, *Temas Fundamentais de Direito*, Coimbra, Almedina, 1992.

D'Agostino, Francesco, *Justiça – Elementos para uma Teoria*, Cascais, Principia, 2009.

D'Agostino, Francesco, *Direito e Justiça*, Cascais, Principia, 2014.

Homem, António Pedro Barbas, *O Que É o Direito?*, Cascais, Principia, 2001.

Puppinck, Gregor, «Objection de Conscience et Droits de l'Homme», *Société, Droit et Religion*, vol. 6, Paris, CNRS Éditions, 2016.

Requisitos éticos relacionados com a protecção e intervenção sociais

Maria do Rosário Carneiro

Professora Convidada Aposentada do Instituto Superior de Ciências Sociais e Políticas (ISCSP) da Universidade Técnica de Lisboa

1. Protecção social, porquê?

Tomo como ponto de partida que a acção de proteger é determinada porque há alguma coisa que carece de ser preservada, algum problema que necessita de resolução. O que quer dizer que tem de haver sempre uma definição prévia de bem referencial, de bem a ser alcançado, de bens a ser envolvidos e respeitados, para que tal acção de protecção se possa efectivar.

A protecção social pode ser, então, entendida como uma pré-condição para uma vida boa. Sir William Beveridge[1] considerava que o objectivo do governo era garantir a felicidade da pessoa comum, tendo em conta simultaneamente o seu

---

[1] Beveridge, William, *Social Insurance and Allied Services,* Londres, His Majesty's Stationery Office, 1942.

bem-estar e prosperidade, e a realização do bem comum. Ora, estes objectivos não são abstractos, antes sim condicionados pelo facto inultrapassável de que se orientam em primeiro lugar para cada ser humano individual, dotado de uma identidade plural e variada (com múltiplas filiações e associações diversas), constitutiva da sua liberdade, e pelas circunstâncias objectivas e concretas de cada comunidade em cada momento da História.

A protecção social representa assim um instrumento assumido pelo Estado, em parceria ou não com outras entidades, para resolver problemas sociais, e transformado em estratégia para intervir na questão social. Tem por objectivo a coesão e a harmonia sociais, garantindo o acesso a recursos e direitos da população (nomeadamente a mais excluída), designadamente pela garantia de um conjunto de benefícios e garantias sociais, procurando cobrir os riscos e promovendo a inclusão social. Neste sentido, considero que o conjunto destas características e objectivos representa o enquadramento de um padrão ético global, vinculativo de toda a acção relativamente à qual é necessária uma concordância colectiva, quer quanto à resolução dos conflitos sociais sem recurso à violência, quer quanto à manutenção de uma determinada forma de organização social e respectivas leis; um padrão ético global que também é vinculativo de uma ética de responsabilidade colectiva e individual.

É então importante uma clarificação dos objectivos gerais, que perspectivam as determinantes da intervenção, e dos objectivos particulares, que especificam e orientam a intervenção, mas que sempre interactuam e permanecem como imperativos, esclarecedores e definidores dos limites do interdito, do possível e do obrigatório.

2. Identificando os pressupostos da protecção e da intervenção sociais

Como objectivo geral, orientador das políticas e práticas de protecção social, parto do princípio de que o imperativo é a construção de uma sociedade de bem-estar assente no respeito pelo bem comum, pela realização da justiça e promoção da paz ou, de outra forma, no respeito pelo bem-estar de cada um e de todos, já que o ser humano tem de permanecer sempre o fim último, critério e fim em si mesmo. O que quer dizer que, sempre que estes bens fundamentais estejam ameaçados, se torna necessária uma intervenção que os proteja.

E esta intervenção é necessária porque nem todos conseguem remover as ameaças que sofrem à fruição do bem-estar, por não terem os recursos, capacidades e oportunidades para o fazer em liberdade: a liberdade é justiça social e a justiça social é liberdade. Esta intervenção, sendo orientada para todos, é, no entanto, especialmente dirigida aos grupos mais vulneráveis, carenciados, negligenciados, em risco de exclusão ou já mesmo em situação de exclusão.

Todavia, esta intervenção nem sempre corresponde ao respeito pela integralidade de cada um, não reduz desigualdades, não é libertadora, podendo ser mesmo incapacitante; nem sempre é sustentável, porque envolve de forma imprudente recursos finitos e compromete o futuro.

Considero ainda importante referir alguma conflitualidade que se situa nos macrodomínios e microdomínios. Com efeito, as políticas sociais, que enquadram toda a protecção e intervenção sociais, assentam numa matriz macroética que tem por referência o princípio da universalidade. Deste modo, apesar de serem norteadas pelo princípio da igualdade de oportunidades, revelam uma prevalência de um certo carácter homogeneizador que, num número imenso de situações, não atende à integralidade do desenvolvimento e felicidade de cada um. Mas a intervenção social baseia-se também numa matriz microeconómica e individual («cada caso é um caso»), apresentando uma lógica mais selectiva, integrativa, incorrendo por vezes no risco de manter a população na condição de assistida.

Dito de outra forma, está-se perante perspectivas de abordagem, de formulação política e da acção correspondente, nem sempre coincidentes, por vezes conflituantes, assim podendo pôr em risco a realização do objectivo final, a realização de cada pessoa na sua integralidade, o seu bem-estar e o bem comum.

3. Princípios e valores informadores

Ao procurar a justificação das regras propostas pela moral e pelo Direito, encontra-se uma escala de valores que lhe estão subjacentes e que decorre da experiência de cada grupo, sendo, simultaneamente, determinante do seu comportamento.

Como já referi, o objectivo central da protecção e intervenção sociais será o de garantir o bem-estar individual e social, o que significa que surge como nuclear o imperativo da defesa intransigente de cada pessoa, da sua dignidade, e consequentemente da sua liberdade, no quadro mais vasto de realização do bem comum. É necessário, para tal, que a protecção social seja perspectivada como investimento social, e que se entenda o Estado Social como um Estado de justiça social, em evolução.

Herbert Hart considera que os direitos humanos surgem como pais da Lei, apresentando-se como afirmações éticas, e servindo assim como elementos fundamentais para a formulação de normas legislativas. Cobrem as áreas fundamentais que determinam o que as pessoas têm de ter para que, nas palavras de Amartya Sen, realizem uma vida boa e com valor, tendo em conta a sua segurança pessoal e a particular felicidade de cada um.

É importante, neste contexto, referir que o quadro geral proposto, que permanece e é referencial indiscutível, tem, no entanto, de ser aberto e evolutivo – uma vez que as sociedades se transformam e permanentemente estão sujeitas a desafios que têm de ser ponderados e integrados na definição política e na acção –, para que não se criem novas áreas de vulnerabilidade e de exclusão. Assim, há que ter sempre presente as transformações que ocorrem nos campos económico, social e demográfico, com profundas influências no mercado de trabalho, na família e no estado social. E há também que ter presente, como propõe Peter Singer[2], questões éticas substanciais como o racismo, o sexismo, as guerras e a degradação ambiental.

A concretização dos valores atrás referenciados é objecto das políticas públicas que visam a sua realização e que obedecem a um conjunto de princípios, representando eles também critérios éticos de toda a intervenção: universalidade, igualdade, equidade social, solidariedade, inserção social, conservação dos direitos adquiridos e em formação, eficácia, responsabilidade pública, subsidiariedade, garantia judiciária, unidade, descentralização, participação, informação.

A este propósito, e apesar de noutros capítulos esta matéria ser abordada de forma mais aprofundada, considero importante sublinhar que, no quadro legal português, se encontram formulados os princípios a que obedece a intervenção social e que constituem requisitos éticos da acção, entre os quais destaco: satisfação das necessidades essenciais das pessoas e das famílias mais carenciadas, prevenção perante os fenómenos económicos e sociais potenciadores de fragilização das pessoas e comunidades, promoção da maternidade e da paternidade, garantia da equidade, da justiça social e da igualdade

---

[2] SINGER, Peter, *Ética no Mundo Real*, Lisboa, Edições 70, 2017.

de tratamento dos potenciais beneficiários, desenvolvimento da qualificação e integração comunitária dos indivíduos, contratualização das respostas tendo em vista o envolvimento e a responsabilização dos destinatários, personalização, selectividade e flexibilidade das respostas a oferecer, utilização eficiente dos serviços e equipamentos sociais, valorização das parcerias, actuação integrada junto das pessoas e das famílias, articulação eficiente entre as entidades com responsabilidades sociais.

4. A variação e o concreto

Cada tempo apresenta problemas específicos, condicionados pelas circunstâncias concretas e pelos valores de referência sentidos e vividos. O que permanece imutável serão os valores fundamentais, referências da organização humana: o respeito pela vida, pela dignidade inviolável de cada um, pela sua liberdade essencial.

A sua resolução é objectiva sob pena de se incorrer em abstracções, condicionantes do desenvolvimento e do bem-estar, da justiça e da paz.

É, pois, necessário identificar o real no tempo, em cada pessoa, em cada comunidade, não perdendo de vista uma visão de conjunto – os outros no espaço e no tempo –, requisito fundamental para a sustentabilidade da intervenção. Esta atitude clarifica os limites do imperativo, do interdito e do possível; precisa o que há a saber para melhor intervir.

A intervenção social e a protecção que dela decorre envolvem quase sempre um conjunto de escolhas difíceis entre valores, que se constituem frequentemente como dilemas: garanto a habitação do velho Joaquim, assegurando que permanece integrado na sua comunidade de pertença, certificando-me de que as suas necessidades de apoios complementares estão asseguradas, partindo do princípio da individualização da resposta e do respeito pela sua integralidade, ou garanto aquela habitação num outro local, onde tudo está assegurado, menos a pertença, mas que respeita a maximização económica da resposta social?

Garanto que a família Antunes tem acesso ao Rendimento Social de Inserção depois de verificados os pressupostos de condição de acesso e confirmo zelosamente que se cumpre o contrato de co-responsabilização e, assim, se cumprem os respectivos normativos, fazendo-o cessar em caso de irregularidade, ou garanto aquele acesso, nas condições definidas, certificando-me de que aquela família tem condições objectivas de cumprimento e zelando para que as capacidades de efectiva autonomização sejam adquiridas em liberdade?

Garanto que a Ana e o José, com problemas de absentismo e dificuldades de aprendizagem, são encaminhados para as correspondentes medidas de acompanhamento previstas no sistema educativo, dando assim cumprimento ao princípio da igualdade de oportunidades, ou, garantindo-as, desenvolvo o indispensável trabalho de envolvimento, capacitação e co-responsabilização das respectivas famílias, para que as crianças assim tenham a intervenção integrada sem a qual as medidas sectoriais terão fraco ou nulo sucesso?

Garanto que o jovem Manuel, de etnia cigana, tem acesso ao mercado de trabalho porque lhe proporciono a frequência de uma qualquer acção de formação profissional disponível no momento, desligada do seu perfil pessoal, das necessidades e da receptividade do mercado, mas cumprindo os objectivos fixados numa determinada estratégia, ou garanto a realização daquele direito fundamental, proporcionando a necessária e adequada formação, trabalhando as competências e apetências do jovem, tendo em conta as características do mercado, actuando com os empregadores?

São infindáveis as situações que se poderiam apresentar, mas deste conjunto equacionado salienta-se desde já uma conflitualidade marcante: a que decorre do confronto entre a macroperspectiva – própria da definição política, que atende aos princípios fundamentais da universalidade, da igualdade, da equidade, da solidariedade, da inserção social, da responsabilidade pública, mas também da maximização económica da intervenção tendo em vista a sustentabilidade do sistema – e a microperspectiva – menos económica no curto prazo, mas com sustentabilidade de resultados e consequentemente de maior eficácia económica no longo prazo, que deverá atender à individualização da intervenção, à pessoalização da resposta, para que se possa, sim, proporcionar condições de capacitação, de igualdade de oportunidades, de autonomização e de liberdade, tendo em vista o critério orientador do desenvolvimento de cada pessoa no respeito pela sua dignidade integral. Esta conflitualidade não se resolve exclusivamente no campo estrito da intervenção, mas terá de ser perspectivada no domínio mais vasto da definição política que enquadra toda a protecção social.

Saliento, também, o conflito entre a aplicação estrita da norma geral e a adequação da intervenção concreta adaptada a cada caso, a cada situação. A norma é, por definição, geral e abstracta; a intervenção directa é específica e particular, é serviço ao outro, ao que necessita, ao que está em situação de vulnerabilidade ou incapacitado, ao que está privado por múltiplas razões dos instrumentos necessários à sua emancipação, autodeterminação e felicidade. A norma enquadra a realidade e as respostas necessárias à resolução dos problemas que as situações concretas levantam; mas a adequação e eficiência da acção só podem ser alcançadas pela utilização flexível dos instrumentos disponíveis e informada pelo único critério de servir cada um com o objectivo de lhe proporcionar o acesso às condições de bem-estar pessoal, no respeito pela sua dignidade e liberdade individuais. A homogeneidade proposta na norma terá então de ser compensada pela diversidade adequada da resposta, para que se cumpram assim princípios fundamentais como a justiça, a equidade, a solidariedade, a igualdade de oportunidades.

São escolhas difíceis as que se apresentam no domínio da intervenção. Assentam firmemente em valores estruturantes. Destaco, a propósito, alguns dilemas paradigmáticos – verdade *versus* lealdade, indivíduo *versus* comunidade, longo prazo *versus* curto prazo, justiça *versus* misericórdia. Considero que o velho Joaquim permanece devidamente alojado na sua comunidade de pertença, com o inerente acréscimo de custos, ou transfiro-o para uma outra solução de habitação, em que comprometo a sua integralidade mas salvaguardo recursos que redundarão no benefício geral da comunidade? Desenvolvo uma acção integrada com a Ana e o José, com o fito da promoção da sua integração escolar e consequente desenvolvimento pessoal e social e futura incorporação plena e autónoma na sociedade, envolvendo mais recursos e, por conseguinte, maior despesa no curto prazo, ou opto pelo recurso às medidas gerais, comprometendo a eficácia da intervenção do ponto de vista do impacto no desenvolvimento de facto das crianças, mas salvaguardando a contenção da despesa imediata? Considero que a família Antunes carece de acompanhamento para que efectivamente possa adquirir as capacidades e competências de co-responsabilização e autonomia necessárias e, para isso, tenho de alocar programas específicos, recursos e tempo, ou decido que, perante o incumprimento do programa de co-responsabilização, de acordo com a previsão normativa, a prestação lhe é tirada?

Vê-se, assim, que a intervenção social é determinada por decisões que reportam a um conjunto de princípios os quais, sendo instrumentos de racionalidade moral, fornecem as perspectivas necessárias para o respectivo enquadramento: faz o que produz o maior bem para o maior número de pessoas; faz o que deves fazer e não o que pensas que pode funcionar; faz aos outros o que gostarias que te fizessem a ti.

Estes princípios não oferecem modelos convergentes para a tomada de decisão, como demonstram os exemplos que usei. Cada decisão deve procurar o que é simultaneamente bom e correcto. Mas este discernimento só pode ser feito por referência a uma teia imensa de valores, cujo valor intrínseco é incontestável e inviolável, em cada momento e em cada sociedade: amor, verdade, justiça, liberdade, igualdade, solidariedade, unidade, tolerância, responsabilidade, respeito pela vida. Estes são valores estabelecidos nos mais diversos códigos; valores também apreensíveis nos costumes e práticas de cada comunidade em cada momento da sua história; são políticos, são económicos, são morais.

5. Eticamente interdito, eticamente possível, eticamente exigido

A decisão que referi como determinante da intervenção social, sendo uma decisão ética, implica sempre um conjunto de atitudes fundamentais, das quais destaco: reconhecer a existência de uma questão moral, determinar a responsabilidade do actor perante a questão apurada, apurar os factos relevantes, testar os elementos bons *versus* maus, testar os dilemas entre vários bens, aplicar os princípios de resolução dos conflitos identificados, decidir, revisitar e reflectir sobre a decisão tomada.

Retomo a proposta dos dilemas que subjazem à formulação da decisão ética como base para análise do que é eticamente interdito, permitido, exigido.

O interdito situa-se no campo da tentação moral, da decisão que, contrapondo certo e errado, opta pelo errado. Nada tem que ver com a resolução de uma opção entre dois bens em presença. É vasta a lista de exemplos de interditos, da apropriação indevida de bens destinados a terceiros, ao uso abusivo de poder, à desresponsabilização ante actos praticados, ao não envolvimento dos recursos disponíveis, à sonegação de informação, à incoerência ou inconsistência da acção, à indiferença, à falta de preparação ou ignorância da área em que se intervém.

Mas proponho recuperar alguns dos exemplos atrás avançados: não dar à família Antunes toda a informação de que ela necessita para fruir do Rendimento Social de Inserção não é optar entre a aplicação estrita da norma ou proporcionar os meios necessários, de forma flexibilizada, para que ela se efective. É interdito, está errado, nega-lhes a liberdade, ofende os direitos das pessoas, impossibilita a realização do bem comum. Sinalizar simplesmente as necessidades de medidas de intervenção educativa para a Ana ou para o José, no estrito cumprimento de procedimentos de natureza administrativa, não cuidando da análise da sua situação global, nomeadamente da sua situação familiar, é muito curto, parcelar, está errado e consequentemente interdito. Não cumpre os objectivos gerais da protecção social, compromete o futuro daquelas crianças. No entanto, garantir uma intervenção integrada à Ana e aplicar uma de natureza administrativa ao José (que pertence a uma minoria étnica) é desigual, discriminatório, nega direitos fundamentais, compromete a coesão, está errado, é eticamente interdito. Mas também é interdito, na presunção de uma intervenção empática, assumir o lugar do outro, como se me fosse acessível definir as prioridades do outro em função da minha própria escala de prioridades. São atitudes que redundam sempre na imposição de um modelo, na inibição da liberdade que se tem de salvaguardar.

Referi atrás alguns dos princípios que orientam a definição das linhas políticas que enquadram a protecção e a intervenção sociais. Representam os imperativos éticos gerais, intransponíveis, que as norteiam e delimitam. Imperativo é, desde logo, actuar em conformidade com aquelas directrizes que são também a identificação de referenciais para uma intervenção ética: dignidade da pessoa, justiça, igualdade de direitos, cidadania plena, solidariedade, responsabilidade, fidelidade.

A procura da verdade, na identificação do problema e nas propostas de resolução, a fidelidade aos valores referenciados num programa mais vasto de acção mas também a fidelidade ao valor essencial que determina a intervenção social que é o serviço ao outro, a responsabilidade pelos actos praticados mas também pela devolução dessa capacidade ao seu destinatário para que possa em liberdade exercer as suas opções, a escrupulosa aplicação de meios que, tendo presente a sua utilização equitativa, zela pela igualdade de direitos garantindo assim uma efectiva justiça social, são atitudes que identifico, a título de exemplo, como exigíveis em toda a intervenção social.

É igualmente exigível o estudo permanente das áreas em que se intervém. Só um conhecimento permanente e actualizado permite que a verdade seja o critério de avaliação, que se efective uma actuação responsável, que se utilizem de forma criteriosa e justa os meios disponíveis, que se respeite sempre a liberdade do outro. Mas é também exigível uma atitude permanente de abertura à avaliação e correcção aos modelos adoptados.

Finalmente, na equação entre o eticamente interdito, possível e exigível, penso que o possível só se apresenta no âmbito do que é eticamente exigido, envolvendo claramente a resolução de dilemas. Entre a família Antunes, que não observou o contratualizado no programa de co-responsabilização para atribuição do Rendimento Social de Inserção, e outras famílias, em situação e com características idênticas, que o assinaram e cumpriram, devo aplicar o que decorre do cumprimento da lei ou, tendo meios para isso e velando pela legalidade, tenho em conta os factos que determinaram a inobservância e procuro com aquela família ultrapassá-los, para que atinja os objectivos propostos e assim mantenha aquele instrumento fundamental para a sua integração cidadã? No quadro de uma intervenção ética, são diversas as opções que se apresentam sempre que se trata de ter de escolher entre dois bens, dois valores. Será, então, a ponderação equilibrada dos valores em presença que determinará o que é eticamente possível. O resultado será sempre o menor dos bens ou o menor dos males.

6. Saberes e dons

Ninguém nasce nem física, nem eticamente preparado: todas as capacidades, todos os dons, têm de ser objecto de trabalho diário para que se tornem em competências. O que quer dizer que tem de se ser eticamente treinado.

A ética não é uma mera análise, não tem cegueira de imparcialidade nem é mentalmente passiva: é uma atitude eminentemente humana que requer comprometimento e, consequentemente, estudo e trabalho.

Estudo e trabalho para que a actuação não seja exclusivamente pautada pelas regras, mas que permita, como propõe Peter Singer, ter em consideração o bem que se pode fazer a quem é menos afortunado, não só na nossa comunidade, mas até onde for possível chegar, não só no nosso presente mas pensando nas gerações do futuro.

Estudo e trabalho na atenção às novas realidades e desafios com que as sociedades permanentemente nos interpelam: o crescente papel da sociedade civil, as constantes revoluções científicas e tecnológicas, a expansão das tecnologias da informação, mas também a emergente moralidade do relativismo com a consequente remoção de valores como honestidade, amor, justiça, respeito pelo outro. A moral não se repete, mas não é possível sobreviver à moralidade do relativismo. Pelo contrário, a nossa sobrevivência depende de uma moralidade do empenhamento, do cuidado, da atenção.

Estudo e trabalho para ampliar o campo das nossas preocupações e dos nossos compromissos para assim podermos reconhecer nos outros o imperativo de, em liberdade, poderem escolher entre diferentes estilos de vida, entre diferentes maneiras de viver as suas vidas, atendendo à pluralidade de identidades que cada um representa.

Trabalho pessoal de treino constante na percepção de conflitos emocionais pessoais, de remoção de subjectividades e preconceitos persistentes, sem o que a intervenção ficará minada e presa, não dando margem à racionalidade e alteridade exigíveis.

Trabalho pessoal de treino constante no desenvolvimento de dons de relação, para que se possa respeitar o outro como ser humano com a sua inerente dignidade, na sua liberdade, para que seja capaz de se ver no outro.

Trabalho pessoal de treino constante no desenvolvimento do sentido de serviço ao outro e à comunidade e na consequente capacidade de abertura à diversidade, às modificações e às necessárias avaliações, correcções, reavaliações, para que a protecção e a intervenção sociais sejam efectivos instrumentos de inclusão, de promoção do bem-estar de cada um e de todos, de realização da justiça e do bem comum.

7. A ética da primeira pessoa e a ética da terceira pessoa

A acção dos actores da protecção e intervenção sociais situa-se no campo, nem sempre simétrico, por vezes conflituante, de diferentes perspectivas da realidade. No dizer de Thomas

Nagel[3], são distintas e eventualmente não conciliáveis: a perspectiva pessoal (primeira pessoa) e a perspectiva impessoal (terceira pessoa).

Os valores e princípios que anteriormente enunciei como organizadores das políticas públicas, que enquadram a protecção e intervenção sociais, pertencem ao domínio da terceira pessoa: são abstractos, aplicam-se a realidades percepcionadas, representam muitas vezes imposições coercivas de comportamentos, são orientadores e reguladores de uma conformidade social. Também o são os códigos deontológicos das diversas ordens profissionais que actuam no campo da protecção social, ou os regulamentos das organizações e associações responsáveis no âmbito da intervenção.

Os saberes, os dons, as convicções, o empenho e o compromisso pessoal de cada actor são do domínio da primeira pessoa, e sem eles dificilmente poderemos falar de eficácia da acção. Representam uma auto-exigência completamente interna, uma determinação da vontade, em liberdade, de transformação de um fim aceite como pessoal em dever pessoal.

Contudo, as experiências e as perspectivas pessoais dos beneficiários situam-se no domínio da terceira pessoa. Não há preparação científica e técnica que permita percepcionar a situação do outro como sua, nem há competência ou mandato moral que consinta na determinação, nomeadamente pela coacção, da interioridade do beneficiário: o José pode ser coagido a frequentar um curso para o qual não tem apetência nem corresponde ao seu projecto de vida, mas não pode ser coagido a que a obtenção desta formação se transforme em si num dever e numa meta pessoais. Nunca poderemos percepcionar o

---

[3] Nagel, Thomas, *The View From Nowhere,* Nova Iorque, Oxford University Press, 1986.

mundo pelos olhos dos outros por muito que saibamos das suas circunstâncias, conforme é sugerido por Thomas Nagel.

Neste sentido, a protecção e intervenção sociais visam dotar as pessoas das capacidades necessárias para construir as suas vidas, para, em liberdade, poderem, elas próprias, escolher entre diferentes estilos de vida, entre maneiras diversas de viver as suas vidas. Segundo Amartya Sen[4], as capacidades definem-se a partir das funcionalidades e, entre outras coisas, de toda a informação relativa às combinações funcionantes entre as quais uma pessoa pode escolher. Estão orientadas no sentido de facultar as oportunidades para que as pessoas possam escolher livremente entre as várias alternativas ao seu alcance, de possibilitar que se tenha liberdade de escolher, sem que se seja obrigado a tal, de proporcionar que cada um possa fruir da sua escolha livre, com pleno conhecimento do facto.

Assim, o empenho, o compromisso, a responsabilidade de quem actua, são sempre assumidos, em liberdade, na primeira pessoa; já o fim da sua intervenção é sempre o outro, na sua diversidade plural, na sua dignidade total, tendo em vista a efectivação da sua inclusão plena e livre.

Leituras recomendadas

Beck, Ulrich, *Sociedade de risco mundial – em busca da segurança perdida*, Lisboa, Edições 70, 2016.

Hill, Michael, *Understanding social policy*, Oxford, Blackwell Publishing, 2006.

Kidder, Rushworth, *How Good People Make Tough Choices*, Nova Iorque, Quill, 2003.

---

[4] Sen, Amartya, *A Ideia de Justiça*, Coimbra, Edições Almedina, 2010.

KÜNG, Hans, *Projecto para Uma Ética Mundial*, Lisboa, Instituto Piaget, 1990.

NAGEL, Thomas, *The View From Nowhere*, Nova Iorque, Oxford University Press, 1986.

SEN, Amartya, *A Ideia de Justiça*, Coimbra, Edições Almedina, 2010.

SINGER, Peter, *Ética no Mundo Real*, Lisboa, Edições 70, 2017.

URBÉ, R., *O Futuro do Estado Social: Um estudo comparativo em países da UE*, Lisboa, Editorial Cáritas, 2016.

Abordagens éticas da intervenção social

Cristina Pinto Albuquerque
Faculdade de Psicologia e de Ciências da Educação
da Universidade de Coimbra

1. A reflexão filosófica no Serviço Social: prolegómenos analíticos

Em termos históricos, é possível encontrar diversas referências que procuram articular, de um modo mais ou menos explícito, a reflexão filosófica moral e a prática do Serviço Social. Logo na primeira metade do século XX, são de destacar os contributos de Bernard Bosanquet (1916), Muriel W. Pumphrey (1961), Raymond Plant (1970) ou Nicholas Ragg (1977), entre outros. Todos eles, enquadrando-se em períodos distintos da história da profissão e, como tal, com influências ideológico-políticas diferenciadas, procuram, de alguma forma, argumentar que o *telos* (fim) do Serviço Social, a sua razão de existir, é inerentemente moral e ancorada em convicções.

Ainda assim, se para alguns autores a importância da reflexão filosófica para o Serviço Social é de facto inequívoca e essencial, para outros suscita objecções de fundo.

A principal objecção parece situar-se na perspectiva de que teoria e prática se constituem como dois planos, colaterais mas dissociados, posicionando-se o Serviço Social como uma profissão essencialmente prática, pelo que afastada de qualquer conhecimento *ex principiis*. Assume-se assim que raciocínio filosófico e pensamento prático são de naturezas distintas. Ora, uma tal assunção, que poderíamos considerar ter influências do pensamento kantiano, não autoriza, em paralelo, e considerando a mesma fonte, a afirmação de que razão «prática ou instrumental» e razão «especulativa» se opõem. Pelo contrário. Como Kant afirma, «pensamentos sem conteúdo são vazios, intuições sem conceitos são cegas» (Kant, 1994 [1781], p. 89). Isto significa que, enquanto a «razão pura» é a faculdade que fornece os princípios do conhecimento *a priori*, a «razão prática» se consubstancia no plano da existência moral do homem – único domínio em que o problema da realidade ocorre e adquire sentido. Nesta perspectiva, a razão assume-se como o conjunto das funções do conhecimento apriorístico, o que inclui a sensibilidade e o entendimento. Aprende-se por isso, na óptica de Kant, a filosofar, ou seja, a reflectir e a decidir, com autonomia, a via mais correcta para a acção; não se aprende filosofia.

A afirmação de que teoria e prática se dissociam parece-nos, pois, absolutamente questionável e não justificativa do argumento em apreciação, isto é, a ausência de relevância da reflexão filosófica na construção do quadro teórico e na prática do Serviço Social. E isto por duas ordens de razão. Em primeiro lugar, porque situaria o Serviço Social como uma prática meramente intuitiva, contingente e ancorada em dados experienciais, associados a um período de pré-profissionalização; ou, por outras palavras, como um saber e uma prática comportando apenas uma espécie de conhecimento histórico *ex datis*, para usarmos mais uma vez a terminologia kantiana. Em segundo lugar, porque a prática do Serviço Social enquadra necessariamente uma reflexão e decisão de fundo sobre os princípios e valores a priorizar, perante determinadas situações e num contexto espácio-temporal concreto, bem como a consideração de perspectivas e interesses em confronto na construção circunstanciada da intervenção ou numa orientação mais macroreferenciada. Goldstein (1987) vai mesmo mais longe ao afirmar que qualquer relação profissional comporta uma dimensão moral, já que se orienta por um determinado sentido de «bem-estar» e de «necessidade» das partes envolvidas na relação. Assim, para o autor, a compreensão da moral e das convicções da pessoa, do «utente» – a que poderíamos acrescentar as convicções e crenças do próprio profissional – constitui-se como o «elo moral negligenciado» (1987, p. 182) na prática do Serviço Social. Com efeito, não existem práticas neutras e, como tal, o Serviço Social ancora-se num conjunto de critérios e de tomadas de posição, ponderadas em situação e além dela, mesmo que nem sempre as teorias e os fundamentos que lhes subjazem sejam claramente explicitados ou conscientemente mobilizados.

Ainda assim, como referencia o estudo de Mullaly (1997, p. 99), na perspectiva dos assistentes sociais, ainda que as abordagens teóricas (apropriadas das ciências sociais e humanas) sejam consideradas um «guia de acção» importante, a teoria e a reflexão filosóficas, em particular, seriam sobretudo algo de «esotérico, abstracto e que se discute nas universidades». Encontrar-se-iam, pois, dissociadas do Serviço Social concebido sobretudo como acção, como prática e, como tal, não se norteando por «ideais filosóficos» e reflexões abstractas, distanciadas das condições concretas da tomada de decisão profissional, mas antes, por condições pragmáticas e condicionalismos económicos, organizacionais e políticos.

Esta perspectiva traduz, porém, uma concepção distorcida e restritiva da reflexão filosófica e da sua conexão com a acção. Em primeiro lugar, a filosofia não se constitui necessariamente como uma actividade meramente contemplativa, descomprometida e dissociada dos contextos concretos de exercício de uma qualquer acção e decisão – o que faria jus ao que Arendt (1996 [1971], p. 17) apelidava de «pensamento profissional» (característico dos filósofos), ou seja, um pensamento afastado da «esfera mundana» e das pessoas –, mas antes como uma prática de «possibilidade interessada, projectada e activa», como sublinham Vattimo e Zabala (2011, p. 14).

Em segundo lugar, a prática do Serviço Social e as decisões que comporta não são «cegas», mas ancoradas numa ponderação «prudencial» dos dados da situação, dos interesses e valores que admite, da experiência adquirida, entre outros aspectos, conduzindo a juízos profissionais baseados num conjunto de referenciais ético-legais e não na mera perspectiva intuitiva e imediatista de um determinado assistente social, perante uma dada situação. Todavia, um certo nível de abstracção proporcionado pela reflexão filosófica é mesmo essencial para dar sentido a um determinado argumento, destacando-o do caso singular, para o enquadrar num quadro analítico mais abrangente. Deste modo, a passagem da *hypothesis* (acontecimentos específicos e dados concretos) à *thesis* (quadro teórico-analítico) possibilita a articulação, viável e necessária, entre o contextual e o geral e fornece os fundamentos primordiais para uma dimensão mais «generativa» – para usarmos um conceito trabalhado por Giddens (1994) numa outra perspectiva[1] – do Serviço Social.

---

[1] «A política generativa implica: (a) buscar conseguir resultados desejados – uma frase que, contudo, recobre um emaranhado de problemas difíceis – ao proporcionar as condições para a mobilização ou o compromisso social, (b) criar circunstâncias nas quais a confiança activa pode ser construída e sustentar-se, seja nas instituições de governo como tal, ou seja em outras agências correlatas, (c) conceder autonomia àqueles que são afectados por programas ou políticas específicas e, de facto, objectivar desenvolver tal

Este aspecto é de facto essencial na construção do juízo profissional dos assistentes sociais, já que um tal juízo, ainda que situacional e contextualizado, deve ser destacado da situação imediata, dando às decisões e argumentos uma abrangência reflexiva e propositiva mais vasta. A prática de Serviço Social é, assim, não só uma construção deliberativa, contextualizada e em grande parte contingente, mas tem também um papel importante a cumprir em termos de construção do sentido a atribuir às desigualdades ilegítimas, na crítica às insuficiências das políticas públicas e mesmo no que diz respeito ao questionamento dos seus próprios mandatos socio-institucionais. Nesta perspectiva, «saber agir» é muito mais do que «saber fazer». Pressupõe não apenas a mobilização prudencial, coerente e triada dos saberes para a acção, mas também, e sobretudo, a assunção da reflexividade na prática e a superação de uma perspectiva meramente «morfológica» (o que pode ser feito), em prol de uma perspectiva «deontológica» (o que deve e precisa de ser feito).

Com efeito, se pressupusermos que o Serviço Social é simultaneamente «pessoal e político», como afirma Hugman (2013, p. 159), a sua prática ultrapassa largamente a «razão instrumental», pondo no seu âmago a virtude da prudência e a referencialidade do dever. Aliás, a própria questão associada à delimitação entre o juízo instrumental e normativo envolve,

---

autonomia em muitos contextos, (d) encorajar o desenvolvimento de princípios de acção éticos, rejeitando a indiferença do socialismo – em algumas de suas versões – para com a ética; mas, também, rejeitando o infeliz casamento neoliberal entre princípios de mercado e autoritarismo, (e) descentralizar o poder político: a descentralização é a condição da eficácia política por causa da exigência de um fluxo de informações de baixo-para-cima e do reconhecimento da autonomia. O empurra-e-puxa entre o poder descentralizado e o centro político, entretanto, não é um jogo de soma-zero. A descentralização pode aumentar a autoridade do centro, ou por causa de negociações políticas ou por causa da criação de maior Legitimidade.» (Giddens, 1994, p. 11).

desde logo, um debate complexo sobre os valores, as convicções, as crenças e as prioridades da acção, daquele que age e dos contextos em que a mesma se consubstancia e legitima, ou seja, uma reflexão filosófica relevante e basilar (Grimwood, 2016).

Destarte, compreender a forma como estes elementos se conjugam e a relevância que assumem numa dada arquitectura accional e argumentativa é também, de alguma maneira, compreender a própria estruturação histórica e axiológica do Serviço Social e dos seus propósitos e configurações. O presente capítulo tem este objectivo de base, ainda que efectivado de forma necessariamente breve e limitada. Procurar-se-á, assim, posicionar a construção axiológica do Serviço Social por referência a um conjunto de perspectivas filosóficas que adquiram, em momentos diferenciados da história da profissão, uma importância distintiva. A tese que procuraremos advogar é a de que o Serviço Social contemporâneo conjuga, de forma inédita, os princípios inerentes a uma ética da virtude[2] (plasmada nomeadamente na chamada «ética do cuidado»), a uma ética do dever[3] e a uma ética consequencia-

---

[2] A ética da virtude, de acordo com a sua própria designação, enfatiza as virtudes, isto é, disposições para agir de uma determinada forma, que constroem o carácter moral da pessoa. Aborda questões filosóficas associadas a uma concepção de «virtude», de «perfectibilidade» do ser humano e de «vida boa» para cada um e para a comunidade, em detrimento de preocupações associadas à identificação de princípios universais que possam ser aplicados a qualquer situação moral (adaptado da *Standford Encyclopedia of Philosophy*).

[3] A ética do dever é de natureza normativa, ajuizando a moralidade de uma acção a partir do respeito por regras morais. A ética do dever, de forte inspiração kantiana, preocupa-se pois com as regras morais pelas quais as pessoas pautam a sua acção. Assim, nesta perspectiva, cada pessoa tem deveres a cumprir e deve cumpri-los independentemente dos possíveis benefícios ou perdas que antecipa, ou das boas consequências das acções. Isto não significa que as consequências ou o carácter não sejam importantes, mas sim que as

lista[4]. Por outras palavras, consideramos que na efectivação da prática profissional se põe em jogo a realização destes princípios e que, para o fazer, os assistentes sociais conjugam, na sua acção, convicções e responsabilidades, como procuraremos argumentar na última parte deste capítulo.

2. O *ethos* do Serviço Social entre a virtude e o dever: cruzamentos e dissonâncias

O Serviço Social enquadra-se, histórica e ideologicamente, no domínio das designadas «profissões de ajuda», seja adoptando uma perspectiva caritativa ou filantrópica, sobretudo nos primórdios da profissão, seja ancorando-se numa óptica reguladora e/ou promocional. De uma forma ou de outra, tais orientações traduzem, em maior ou menor grau, uma determinada concepção de sociedade e do que a mesma «é» ou «deve ser». Com efeito, ainda que o epíteto de «profissão de ajuda» possa ser limitativo (se entendido de forma meramente reactiva na resposta a necessidades manifestas), ou mesmo indiciador de um certo «paternalismo benevolente», ele não deixa de consubstanciar, em diferentes tempos e contextos, uma dada leitura social e política da profissão e do conjunto de valores que a sustenta.

---

consequências moralmente boas e o carácter moralmente bom são, em si mesmos, resultado de uma acção consistente com o cumprimento do dever (adaptado da *Standford Encyclopedia of Philosophy*).

[4] As éticas consequencialistas avaliam a moralidade da acção a partir dos bens realizados pela mesma. O exemplo mais destacado de sistema ético consequencialista é o utilitarismo, que advoga como princípio moral a maximização do bem-estar para o maior número de pessoas (adaptado da *Standford Encyclopedia of Philosophy*).

Os actuais «códigos de ética» da profissão, por exemplo, enfatizam que o propósito do Serviço Social é não só a resposta a necessidades sociais (manifestas ou latentes), mas também a promoção de justiça social e a efectivação de direitos humanos (Padrões Internacionais do Serviço Social e as Declarações de Princípios Éticos, IFSW, 2005). A imprecisão e abrangência deste mandato – associando uma retórica de foco universalista a uma apreciação e resposta, sempre contextualizadas e particularizadas, a necessidades sociais – põe desde logo em relevo os paradoxos e dilemas com os quais a prática profissional é continuamente confrontada. Na verdade, é mais ou menos consensual, na literatura da área, que os assistentes sociais operam num contexto de valores e interesses diferenciados e inúmeras vezes conflituais, dando origem a dilemas éticos complexos na prática quotidiana (Banks, 2014; Briskman, 2001; IFSW, 2005). A tomada de decisão envolve pois, necessariamente, o equilíbrio entre juízos de facto e juízos de valor. Ainda assim, entre os princípios gerais de justiça social e o modo como os mesmos são entendidos por cada interventor, bem como o produto que deles decorrerá, existe um hiato que se evidencia dilematicamente na prática profissional e nas decisões que comporta. O sentido da(s) mudança(s) a operar, porquê e para quem, destaca o conjunto de valores diferenciados e mesmo de crenças e estereótipos em confluência. Emerge, neste ponto, o questionamento fundamental do que significa uma «boa prática» ou uma «prática boa», ou, em contraponto, o que é ser um «bom profissional» ou um «profissional bom». Qual a relevância das disposições ou das «virtudes» do profissional ou do respeito pelo dever na construção deste sentido de «bem agir»?

2.1. Da «ética da virtude» à «ética do cuidado»

A importância da «ética da virtude» para o Serviço Social tem vindo a ser destacada, sobretudo nos últimos anos, por diversos autores (Webb e McBeath, 2002; Clark, 2006; Gray e Lovat, 2007), se bem que o estudo sobre a forma como a mesma intervém na acção e no papel dos profissionais esteja ainda longe da consistência já adquirida noutras áreas, como a bioética ou a enfermagem.

As raízes da «ética da virtude» situam-se, a ocidente, sobretudo nas abordagens filosóficas de Platão e Aristóteles e, a oriente, na filosofia confuciana. Constituindo-se como a abordagem filosófica prevalecente[5] até ao Iluminismo, a ética da virtude ressurgiu, na década de 1950, na filosofia anglo-americana. Neste contexto, foi particularmente relevante o contributo de Anscombe, que, no célebre artigo *Modern Moral Philosophy* (1958), expressou a crescente insatisfação com as correntes, então em voga, de tipo utilitarista[6] e deontológico[7].

---

[5] Ainda que comportando concepções diferenciadas de «virtude» e das formas de a concretizar. Refira-se, por exemplo, a noção de virtude associada a um sentido de expiação da culpa e de conquista da vida eterna, no quadro da ética cristã que dominou durante a Idade Média ocidental.

[6] O utilitarismo é uma corrente enquadrada nas éticas consequencialistas. Advoga que as acções são boas quando promovem efectivamente a felicidade para o maior número de pessoas e más quando geram infelicidade e sofrimento. Os grandes teorizadores da doutrina utilitarista foram Jeremy Bentham (1748-1832) e John Stuart Mill (1806-1873), que sistematizaram o princípio da utilidade e conseguiram aplicá-lo a diversos domínios concretos da vida individual e colectiva, como sejam sistemas políticos, justiça, política económica, entre outros.

[7] A deontologia (do grego δέον, *deon* «dever, obrigação» + λόγος, *lógos* «ciência») é uma perspectiva moral que orienta as escolhas sobre o que «deve ser feito» (obrigação, regras, dever).

A chamada «ética da virtude», sobretudo a de inspiração aristotélica, enfatiza a dimensão do modo de ser, do carácter da pessoa, em detrimento da identificação de princípios gerais passíveis de orientar a acção. Assim sendo, agir como uma «pessoa virtuosa» agiria constitui-se como a bússola de uma «acção boa». Na verdade, o essencialismo moral aristotélico destaca sobretudo a necessidade de fazer «florescer» as disposições inatas, que, desse modo, se tornam permanentes, permitindo concretizar bem as funções distintivas de cada espécie. Se a função distintiva dos seres humanos é a reflexividade, então, a «vida boa», a vida que «merece ser vivida», é aquela em que a razão é utilizada da melhor forma. A *eudaimonia* (felicidade)[8], como finalidade última, não é pois, nesta concepção, uma emoção, um estado de alma ou um hábito automatizado, mas antes uma actividade que conduz à excelência (perfectibilização). Virtudes como o julgamento prático ou a prudência, a coragem, a temperança e a justiça (designadas «cardeais» na Idade Média) são assim concebidas como disposições estáveis e firmes para o bem, que devem ser exercitadas e desenvolvidas pela educação e pela experiência, uma vez que, quando permanecem «potenciais», não produzem nenhum efeito. Como afirma Aristóteles, «é possível que uma condição subsista sem que daí resulte qualquer bem, como acontece com quem está a dormir ou com alguém que está, de algum modo, inactivo;

---

[8] Na obra de Aristóteles, a palavra *eudaimonia* (do grego antigo: εὐδαιμονία), que significa «felicidade», é também equivalente ao supremo bem (associado ao exercício da virtude, *aretê*). O objectivo da filosofia prática – incluindo a ética e a filosofia política, a que a primeira se subordina em Aristóteles – é definir o que é esse bem e como pode ser alcançado. Em termos etimológicos, *eudaimonia* é um termo grego que significa literalmente «o estado de ser habitado por um bom *daemon*, um bom génio», ou, noutros termos, a «felicidade».

assim não é capaz de entrar em actividade, coisa necessária à acção e *a fortiori* à boa acção»[9].

Inúmeras objecções foram, no entanto, apontadas à ética da virtude. Uma primeira centra-se na sua auto-referencialidade (o «florescimento» individual como um fim em si mesmo) e na ausência de bases concretas sobre «como» agir «como uma pessoa virtuosa agiria» (o que encontra resposta na ética universalista de Aristóteles, mas não no pluralismo axiológico hoje dominante). A ética da virtude seria pois frágil como «guia» de acção, nomeadamente no que concerne à tomada de decisão em contextos incertos, complexos e plurais. Em contraponto, alguns autores (por exemplo, Hursthouse, 1995) referenciam exemplos, nem sempre consistentes e convincentes, de como decidir e ultrapassar situações dilemáticas sem recorrer a princípios gerais, sublinhando mormente o hiato entre estes princípios e as situações em concreto. O recurso à prudência para a tomada de decisão é essencial na prática profissional. No entanto, parece-nos abusiva a consideração implícita de que a prudencialidade desconsidera os princípios gerais que balizam a acção. Na verdade, estes são conhecidos, integrados na reflexão e ponderados em situação, em resultado de um julgamento prudencial conduzido por um agente «virtuoso».

No capítulo V, do Livro VI, da *Ética a Nicómaco*, Aristóteles ressalta a possibilidade de compreender a prudência a partir do comportamento daqueles que merecem esse título (*phrónimos*). Estes seriam capazes de deliberar e de ponderar de forma conveniente (o «bom cálculo») o que pode ser bom para si, ou seja, o que pode contribuir para a sua «felicidade» e para a «vida boa» em geral. A deliberação remete necessariamente para o que pode ser mudado e o que pode ser feito, afastando, pois, a ciência (susceptível de demonstração) deste

---

[9] Aristóteles, *Ética a Nicómaco*, I, VIII, 1099a1-5. Lisboa, Quetzal, 2004.

«cálculo». Não se delibera quando a possibilidade de escolha não existe ou quando é apenas necessária uma demonstração. Também não é possível deliberar sobre «coisas», cuja existência é necessária. A prudência é assim, para Aristóteles, uma virtude intelectual, constituindo-se como uma disposição para deliberar correctamente sobre o que é bom ou mau para o homem, não sobre o que se refere a aspectos particulares, ou gerais, em determinadas situações. A prudência (*phronesis*) – sabedoria prática, ou discernimento, como passou a designar-se na tradição monástica – cuida do que é contingente e distingue-se, na perspectiva aristotélica e tomista, da sabedoria teórica (*sophia*), embora não se dispensem mutuamente. Também Tomás de Aquino sublinha que a *prudentia*, ancorada no domínio da razão prática, se refere ao que devemos fazer e, como tal, é prudente aquele que tem a capacidade de bem deliberar. Deste modo, a prudência, constituindo-se como uma virtude principal que rege as demais, relaciona-se com o singular – porque associada à acção –, mas preconiza a aplicação dos princípios universais a essa mesma acção (artigos 1-5 da questão 47 da II-II da *Suma Teológica*).

Uma segunda objecção à ética da virtude centra-se na ideia de que ela desconsidera a presença, ou ausência, de condições adequadas para que as disposições (numa perspectiva aristotélica) possam ser «cultivadas» adequadamente. Nesta óptica, seria depreciada a existência de diferentes factores que poderiam condicionar o «florescimento» das virtudes – e que não dependem directamente da pessoa (educação, família, contexto social, etc.) –, o que permitiria questionar o nível de responsabilidade individual, que poderia estar, ou não, associado à «não activação» das disposições inatas. Ora, ainda numa concepção aristotélica, o próprio Estado, que teria a seu cargo a criação de algumas dessas condições, decorre de uma necessidade imanente (natural) do homem de criar instituições que garantam a felicidade dos seus cidadãos, e assim a edificação da sociedade – necessária e adequada – ao florescimento humano. Nas palavras do filósofo, «o Estado está naturalmente acima da família e de cada indivíduo, uma vez que o todo é necessariamente mais importante do que as partes, já que, quando o todo é destruído, deixam de existir partes, nem pés, nem mãos [...] a prova de que o Estado é uma criação da natureza e tem prioridade sobre o indivíduo é que o indivíduo, quando isolado, não é auto-suficiente, no entanto, ele o é como parte relacionada com o conjunto»[10].

Esta concepção política da existência humana é particularmente importante para compreender as bases para a construção de uma sociedade que poderíamos apelidar de «virtuosa». Striker (2006) sublinha mesmo que a ética aristotélica não pode ser convenientemente compreendida sem a considerar e posicionar no quadro da política.

Na verdade, para Aristóteles, a acção virtuosa realiza-se no exercício da deliberação e da escolha do homem, que, pelo seu carácter (virtudes morais), procura o bem e que, pela sua sabedoria prática (virtude intelectual), se orienta em conformidade com o bem supremo, no conjunto complexo de circunstâncias em que actua. Neste sentido, o fim (universalmente estabelecido) é «objecto de desejo» e somente os meios são objecto de deliberação e de escolha, logo a ação virtuosa (moral) relaciona-se com os meios.

Deste prisma, a perspectiva aristotélica permite-nos evidenciar sobretudo dois elementos essenciais para uma reflexão mais profunda sobre a acção e a(s) intencionalidade(s) do Serviço Social.

Em primeiro lugar, a importância da reflexão e da construção do conhecimento para o cultivo das «virtudes» do

[10] Aristóteles, *Política, Livro I*, 1, 1253a. 3.ª edição, São Paulo, Martins Fontes, 2006.

profissional. Na verdade, durante muito tempo se considerou que os traços de carácter – *stricto sensu* – do assistente social determinavam de alguma forma a sua prática. Para exercer bem o seu ofício, bastava pois ser uma «pessoa boa», sendo que a noção de «bondade» se consubstanciava, nesta perspectiva, na adopção de um conjunto de valores filantrópico-cristãos e na convicção sobre os pressupostos morais que deveriam sustentar a vida em sociedade. Enfatizava-se, por isso, ora o sentido de missão, de altruísmo e de vocação, que deveria estar associado à escolha da profissão, ora o conjunto de valores transmitidos via família e contexto social, o que permitiria perpetuar ou concretizar, pelo exercício profissional, uma dada concepção de ordem socio-familiar[11]. Ora, a ética da virtude, embora se oriente para o essencialismo moral já referido, situa, em primeiro plano, a razão como a base essencial para o florescimento e o cultivo das disposições, pelo que a educação e a formação teórica adquirem particular relevância para a formação de um «bom profissional», situando a vocação num plano secundarizado, e mesmo questionável, num quadro de afirmação profissional e científica (Branco, 2015). Uma formação complexa e exigente, ancorada nas bases do pensa-

[11] Refira-se a este respeito o processo de selecção das pessoas que podiam frequentar o curso nos primórdios da formação: «raparigas de boas famílias», da «melhor condição» e solteiras, às quais caberia «exercerem junto de fábricas, organizações profissionais, instituições de assistência e de educação colectiva e de obras similares uma acção persistente e metódica de múltiplos objectivos – higiénicos, morais e intelectuais –, em contacto directo com famílias de todas as condições [...] a missão de extraordinário alcance e a influência decisiva que às obreiras do Serviço Social incumbem nos diversos meios em que hão-de trabalhar, designadamente entre as famílias humildes e de restricta cultura, as mais facilmente influenciáveis, impõem ao Governo não se alhear da formação que àquelas se dê, para que jamais possa desviar-se do sentido humano, corporativo e cristão» (Decreto-Lei n.º 30 135, de 14 de Dezembro de 1939, *apud* Branco, 2015).

mento teórico fundamental (no qual a filosofia moral deverá ter lugar de destaque), é pois essencial para a construção de um pensamento crítico fundamentado, passível de despertar as virtudes da prudência, da temperança, da justiça e da coragem, na acção e pela acção.

Em segundo lugar, esta concepção da ética da virtude permite-nos destacar a dimensão teleológica (orientada para os fins) do Serviço Social e reflectir, de forma relativizada, sobre a mesma. Na verdade, desde os primórdios da profissão que as preocupações com a «reparação moral» e a «transformação do carácter» de determinadas populações se evidenciam como núcleos estruturantes da prática profissional – como se ao assistente social coubesse a função de despertar e cultivar «as virtudes» das populações marginalizadas –, tendo mesmo estado no âmago de fortes críticas, nos anos 70 do século XX, associadas ao seu (potencial) pendor moralista e controlador. As próprias concepções actuais, ligadas à capacitação e à potencialização dos «activos» dos «assistidos», não deixam de se situar numa lógica similar, ainda que redimensionada, de cultivo e aproveitamento de «virtudes» e potencialidades imanentes. A partir sobretudo da última década do século passado, e numa linha de questionamento da perspectiva do dever – muito associada, como argumentaremos de seguida, à construção da profissionalidade técnica – julgada demasiado estrita para apreender a complexidade da relação e da decisão profissionais, emerge a chamada «ética do cuidado», ancorada na valorização prioritária das emoções, da relação, da empatia, da comunicação e do cuidar. A componente intrínseca da relação relaciona-se assim, nesta perspectiva, com uma disposição moral, algo de «inerentemente humano» que é recriado e reforçado na relação com os outros.

Embora a dimensão relacional se tenha constituído há muito como o núcleo simbólico e operativo do Serviço Social (Drisko, 2004), a introdução da «retórica» do «cuidado» no discurso profissional foi sobretudo impulsionada pelo trabalho desenvolvido por Carol Gilligan (1982), no campo da Psicologia, e pelas obras de Joan Tronto (1993) e de Selma Sevenhuijsen (2003) no quadro da análise política.

O trabalho de Gilligan *In a Different Voice* (1982) teve efectivamente uma enorme influência, nomeadamente no discurso feminista. Advogando que o desenvolvimento moral é influenciado pelas diferenças de género, a autora sublinha a ideia de que os homens tenderiam a ser mais racionais e as mulheres mais cuidadoras e conectadas emocionalmente. Por outras palavras, os homens agiriam numa lógica de justiça assente em regras e direitos (hierarquizados) e as mulheres funcionariam segundo uma ética do cuidado centrada nas relações (em rede) e na responsabilidade. Na mesma linha, na obra *The Ethics of Care* (2006), Virginia Held advoga mesmo que o cuidado é mais importante do que a justiça, a utilidade ou a virtude, já que seria o quadro moral mais vasto no qual a justiça se deveria ancorar. A premência de uma dimensão relacional e de cuidado no âmago do Serviço Social poderia ser assim, ao mesmo tempo, causa e consequência de um predomínio de mulheres na escolha da profissão – concepção que nos parece absolutamente restritiva e equívoca. E isto não só porque os fundamentos empíricos que permitiriam justificar as diferenças de «desenvolvimento moral» entre homens e mulheres não se encontram inequivocamente demonstrados, mas também porque o Serviço Social não se pauta somente por preocupações associadas ao cuidado. As orientações relacionadas com os direitos e a justiça adquirem igualmente uma centralidade manifesta. Com efeito, no contexto profissional em epígrafe, o cuidado é concebido, também e sobretudo, sob a focalização da ética da justiça. Existe, pois, essencialmente uma complementaridade e necessidade mútua de princípios, deveres e «virtudes» para o exercício da prática profissional (Pellegrino, 2008).

Na verdade, a ancoragem numa perspectiva de cuidado como um fim em si mesmo pode produzir inúmeros efeitos perversos. Desde logo, a obra de Gilligan (1982), ainda que apropriada por uma parte do movimento feminista para comprovar a diferença e as especificidades do chamado «universo feminino», contribuiu, paradoxalmente, para o reforço da representação e dos papéis «tradicionais» das mulheres. Algumas abordagens feministas aproximam-se de facto perigosamente de leituras naturalistas, apresentando a relação, a empatia ou o cuidado como «virtudes especiais» das mulheres (Noddings, 2003). Por outras palavras, as mulheres seriam, de forma inata, cuidadoras e altruístas. Ora, diversos argumentos científicos nos permitem hoje questionar absolutamente este pressuposto.

Em acréscimo, as práticas de cuidado e de suporte empático podem frequentemente consubstanciar acções e discursos manipulativos e perversos, o que levanta problemas à consideração do cuidado como uma virtude. Refira-se, a título exemplificativo, os pressupostos e processos paradoxais que podem estar inerentes às chamadas «acções humanitárias». Na verdade, a ajuda baseada essencialmente em razões humanitárias ou compadecedoras pode produzir uma espécie de «cidadania secundária» (Fassin, 2012), ou «diferida», daqueles que são alvo ou beneficiários dessa ajuda. E isto porque a retórica subjacente à ajuda humanitária compadecedora, baseando-se em meros pressupostos naturalistas e biológicos – no âmago da solicitude humanitária é o corpo ferido e a possibilidade de morte que mobilizam a acção –, e os processos de julgamento que deles decorrem, toma a vida como seu objecto ou objectivo e pode determinar a produção de economias morais em relação ao sofrimento dos outros.

Assim sendo, o cuidado (*stricto sensu*) – ancorado nas emoções, na compaixão e na relação –, se assumido como eixo determinante da acção virtuosa, pode levantar questões morais relevantes.

Destarte, inúmeros autores, entre os quais Joan Tronto (1993), salientam que o cuidado deve possuir uma abrangência que ultrapasse a esfera relacional. Tronto concebe de facto o cuidado como «uma espécie de actividade que inclui tudo o que fazemos para manter, continuar e reparar o nosso "mundo" para que possamos viver nele o melhor possível. Este mundo inclui os nossos corpos, nós mesmos e o nosso ambiente, tudo o que buscamos e entrelaçamos numa rede complexa, que sustenta a vida» (1993, p. 103). Assim sendo, a «politização do cuidado», advogada pela autora, consubstancia-se na denúncia da marginalização de certas populações e da (não) priorização de determinadas problemáticas, determinando ou influenciando a preocupação pública com o bem-estar. Considerar a dimensão pública do cuidado é, na verdade, essencial para compreender as transformações do sentido do bem-estar e os direitos e deveres do Estado, da sociedade e dos cidadãos em diferentes espaços-tempos.

Ainda assim, a ancoragem do Serviço Social numa mera perspectiva de virtude ou de cuidado é manifestamente insuficiente. Alguns autores, essencialmente ligados a uma corrente mais crítica do Serviço Social, são mesmo cépticos relativamente aos verdadeiros contributos da «ética do cuidado» para a profissão (Lloyd, 2006; Gray e Webb, 2010), salientando precisamente os efeitos paradoxais que a mesma poderá comportar e destacando sobretudo a importância da conexão entre justiça (dever) e cuidado (ou solicitude).

Com efeito, as abordagens éticas actuais, no âmago do Serviço Social, destacam primordialmente a dimensão situada e negociada dos valores e da conduta profissional. Mesmo não adoptando a perspectiva relativista, e muitas vezes extremada, das leituras «pós-modernas»[12], inúmeras abordagens

[12] A pós-modernidade é uma corrente (ideológica, sociológica e político-

evidenciam a necessidade de suplantar, sem necessariamente desconsiderar, uma base – abstracta e homogénea – de princípios orientadores da acção, em prol de análises que põem no cerne da reflexão o indivíduo e a ponderação – adequada, logo forçosamente contextualizada (o que nos remete uma vez mais para a noção de «prudencialidade») – de direitos e deveres individuais e colectivos (Healy, 2007). As próprias normas profissionais, de orientação mais «universalista» – nomeadamente, os Padrões Internacionais do Serviço Social e as Declarações de Princípios Éticos (IFSW, 2005) –, passam a comportar uma dimensão de relativização como pressuposto de plausibilidade, de justeza e de adequabilidade das acções desenvolvidas (Parton, 2003; Rossiter, 2006).

Com efeito, as questões associadas à «universalidade» de critérios ou princípios que possam guiar o juízo profissional e determinar a avaliação do carácter, das condutas e das decisões são muito relevantes para o Serviço Social, ao concretizar práticas simultaneamente situadas e macroreferenciadas. Deste modo, a responsabilidade (*accountability*, imputabilidade) da prática profissional deve passar igualmente a ser ponderada,

---

-cultural) complexa e pouco consensual, que se assume basicamente como uma crítica da modernidade, dos seus valores e princípios. Se a modernidade (que se inicia, na perspectiva de alguns autores, com o Iluminismo no Ocidente) apresenta como eixos caracterizadores a crença na razão, na ciência e na técnica, na vontade humana e no progresso, a chamada pós-modernidade (situada para alguns autores a partir dos anos 20 ou dos anos 60 do século xx) destaca o fracasso de tais ideais e põe o foco na subjectividade, na pluralidade de projectos e valores, no multiculturalismo e no questionamento dos referenciais axiológicos (valores e normas) anteriores. A valorização do aqui e agora, do hedonismo (culto do prazer), do individualismo (por exemplo, o culto do corpo e da saúde), da relativização absoluta (como se tudo fosse possível e justificável, desconsiderando princípios gerais ou universais), a banalização e a busca do «alternativo» constituem-se como alguns dos traços estruturantes da pós-modernidade.

não apenas do ponto de vista da efectividade de resultados associados à instrumentalidade e baseados na evidência (*evidence-based*) (Kirkpatrick, 2006), mas também de um ponto de vista ético e axiológico.

2.2. *A «ética do dever» no âmago do processo de profissionalização do Serviço Social*

A chamada «ética do dever» tem, na sua origem, uma forte influência da filosofia kantiana. Assim, trata-se de uma ética baseada em princípios e no respeito que deve ser acordado a cada indivíduo – agente moral racional e dotado de autonomia para fazer escolhas – como um fim em si mesmo. Ainda que afirmando a razão como o elemento nodal na construção de um julgamento moral, tal não significa que as emoções sejam desconsideradas, mas antes que as mesmas não se constituem como móbil da acção. Nesta perspectiva, os motivos ligam-se a princípios morais que conduzem à prática do que está correcto. O respeito pelo utente ou pelo segredo profissional, na prática de um assistente social, decorre assim sobretudo de um dever profissional associado a valores da profissão e plasmados em princípios e códigos de ética.

Na verdade, a perspectiva do «dever» no Serviço Social está associada ao período de construção e afirmação profissional, produto e produtora de uma «roupagem normativa», quer agregada aos mandatos institucionais e políticos a cumprir, quer assente na determinação dos próprios cânones profissionais concretizados em códigos e declarações de princípios, ou mesmo, em modelos de decisão perante dilemas éticos (McAuliffe e Chenoweth, 2008; Dolgoff, Loewenberg e Harrington, 2009). Assim sendo, durante muito tempo, as abordagens assentes em princípios e deveres foram sendo combinadas, na prática profissional, com aproximações consequencialistas, ou seja, procurava-se prosseguir valores, princípios, normas e códigos, numa perspectiva de, ao mesmo tempo, maximizar o bem e minimizar o dano.

Na verdade, o Serviço Social como «disciplina normativa autoconsciente» (Reamer, 1993, p. 39) caracteriza-se sobretudo pela combinatória (diferenciada ao longo do tempo) entre deveres e princípios, cuidado e relação, tendo em vista o cumprimento de determinados fins. Nesta perspectiva, nem justiça nem cuidado são em si mesmas suficientes. A «ética da justiça» remete para a equidade de tratamento; a «ética do cuidado» pode justificar um tratamento diferenciado, a excepção à norma, tendo por base elementos situacionais e julgamentos discricionários. O assistente social é, neste sentido, o profissional da normalização e do dever (plasmado, por exemplo, no cumprimento de leis e regulamentos), mas também o profissional da excepção (à regra formal e ao que *normalmente* é decidido, em função das especificidades das situações e dos contextos), e assim da equidade e da justeza. Deste modo, uma ética do cuidado não é necessariamente justa e uma ética da justiça não é necessariamente cuidadora, mas ambas se complementam para responder à complexidade das situações e às finalidades da profissão.

3. A prudência e a justeza no âmago da decisão ética

De uma preocupação, nos primórdios da profissão, com a moralidade dos utentes, actualmente a ênfase parece fixar-se sobretudo na apreciação da moralidade dos profissionais e na discussão sobre a natureza moral das finalidades da profissão (Reamer, 1993) e dos princípios gerais que norteiam o seu discurso e os seus códigos (justiça, dignidade, liberdade, etc.).

A maior consciencialização sobre as dimensões e as consequências das decisões tomadas e do juízo ético que implicam, em diversos domínios e de diversas perspectivas, põe de facto, em primeiro plano, não somente a íntima conexão entre a prática profissional e os contextos políticos, legislativos e socio-organizacionais, nos quais tais decisões ocorrem, mas também a reflexividade e a inteligência emocional[13] dos profissionais ante fronteiras axiológicas e normativas cada vez mais incertas e plurais.

Não basta, pois, a defesa de um conjunto de ideais e o cumprimento estrito de normas e preceitos (ética da convicção), mas também a ponderação de meios e de fins a atingir com a acção, redefinindo, se necessário, as fronteiras do possível (ética da responsabilidade). A ética da convicção e a ética da responsabilidade (trabalhadas, numa outra perspectiva, sobretudo pelo sociólogo alemão Max Weber) constituem-se, de facto, como duas formas distintas de abordagem ética da acção: a da «convicção» comporta uma dimensão de princípios e ideais e a lógica do cumprimento estrito do dever e das máximas que o traduzem (e que consubstanciam, em princípio, os referidos ideais); a da «responsabilidade» preconiza a análise dos meios e dos fins perante uma situação concreta e das consequências que uma ou outra decisão pode comportar[14].

---

[13] «[...] capacidade de identificar os nossos próprios sentimentos e os dos outros, de nos motivarmos e de gerirmos bem as emoções dentro de nós e nos nossos relacionamentos.» (Goleman, 1995).

[14] «A ética da responsabilidade (*Verantwortungsethik*) é aquela que o homem de acção não pode deixar de adoptar; ela ordena a se situar numa situação, a prever as consequências das suas possíveis decisões e a procurar introduzir na trama dos acontecimentos um acto que atingirá certos resultados ou determinará certas consequências que desejamos. A ética da responsabilidade interpreta a acção em termos de meios-fins [...] se preocupa com a eficácia, e se define pela escolha dos meios ajustados ao fim que se pretende. [...] O problema da escolha dos valores nos introduz à ética da convicção (*Gesinnungsethik*), que incita a agir de acordo com nossos sentimentos, sem referência, explícita ou implícita, às consequências.» (Aron, 2000, pp. 470-472).

Nesta perspectiva, no universo profissional, a prática dos assistentes sociais encontra-se enquadrada por um conjunto de valores e normas (legais, organizacionais e deontológicas) que «devem ser» respeitadas (ética da convicção), embora tais regras de conduta, exogenamente expressas, nem sempre correspondam aos ideais propugnados pela profissão ou às crenças subjectivamente assumidas pelo profissional sobre o que a profissão deve ser. Assim, paralelamente, não apenas tais normas têm de ser adaptadas às situações em concreto, ponderando meios, fins e consequências, como se preconiza também uma análise crítica relativamente ao hiato possivelmente existente entre ideais (da profissão) e crenças (do profissional, em associação com os ideais profissionais ou além deles) e a forma como as normas existentes os traduzem (por exemplo, entre a intenção de justiça social, a sua concretização via direitos e os impactos reais nas situações em concreto).

Na verdade, ainda que a maioria dos assistentes sociais esteja genericamente de acordo com os valores centrais da profissão, a forma de os concretizar conduz a perspectivas e estratégias diferenciadas, especialmente quando constrangimentos legais e institucionais parecem colidir com tais valores basilares. Alguns podem advogar, numa leitura de cariz associado à ética das convicções, que a melhor forma de concretizar a justiça social e questionar as situações de injustiça passa pelo respeito estrito dos regulamentos e da Lei, porque existem e devem ser respeitados, e pelo aproveitamento das margens de liberdade por ela criadas para promover mudanças e propor novas políticas. Outros podem, no entanto, perspectivar o mesmo objectivo – o cumprimento da maior justiça social –, mas concretizá-lo por outra via, nomeadamente pela «superação» ou questionamento de leis e normas em si mesmas consideradas injustas. Se no primeiro caso de focalização deontológica o importante é a obediência à «lei», no segundo caso, de orientação mais teleológica, o mais relevante é o fim a atingir e os melhores meios para tal, tendo em vista a maximização do bem-estar e as consequências menos gravosas para os cidadãos e para os contextos. Assim, um assistente social pode, numa certa circunstância, decidir «violar», reinterpretar ou desconsiderar uma dada norma se dessa violação, ou superação, resultar, na sua apreciação, um bem maior para as partes constitutivas da situação-problema.

A prática profissional é pois um «jogo» constante e intencional de decisões, balizadas por leituras distintas das situações e das formas de lhes responder, situando, em primeiro plano, mais do que a justiça, a justeza, mais do que a decisão, o processo deliberativo. A prudência e a reflexividade constituem-se assim, em última análise, como os esteios éticos da profissão, obrigando a uma ponderação situacional, complexa e circunstanciada, entre uma ética de convicções e uma ética de responsabilidade.

Leituras recomendadas

ANSCOMBE, Gertrude Elizabeth Margaret, «Modern Moral Philosophy», *Philosophy*, vol. 33, 1958.

ARENDT, Hannah, *Considérations morales*, Tradução de M. Ducassou e D. Maes. [1.ª edição, 1971]. Paris, Payot e Rivages, 1996.

ARISTÓTELES, *Política, Livro I*, 3.ª edição. São Paulo, Martins Fontes, 2006.

ARISTÓTELES, *Ética a Nicómaco*, Tradução portuguesa de António de Castro Caeiro. Lisboa, Quetzal, 2004.

ARON, Raymond, *As Etapas do Pensamento Sociológico*. São Paulo, Martins Fontes, 2000.

BANKS, Sarah, «Ethics», *in:* FERGUSON, Iain e LAVALETTE, Michael (eds), *Critical and Radical Debates in Social Work*, Chicago, Policy Press at the University of Bristol, 2014.

BOSANQUET, B., «The philosophy of casework», *Charity Organisation Review*, vol. 39 (Março), 1916, pp. 117-133.

BRANCO, Francisco, «Itinerário das Profissões Sociais em Portugal 1910-1962», *Análise Social*, vol. L (1.º), 214, pp. 44-72, 2015.

BRISKMAN, Linda, «A Moral Crisis for Social Work: Critical Practice e Codes of Ethics», *Critical Social Work*, vol. 2, 1, 2001. Disponível em: http://www1.uwindsor.ca/criticalsocialwork/a-moral-crisis-for-social-work-critical-practice-codes-of-ethics.

CLARK, Chris, «Moral character in social work», *British Journal of Social Work*, vol. 36, 2006, pp. 75-89.

DALY, M. e LEWIS, J., «The concept of social care and the analysis of contemporary welfare states», *British Journal of Sociology*, vol. 51, 2, pp. 281-298, 2003.

DOLGOFF, F.; LOEWENBERG, F. e HARRINGTON, D., *Ethical Decisions for Social Work Practice*. 8.ª edição. Belmont: Califórnia, Thomson Brooks/Cole, 2009.

DRISKO, James, «Common Factors in Psychotherapy Outcome: Meta-Analytic Findings and Their Implications for Practice and Research», *Families in Society: The Journal of Contemporary Social Services*, vol. 85, 1, pp. 81-90, 2004.

FASSIN, Didier, *Humanitarian Reason: A Moral History of the Present* [*s. l.*], University of California Press, 2012.

GIDDENS, Anthony, «Admirável Mundo Novo«, *Cadernos CRH*, Salvador, 21, pp. 9-28, 1994.

GILLIGAN, Carol, *In a Different Voice: Psychological Theory and Women's Development*, Harvard: Massachusetts, Harvard University Press, 1982.

GOLDSTEIN, Howard, «The neglected moral link in social work practice», *Social Work*, vol. 32, 3, pp. 181-187, 1987.

GOLEMAN, Daniel, *Emotional intelligence*, Nova Iorque, Bantam Books, 1995.

GRAY, Mel e LOVAT, Terence, «Horse and carriage: Why Habermas's discourse ethics gives virtue a praxis in social work», *Ethics and Social Welfare*, vol. 1, 3, pp. 310-328, 2007.

GRAY, Mel e WEBB, Stephen A. (ed.), *Ethics and Value Perspectives in Social work*, Basingstoke, Palgrave, 2010.

GRIMWOOD, Tom, *Key Debates in Social Work and Philosophy*, Oxon, Routledge, 2016.

HEALY, Lynne, «Universalism and cultural relativism in social work ethics», *International Social Work*, vol. 50, 1, pp. 11-26, 2007.

HELD, Virginia, *The Ethics of Care: Personal, Political, and Global*, Nova Iorque, Oxford University Press, 2006.

HUGMAN, Richard, «Rights-based International Social Work Practice», *in:* GRAY, Mel e WEBB, Stephen A. (ed.), *The new politics of Social Work*, Basingstoke, Palgrave Macmillan, 2013, pp. 159-173.

HURSTHOUSE, Rosalind, «Applying Virtue Ethics» *in:* HURSTHOUSE, Rosalind, LAWRENCE, Gavin e QUINN, Warren (ed.), Virtues and Reasons, Clarendon Press, 1995, pp. 57-75.

IFSW (International Federation of Social Workers) e International Association of Schools of Social Work, *Global Standards for Social Work Education*, Berna, IFSW e IASSW, 2005. Disponível em: http://www.ifsw.org.

KANT, Immanuel, *Crítica da Razão Pura* [1.ª edição, 1781], Lisboa, Fundação Calouste Gulbenkian, 1994.

KIRKPATRICK, Donald L., «Seven keys to unlock the four levels of evaluation», *Performance e Improvement*, vol. 45, 7, pp. 5-8, 2006.

LLOYD, Liz, «A caring profession? The ethics of care and social work with older people», *British Journal of Social Work*, vol. 36, 2006, pp. 1171-1185.

MCAULIFFE, Donna e CHENOWETH, Lesley, «Leave no stone unturned: The inclusive model of ethical decision making», *Ethics and Social Welfare*, vol. 2, 1, pp. 38-49, 2008.

MCBEATH, Graham e WEBB, Stephen A., «Virtue ethics and social work: Being lucky, realistic, and not doing one's duty», *British Journal of Social Work*, vol. 32, 2002, pp. 1015-1036.

MULLALY, Bob, *Structural Social Work: Ideology, Theory and Practice*, Oxford, Oxford University Press, 1997.

NODDINGS, Nel, *Caring: A Feminine Approach to Ethics and Moral Education*, 2.ª edição. Berkeley: Califórnia, University of California Press, 2003.

PARTON, Nigel, «Rethinking professional practice: The contributions of social constructionism and the feminist "ethics of care"», *British Journal of Social Work*, vol. 33, 2003, pp. 1-16.

PELLEGRINO, Edmund D., *The philosophy of medicine reborn: A Pellegrino reader* [*s. l.*], University of Notre Dame Press, 2008.

PLANT, Raymond, *Social and Moral Theory in Casework.* [*s. l.*], Routledge e Kegan Paul, 1970.

PUMPHREY, Ralph, *The Heritage of American Social Work: Readings in its Philosophical and Institutional Development*, Nova Iorque, Columbia University Press, 1961.

RAGG, N., *People Not Cases: A Philosophical Approach to Social Work*, Londres, Routledge e Kegan Paul, 1977.

REAMER, Frederick G., *The philosophical foundations of social work*, Nova Iorque, Columbia University Press, 1993.

ROSSITTER, Amy, «The "beyond" of ethics in social work», *Canadian Social Work Review*, vol. 23, 1-2, pp. 139-144, 2006.

SEVENHUIJSEN, S., «Principle ethics and the ethic of care: Can they go together?», *Social Work, Maatskaplike Werk*, vol. 39, 4, pp. 393-399, 2003.

STRIKER, Gisela, «Aristotle's Ethics as Political Science», *in:* REIS, Burkhard (ed.), *The Virtuous Life in Greek Ethics,* Cambridge, Cambridge University Press, 2006, pp. 127-141.

TRONTO, Joan C., *Moral Boundaries: A Political Argument for an Ethic of Care*, Nova Iorque, Routledge, 1993.

VATTIMO, Gianni e ZABALA, Santiago, *Hermeneutic Communism: From Heidegger to Marx*, Nova Iorque, Columbia Press University, 2011.

II

QUESTÕES ESPECÍFICAS

Paradigmas de protecção e intervenção sociais

Isabel de Freitas Vieira

Faculdade de Ciências Humanas da Universidade Católica Portuguesa

Paradigmas são sistemas de ideias que dão sentido à realidade através dos discursos, das acções e do desenvolvimento global. Pomos aqui em confronto dois paradigmas de protecção e intervenção sociais: o do Estado-Providência e o do Estado Social Activo.

Começamos por abordar as principais transformações das funções do Estado e da instauração das políticas sociais ocorridas nos últimos trinta anos, como produtos do modelo social europeu agora vigente. Perante estas mudanças, questionamos o modo como o lugar dos profissionais de intervenção social vem sendo descaracterizado e esvaziado da sua identidade. Acabamos por apresentar uma proposta de renovação paradigmática que nos fala da arte e da cidadania e dos novos lugares de participação democrática, que nos desafiam a perceber a criação artística e a imaginação como instrumentos para uma intervenção social, de crescente consciencialização ética e política, empreendida a partir de uma mudança cultural de co-responsabilização do sector público, empresarial e de economia social solidária.

1. Situar os paradigmas

Paradeigma é uma palavra grega que significa «sistema de ideias», o qual cria um pano de fundo para interpretar a realidade e resolver problemas. Os paradigmas permitem ler e interpretar os fenómenos sociais ocorridos, bem como intervir no campo social, político e científico, com base numa ideologia preferencial (Dias, 2001, p. 45).

Para dar visibilidade e alcançar a inteligibilidade dos fenómenos observados, estes sistemas organizados de sentidos e significados ligam o discurso científico e o senso comum, situando-se em contextos e temporalidades diversos, em que as narrativas, as acções e o desenvolvimento global interactuam em dinâmicas de continuidade, descontinuidade e ruptura.

> «Os paradigmas são conjuntos coerentes de narrativas, mesmo quando as ações a que dão enquadramento conduzem a resultados contraditórios. Os paradigmas vivem através do discurso científico, assim como enformam e informam a organização política do Estado, das instituições sociais e o senso comum. Os paradigmas incluem o desenvolvimento global da narratividade e das ações que inspiram e enquadram.» (Magalhães, 2004, p. 28.)

Estes processos de conhecimento são co-construídos e sempre renovados na relação entre sujeitos, objectos e contextos, tornando-se eles próprios instrumentos de leitura para enquadrar os problemas – sociais, políticos, religiosos, técnicos, filosóficos –, bem como as soluções apontadas para a sua pretensa resolução. Estes quadros de leitura e interpretação correspondem a uma estrutura axiológica que permite compreender a forma como as instituições e os actores se organizam e reorganizam, ante a sociedade e o mundo, na procura dos significados e sentidos atribuídos à realidade vivenciada, ou imaginada.

Os paradigmas revelam a forma como perspectivamos a realidade e interpretamos o conhecimento científico e podem diferenciar-se a partir de três dimensões: a visão da realidade (relação sujeito-mundo), a epistemologia (relação sujeito-objecto) e a metodologia (relação entre teoria e método), (cf. Guba, 1990, *apud* Morris, 2006). Considera-se aqui a classificação proposta por Shaw e Lishman (2005) e por Morris (2006), que organizam as perspectivas do serviço social em quatro paradigmas: «positivismo», «pós-positivismo», «teoria crítica» e «construtivismo».

A intervenção social, alimentada pela investigação das Ciências Sociais e Humanas, deve ser imaginativa e recorrer aos diferentes paradigmas, conjugando a sua abordagem de acordo com o tópico de pesquisa e os contextos de acção. Os diferentes formatos da intervenção social estão não só relacionados com a natureza dos regimes de bem-estar e com as políticas sociais, mas também com as formas tradicionais de pensar e produzir conhecimento, as quais, por sua vez, afectam o modo como as teorias e os métodos vêm sendo apropriados e adoptados pelos profissionais e pelos serviços de acção social. A figura 1 pretende ilustrar uma forma de situar os paradigmas de serviço social segundo dois eixos: a construção do conhecimento – objectividade/subjectividade; e o exercício do poder – regulação/emancipação.

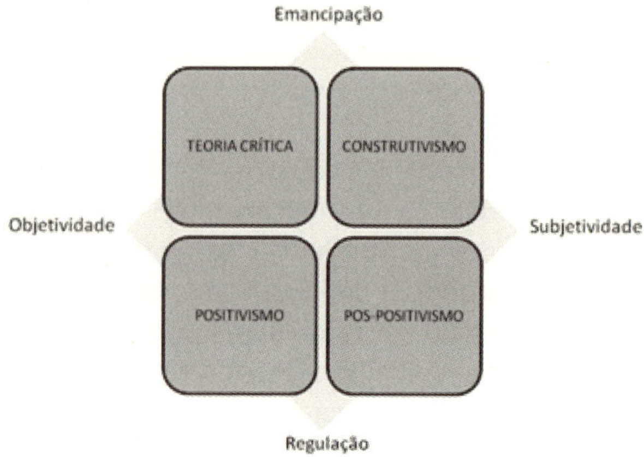

Figura 1: Os paradigmas em Serviço Social
(cf. Shaw e Lishman, 2005; Morris, 2006).

2. A relação Estado e sociedade

As transformações da relação do Estado com a sociedade e desta com os sujeitos individuais vão ter repercussões tanto nas formas da protecção social, como nas práticas de intervenção social. Começamos por falar das mudanças nas formas de intervir do Estado, sendo que este deixou de se referenciar como «Estado-Providência» e passou a identificar-se como «Estado Social Activo».

Na segunda metade do século XX, nas sociedades europeias, democráticas e de economia capitalista, a par dos direitos civis e políticos, afirmam-se os direitos sociais como direitos de cidadania, defendidos pelo Estado e escrutinados pelos cidadãos. O sistema de bem-estar social deveria garantir a saúde, a educação, a segurança social, a habitação e os transportes, além de assegurar a protecção social dos grupos mais desfavorecidos. O contrato social estabelecia, assim, um acordo entre capital e trabalho, cabendo ao Estado o dever de gerir e servir o bem comum, na perspectiva de administrar os excedentes económicos em benefício de toda a sociedade.

A crise económica mundial da década de 70 do século XX vai pôr em evidência as contradições do modelo económico-político dominante e dar visibilidade ao crescimento das desigualdades sociais (redução do crescimento económico, aumento da inflação, crescimento do desemprego, alastramento das situações de pobreza e exclusão social), mesmo nos países classificados de desenvolvidos.

Em Portugal, «só a revolução de 25 de Abril, de 1974, terá força para fazer nascer o Estado social e, dentro dele, a segurança social universal». «Em 1974 e 1975 são tomadas uma série de medidas que irão ser consagradas num pacto social, a Constituição de 1976.»[1]

A entrada de Portugal na Comunidade Económica Europeia, em 1986, traz para as políticas sociais a orientação do modelo social europeu. Nas décadas de 1980 e 1990, verifica-se a transferência de políticas sociais de solidariedade para políticas sociais focalizadas e contratualizadas, pondo em causa o princípio da «universalidade» dos direitos (cf. Varela, 2013, p. 62).

A crise financeira global de 2008, que se fez sentir de forma drástica em Portugal, trouxe, igualmente, vastas consequências para a economia europeia e para o resto do mundo: o desemprego tornou-se estrutural; diminuiu o número daqueles que contribuíam regularmente para o financiamento da segurança social e deixa de ser possível manter a proporcionalidade entre os que contribuem (os activos) e os que não contribuem (os inactivos). Em Portugal, «utilizaram-se os fundos da segurança

[1] Varela, Raquel (coord.), *A Segurança Social é Sustentável: Trabalho, Estado e Segurança Social em Portugal*, Lisboa, Bertrand, 2013, p. 29 e p. 45.

social para gerir a precariedade e o desemprego, [...] com a criação crescente de medidas assistencialistas para atenuar os efeitos da conflitualidade social, [...]»[2].

A crescente complexidade das sociedades pós-(modernas), a fragmentação das realidades sociais, o desaparecimento do pleno emprego, a precarização das relações laborais, em conjunto com factores ideológicos, filosóficos e de legitimidade, marcaram a crise do Estado de bem-estar e traçaram um novo contexto que vem desafiar e transformar as políticas sociais. É nesta atmosfera de crise que se instala a crescente incerteza e vulnerabilidade nos diversos domínios da vida social – económico, político, social, cultural –, exigindo um novo desempenho por parte do Estado no que diz respeito à sociedade e ao mercado (Amaro e Branco, 2010a).

Estão postos em causa muitos dos pressupostos que sustentavam o Estado-Providência – o modelo familiar tradicional, o mercado de trabalho homogéneo, uma economia estável centrada na produção de massas, a regulação das economias nacionais pelas políticas públicas keinesianas, etc. –, e estas transformações exigem por parte do Estado não só esforços suplementares, mas também novas concretizações (cf. Franssen, 2003).

Falhou o contrato social da modernidade: o Estado democraticamente eleito e representativo das diversas forças sociais não consegue fazer face aos desequilíbrios e às desigualdades crescentes. Torna-se, assim, necessário desenhar um novo pacto social que inclua as novas estratégias de protecção e segurança sociais, em paralelo com a criação de novas formas de financiamento do sistema (por exemplo, fixando uma taxa de imposto para a parcela dos lucros acima de determinado valor ou consignando uma parcela do imposto sobre

---

[2] *Idem*, *ibidem*, p. 54.

o tabaco e o álcool à Segurança Social, como sugerido por Fernando Rosas, citado por Raquel Varela, 2013, p. 139).

> «O que nos obriga a reflectir e a procurar soluções é justamente a desigualdade entre a produção e a distribuição de riqueza que leva a que o fundo da segurança social seja tão rico e superavitário (calcula-se já em torno de 1/3 da riqueza mundial) que tem servido para a capitalização de empresas privadas, aqui e no resto do mundo, onde o duplo fenómeno de usar a previdência para precarizar as relações laborais e mercantilizar/privatizar a segurança social se estende.»[3]

No espaço europeu, a sociedade deixa de garantir, através do Estado e das políticas sociais, os direitos sociais como universais e passa a exigir dos cidadãos contrapartidas que justifiquem estes «benefícios» agora atribuídos – sendo personalizadas as medidas e individualizados os direitos – e requeridos como condições de recurso, deixando o cidadão «sozinho» perante o seu destino e o Estado.

As políticas sociais das sociedades ocidentais obedecem a estratégias «sem rosto» que servem interesses financeiros supranacionais. Na contemporaneidade, imperam os modos de produção e apropriação impostos por parte do capitalismo financeiro, assistindo-se ao seu predomínio nas formas de produção e de apropriação do espaço público, pondo em causa a própria soberania dos Estados-nações. Quase podemos dizer que, ao compromisso democrático das sociedades ocidentais, se sobrepôs uma ditadura dos principais grupos financeiros.

A questão de partida para este texto situa-se precisamente aqui.

---

[3] *Idem, ibidem*, p. 56.

No início do século XXI, reclamamos um novo contrato social, fundamentado em valores humanistas, democráticos e ecológicos – como liberdade, dignidade, igualdade, solidariedade, sustentabilidade e justiça social – e alicerçado em direitos civis, políticos, económicos, sociais, culturais, ambientais e espirituais. A construção de uma sociedade mais justa, de desenvolvimento integrado e sustentável, requer um novo paradigma para a protecção e a intervenção sociais, capaz de co-responsabilizar todos os actores sociais e os implicar num novo projecto societário, tanto no âmbito local como global.

3. Do Estado-Providência ao Estado Social Activo

Ao Estado-Providência omnipresente, acusado de gerar dependências e de ser incapaz de gerir o alastramento dos problemas estruturais, como a pobreza e o desemprego, vai suceder-se um Estado «animador» que põe a tónica na participação dos diversos agentes sociais, económicos e políticos, para responder às necessidades e expectativas dos cidadãos, mediante uma gestão mais eficiente dos recursos e um novo acordo de protecção. O Estado deixa de ser o único responsável pelo bem-estar socioeconómico e pela coesão social, articulando-se doravante com a sociedade civil e com o mercado para garantir os pressupostos de justiça e de direitos de participação, de reconhecimento de inserção e de utilidade (Cf. Albuquerque, Almeida e Santos, 2013).

De acordo com Franssen (2003), a designação de Estado Social Activo (conceito que aparece depois dos anos 90 do século passado, na Europa) impõe-se, por oposição, à de Estado-Providência, para legitimar as novas formas de intervenção do Estado no que diz respeito aos «despejados» pela sociedade de mercado. O Estado-Providência, como «passivo», providenciava direitos universais de assistência e segurança social que poderiam induzir à dependência e passividade dos beneficiários. O Estado social, «activo», investe nas pessoas, na formação, no emprego e não somente nas prestações sociais, e vem introduzir novas medidas de política social, os dispositivos de acompanhamento e inserção social.

Segundo Amaro e Branco (2010a), a activação é uma das características mais paradigmáticas deste novo quadro de referência das novas políticas sociais. Opondo-se à passividade dos anteriores esquemas de política social, a activação aparece como uma renovação nos modos de entender a solidariedade, surgindo como um compromisso que associa a motivação, os direitos e os deveres (dos cidadãos perante a sociedade e perante o Estado) num novo pacto social. Supostamente, as prestações recebidas como direitos universais conduziriam à apatia dos beneficiários, enquanto a activação vem exigir uma contrapartida da parte daqueles que recebem um benefício, devendo estes fazer alguma coisa em troca para benefício da sociedade. Nesta lógica de inserção, é desejável que as pessoas se mostrem motivadas para melhorar as suas qualificações e as suas competências e para se voltarem a integrar no mercado de trabalho. Nesta nova óptica, não de *welfare* (assistência social) mas de *workfare* (trabalhar para receber benefícios sociais), não deverão existir benefícios sociais sem contrapartidas.

No Estado Social Activo, apenas têm direito às prestações sociais aqueles que para tal contribuíram; todos os outros ficam submetidos às esferas da solidariedade social e da assistência e já não à segurança social. Este novo enquadramento para as políticas sociais dispõe-se numa abordagem individualizada dos problemas, omitindo a sua verdadeira origem – são problemas sociais porque têm origem na forma como a própria sociedade se estrutura e se organiza –, logo deveriam ser colectivamente assumidos, co-responsabilizando todos os actores sociais pela sua resolução ou diminuição.

> «É atualmente incontornável, política e epistemologicamente, a problematização do conjunto de configurações de ação política ancorados em pressupostos subjectivantes. Os contornos iniciativos, motivacionais e autonómicos que subjazem às finalidades de inúmeras orientações políticas e dispositivos contemporâneos, sobretudo no domínio social, remetem-nos para a consideração da singularidade, que havia sido, sobretudo no pós-Guerra (1945), progressivamente elidida da gramática e das práticas do Estado por via do movimento igualitário.»[4]

A activação refere-se a uma nova forma de conceber a articulação entre o Estado e os indivíduos, vindo redefinir os direitos e os deveres recíprocos, ligados à segurança social e à participação social. Estas medidas, sejam de formação, de educação ou de emprego, destinam-se a favorecer a autonomia e inserção social dos grupos sociais em situação de precariedade ou exclusão. Desempregados, delinquentes, jovens fora dos sistemas de escolaridade ou do mercado de trabalho, adultos desempregados de longa duração, indivíduos sinalizados pelo sistema penal, entre outros, são categorizados pelos poderes públicos como «pessoas com problemas» ou em défice de integração social. As respostas mobilizadas para a sua «inserção social» têm um conjunto de traços comuns: um tratamento individualizado, uma forma de ajuda contratualizada, a concretização de objectivos integrados num projecto negociado e a colaboração dos próprios beneficiários na prossecução dos resultados (cf. Franssen, 2003).

Deste modo, passamos de uma racionalidade política e social ligada à gestão solidarista dos riscos para uma racionalidade «responsabilística» dos sujeitos em que o risco é visto

---

[4] Albuquerque, Cristina; Almeida, Helena e Santos, Clara, *Serviço Social, Mutações e Desafios Actuais.* Coimbra, Imprensa da Universidade de Coimbra, 2013, p. 68.

como uma oportunidade; o risco já não é entendido como algo a exigir reparação e compensação, mas sim como suporte e impulso para actuar e empreender; as políticas sociais vêm encorajar as pessoas a serem activas e autónomas, sendo este o seu dever social (cf. Albuquerque, Almeida e Santos, 2013).

As novas políticas sociais munem-se de dispositivos e acordos celebrados entre profissionais e beneficiários (utentes-cidadãos), com diversos formatos (de prevenção, de intervenção, de orientação, de inserção) e com diferentes designações (plano de orientação e acompanhamento, plano de promoção e protecção, contrato de inserção, etc.), determinando que os indivíduos assim acompanhados ficam sujeitos a procedimentos de monitorização e avaliação. Do ponto de vista institucional, estes «dispositivos sociais» mobilizam parcerias e redes de intervenção social local, organizadas em torno de princípios de subsidiariedade, integração, complementaridade e territorialização (Franssen, 2003).

Estas transformações nas formas de aplicação das políticas públicas vêm alterar as práticas de intervenção social e o papel dos profissionais de acção social, bem como as relações dos beneficiários (utentes-cidadãos) com os interventores sociais e com os serviços sociais. Estas mudanças vividas nas instituições socioassistenciais determinam um novo modo de relacionamento entre os profissionais (os agentes) e os seus públicos (aqueles que estão sujeitos à ajuda social). Esta nova relação traça os contornos de «um novo modo de produção de subjectividades», transformando a protecção social numa «nova fábrica do sujeito», que vem pôr o cidadão individualizado no cerne da nova questão social (Franssen, 2003).

O autor questiona de que forma estes «dispositivos de inserção» se transformaram em «dispositivos socio-securitários» de controlo dos grupos de risco, para garantir a tranquilidade e a segurança da sociedade em geral. Neste último caso, verifica-se que a gestão das desigualdades passa pelo reforço dos mecanismos de controlo dos grupos mais frágeis. A alternativa seria perceber que, a par das suas finalidades securitárias, os dispositivos deveriam contribuir para a integração social dos indivíduos e grupos excluídos pelo sistema, contratualizando acções territoriais de responsabilização colectiva, para a promoção das suas condições existenciais e a concretização de projectos verdadeiramente emancipatórios e integradores.

> «Ora se entendermos a exclusão como um processo que coloca em causa o todo social, um produto de contradições sociais, económicas e pessoais, inextricavelmente ligadas, percebemos que integrados e não integrados fazem parte de um mesmo conjunto cuja unidade é problemática. Deste modo, agir verdadeiramente contra a exclusão implica a compreensão de que são as próprias regras do jogo social, político e económico e as suas racionalidades que necessitam de ser (re)interrogadas globalmente.»[5]

4. Um novo lugar para os interventores sociais?

Temos vindo a descrever como a mudança paradigmática do lugar e do papel do Estado e o novo figurino das políticas sociais se fundamentam numa ideologia que pretende legitimar as desigualdades associando-as à individualização dos problemas sociais e à contratualização dos direitos. Não podemos deixar de referir a forma como estas transformações nas políticas sociais vêm afectar o lugar profissional dos interventores sociais e, através destes, alterar o propósito ético e político de proteger e apoiar aqueles que, por razões diversas, recorrem aos sistemas de segurança social e de solidariedade.

---

[5] *Idem, ibidem*, p. 71.

Numa sociedade «em crise e em transformação», os trabalhadores sociais, constituídos por profissionais de diversas formações disciplinares e com diferentes funções, são encarados como os «profissionais da inserção», ocupando a primeira linha da luta contra a exclusão social e constituindo a «última muralha da solidariedade social» (Franssen, 2003).

Integrados tanto no sector público como no sector de economia social e solidária, os profissionais de intervenção social vêem as suas funções circunscritas a um duplo exercício de solidariedade e de controlo social. Por um lado, são encarregados de realizar a solidariedade colectiva no que tange às populações marginalizadas e excluídas, por meio da instauração das medidas integradas nos programas e contratos de inserção; por outro lado, têm a obrigação de controlar a efectiva aplicação dos contratos e assegurar os resultados negociados. Muitos deles, sendo igualmente assalariados e tendo também contratos precários, serão, também, avaliados na proporção e na medida da sua própria taxa de execução. Esta «tecnicização» da relação profissional vem pôr a tónica na regulação e no controlo das medidas, mais do que na relação de ajuda e nos processos de emancipação dos sujeitos, transformando completamente a missão, os modos de agir e as práticas de terreno dos profissionais de intervenção social.

A este propósito, afirma Valérie Ósmont:

> «A tónica posta no acesso ao emprego dos beneficiários, como medida de inserção, pode deixar crer que se atende muito mais às necessidades das empresas do que às dos beneficiários (apesar de os contratos propostos aos mais excluídos serem cada vez mais precários, mal pagos e, por vezes, perigosos). Os profissionais encontram-se entalados entre as exigências da sua estrutura, que depende das finanças públicas, as suas próprias representações, que se centram num único aspecto da inserção, e a norma da

> sociedade que os faz dizer: "Como é que vai? Você não trabalha? Você tem um problema!"» (Ósmont, 2002).

Esta relação directa do profissional com o utente é complementada por uma relação indirecta que o põe em conexão com os sistemas de protecção e as políticas sociais.

> «O papel de acompanhamento e de mediação social, tal como hoje é assegurado pelos interventores sociais, não deixa pois de se constituir como um recurso crucial na preservação desta inscrição das populações vulneráveis e excluídas no tecido social e económico e na criação das referidas oportunidades para "experimentar-se" no mundo.» No entanto, este acompanhamento social não pode deixar de questionar o crescimento das desigualdades, cujas causas são necessariamente supra-individuais (Albuquerque, Almeida e Santos, 2013, p. 75).

O profissional desempenha aqui o papel de mediador entre o utente e a instituição, bem como entre o cidadão, a sociedade e o Estado.

> «Na noção de "contrato de inserção" há duas ideias implícitas e paradoxais»; se por um lado, pressupõe uma relação simétrica entre as partes contratantes e a viabilidade de reais oportunidades, por outro lado, sublinha e denota a fragilidade de estatuto de uma das partes, que não é capaz de organizar os aspectos mais básicos e nucleares da sua própria vida sem um contrato que os estabeleça. A relação de proximidade e de ajuda torna-se, cada vez mais, numa relação de distanciamento e de controlo. A intervenção social fica, uma vez mais, confinada aos aspectos administrativos e processuais, focada mais nos resultados do que nos processos, tornando-se numa prática mais instrumental e menos substantiva. Da parte dos utentes, a sobreposição de procedimentos e tarefas que ficam a seu cargo, decorrentes da «activação dos processos de

intervenção», vem pôr à prova a sua capacidade de concretização e implicá-los em «acordos» que, desafiando o seu bom desempenho, se situam muitas vezes fora da sua própria compreensão por não terem nenhuma relação com a sua identidade (cf. Amaro e Branco, 2010a).

As tensões e contradições sociais reflectem-se nas exigências destes novos formatos de intervenção social, que pedem aos profissionais que encontrem soluções para problemas complexos num curto espaço de tempo. Esta situação revela um contexto em que os profissionais de intervenção social trabalham num quadro de tensão crescente. Os ambientes de trabalho (de *front office* e *back office*) são caracterizados pela existência de um número cada vez maior de situações sociais acompanhadas por um profissional, em que se avolumam os processos sociais e os respectivos procedimentos burocráticos e administrativos, os quais correspondem a directivas dos próprios serviços, mais focadas nos critérios de eficácia e eficiência do que nos processos de participação autónoma e na real integração dos beneficiários. Muitos dos profissionais de intervenção social confessam que se sentem desconfortáveis na realização destes papéis, de dominante tecnocrática, e manifestam uma vontade crescente de reafirmar os seus referenciais éticos, teóricos e metodológicos, pois associam a sua identidade profissional a uma prática fundamentada na ética do cuidado e da ajuda, na advocacia social, na defesa dos direitos humanos universais e no *empowerment* (autonomização) dos utentes como cidadãos (cf. Vieira, 2009).

Duas perguntas se impõem: Inserção para quem e para quê? O que é integrar e o que é estar integrado?

Inserir significa definir com a pessoa quem é que ela quer Ser e ajudá-la a identificar o que ela precisa de realizar para que essa situação se concretize. Um percurso de inserção é uma «ponte» construída para um beneficiário, com o apoio de um profissional de inserção, que permite reduzir o desfasamento entre dois pilares ou referenciais: a situação de exclusão em que a pessoa se encontra no presente e a situação de integração em que esta se deverá encontrar num tempo próximo. O acordo de inserção pretende construir uma «ponte» ou projecto entre estes dois momentos: a situação actual (a pessoa e a sua situação em interacção com o meio ambiente) e uma situação futura (o lugar onde a pessoa quer chegar para se realizar e integrar). O profissional deve assistir na definição objectiva das etapas intermédias que permitem concretizar os resultados negociados (Ósmont, 2002).

Estar inserido significa ser sujeito activo e participar na comunidade de que se faz parte, identificar-se consigo próprio e perceber os outros, usar a mesma linguagem, comunicar e ter sentimentos de pertença, poder aceder a recursos, serviços e oportunidades, dentro de um grupo ou comunidade. A pessoa inserida é uma pessoa que encontrou o seu lugar, que reconhece a sua dignidade e sente o seu reconhecimento, num sistema a que ela escolheu pertencer livremente (Placiard, 2002).

Para Ósmont (2000) e Placiard (2002), a realização de percursos de inserção começa pela construção de uma relação colaborativa entre o profissional e o utente, com o objectivo de desenhar um projecto de vida que possa concretizar as diversas etapas de realização das escolhas do utente. Estes projectos são contratualizados, monitorizados e geridos por uma parceria local que integra parceiros dos três sectores: público, empresarial e solidário.

Uma intervenção social, realmente focada nos processos de emancipação e autodeterminação do sujeito, pressupõe um contrato de responsabilização colectiva que envolve não só os beneficiários das medidas e dos programas, mas igualmente todos os outros actores e agentes sociais. A integração social tem de englobar os vários sectores da sociedade (público, privado empresarial e privado de economia social e solidária) num novo contrato de sociedade que reforça o papel do Estado, exige um compromisso de responsabilização social das empresas e fortalece a organização democrática da sociedade civil e das comunidades, promovendo a cidadania democrática.

Nesta perspectiva, a coesão social só adquire substância mediante a consciência da presença e da existência concreta do Outro, no reconhecimento da relação e da convivência colectivas como cerne da vida social, em que o sentimento de pertença e de reciprocidade se tornam no princípio basilar de reconstituição do elo social, reforçando uma construção concêntrica da sociedade, já que os diversos círculos se realimentam internamente porque se encontram mutuamente ligados (cf. Albuquerque, Almeida e Santos, 2013).

É a atitude profissional, mais ou menos humanizada, que marca a relação do utente com os serviços. Este, nas suas relações com os profissionais de intervenção social, valoriza determinadas atitudes da parte destes, como: «o envolvimento», focar-se no utente, dar-lhe tempo para falar e realizar a escuta activa; «a atitude humana», mostrar empatia, criar um ambiente tão formal quanto informal, permitir a ironia e o desânimo, a par da livre expressão de sentimentos, como estar feliz e estar triste; «a sinceridade», usar a clareza e a honestidade, mostrar interesse pela sua família e pelo seu problema, explicar o que se espera do utente, dizer o que os serviços podem ou não realizar, relatar a informação que se fez acerca deste e da sua situação e dar a conhecer a opinião do assistente social (cf. Uggerhoj, 1996, *apud* Uggerhoj, 2008, p. 53).

O maior desafio apresentado aos profissionais de intervenção social é o de capacitar as pessoas para que estas desenvolvam e melhorem as suas capacidades, tornando-se activas e criativas, e, em paralelo, mobilizar a comunidade para que esta crie estruturas e organizações dinâmicas que integrem e potenciem novas formas de participação social, cabendo aos poderes locais, em colaboração com o Estado, gerar e gerir o bem comum.

5. Criatividade e Imaginação como ferramentas de intervenção social

«A Democracia é sustentada pela agência de uma cidadania crítica, criativa e não conformista. Esta é com certeza a promessa e o problema de uma vida democrática, que implica, também, intrinsecamente, uma gestão de riscos.»[6] Traduzir «a arte da cidadania» é despertar o interesse dos cidadãos para partilharem processos de aprendizagem significativa, em que se enfatiza o papel de cada um para criar as condições capazes de gerar um crescimento, tanto individual como colectivo. Shaw e Martin (2005) partem do conceito de «arte da acção expressiva», de John Dewey (1958), e do conceito de «arte da tradução», de Zygmunt Bauman (1999), para se referir à cidadania enquanto «a arte de imaginar a democracia». A democracia é aqui entendida como um processo aberto, pleno de possibilidades para se organizar como um novo percurso cultural, mais do que como um procedimento político. Cidadania e Democracia são constitutivas uma da outra e são concomitantes.

Segundo Shaw e Martin (2005), uma pedagogia da cidadania transforma os profissionais do social e os cidadãos em tradutores das motivações e disposições das diversas culturas em presença. A «arte da acção expressiva» traduz a capacidade de catalisar as conexões em três dimensões da cidadania: a imaginação sociológica, a imaginação narrativa e a imaginação reflexiva (Shaw e Martin, 2005) – pelo que a cidadania tem,

---

[6] SHAW, Mae e MARTIN, Ian, «Translating the Art of Citizenship», *Convergence*, Vol. XXXVIII, 4 , p. 85, 2005.

assim, um sentido holístico que agrega processos de associação, identidade e pertença. A imaginação é percebida tanto em termos cognitivos como afectivos e considera a capacidade intelectual a par da competência emocional. A competência dos interventores sociais para fortalecer uma cidadania deste tipo – criativa, crítica e imaginativa – requer a capacidade de reconhecer as suas próprias incoerências e contradições e apela à habilidade de congregar estas três dimensões da imaginação – sociológica, narrativa e reflexiva –, constitutivas da «disposição ou predisposição democráticas».

A «imaginação sociológica» refere-se à capacidade de ver alguém na sociedade, distinguindo entre «as perturbações pessoais» e «os problemas públicos da estrutura». Aponta a capacidade de se fazer a distinção entre as experiências e as relações pessoais, por um lado, e o contexto mais vasto das estruturas sociais e das relações institucionais, por outro. Este discernimento entre as representações e predisposições e também entre as condições contextuais é uma pré-condição para a cidadania.

A «imaginação narrativa» refere-se à capacidade de situar a biografia individual de alguém dentro das histórias e da História. Corresponde a ter a noção das diferentes temporalidades que atravessam a história individual e a história social, como produtos de padrões mais vastos, de continuidades e descontinuidades, sendo partes e parcelas de conflitos e alianças que atravessam a dialéctica da vida democrática.

A «imaginação reflexiva» refere-se à capacidade de se ver a si próprio, a sua identidade e as suas tradições, como sendo, simultaneamente, parte do problema e da possibilidade de uma vida democrática. Numa sociedade humana, cosmopolita e pluralista, deve perceber-se como as diferenças e a diversidade cultural se inscrevem numa concepção solidária de uma cidadania comum.

Argumentando que o espaço público está colonizado pelos valores e pela linguagem do mercado capitalista, que influenciam e dominam as nossas maneiras de pensar, sentir e falar, Shaw e Martin (2005) apresentam uma proposta educativa que estrutura um modelo de dinamização da cidadania criativa fundamentado em quatro pilares: a Pedagogia, o Foco, o Contexto e o Sujeito.

Primeiro – a «Pedagogia», percebida como a relação que estabelece o balanço entre ensinar e aprender, sublinha o papel do educador/interventor para estimular a aprendizagem crítica e criativa; motiva a aprendizagem através da experiência e da partilha percebendo o particular a par do universal;

Segundo – o «Foco» ou «Escala» identifica como as microrrelações, de pequena escala, se relacionam com as macrorrelações, de grande escala, para perceber que nada acontece fora de um dado contexto, sendo necessário estabelecer conexões e realizar traduções entre os diversos níveis da realidade;

Terceiro – o «Contexto» identifica como o ambiente material e relacional é ele próprio construído pela agência humana. O contexto da cidadania democrática é mais bem compreendido se o identificarmos com uma relação tensional entre os imperativos *top-down* (ou imposições da política) e *bottom-up* (ou aspirações das camadas populares relativamente às políticas), o que não significa que se acredite que a cultura política da sociedade civil possa, por si só, transformar a cultura política do Estado;

Quarto – o «Sujeito percebido como cidadão» ou como pessoa põe-nos diante do clássico dualismo sociológico da agência e da estrutura. É claro que para ser activo o cidadão deve agir, mas será conveniente percebermos que a acção humana nunca é absolutamente «livre». A acção do sujeito é sempre, parcial ou totalmente, condicionada ou determinada pela estrutura. A primeira lição de liberdade é percebermos a realidade da não liberdade (Shaw e Martin, 2005) ou, como frequentemente se cita Jean-Paul Sartre, «a tua liberdade termina onde começa a liberdade do outro».

A figura 2 apresenta esta proposta educativa de Shaw e Martin (2005) fundamentada nestes quatro pilares e apostando nos três tipos de capacidade imaginativa apontados, que caracterizam uma cidadania criativa, competindo aos interventores sociais e educadores envolverem e motivarem os sujeitos em processos colectivos de aprendizagem da cidadania.

Figura 2: Proposta educativa de Mae Shaw e Ian Martin – a construção da disposição democrática para uma cidadania criativa. (Fonte: cf. Nussbaum, 1977, *apud* Shaw e Martin, 2005, p. 87).

Os autores concluem que o envolvimento político e o compromisso de participação activa dos cidadãos não podem ser criados por decisão governamental. Além disso, no seu entender, os «fóruns de cidadãos» são, por vezes, espaços pseudo-democráticos mediatizados e manipulados por interesses poderosos. A participação cívica, política e social só pode ser gerada mediante o envolvimento activo suscitado e organizado pelas próprias pessoas, de modo que todos tenham a mesma possibilidade de se expressar e de decidir. Defendem, assim, a criatividade e a expressão artística como uma ferramenta poderosa de *empowerment* (autonomização ou capacitação) dos cidadãos e argumentam que uma das propriedades da arte é suscitar em cada pessoa a capacidade de se posicionar «fora dos seus hábitos», para pensar e ver de forma diferente, ultrapassando «o normal» e tornando viáveis as histórias e os mundos imaginados.

6. Considerações finais

Os paradigmas «são *Geist, Zeitgeist* [espírito, espírito do tempo ou ambiente intelectual, moral e cultural que caracterizam uma época]. São o implícito que se torna explícito em discursos, decisões e acções» (Magalhães, 2004, p. 29). Os paradigmas são o «espírito do tempo, no tempo»; são o plasma que liga a ordem do discurso com a ordem das coisas; uma trama comunicacional e relacional que se tece entre narrativas, acção e desenvolvimento global (Vieira, 2015, p. 211).

As dinâmicas participativas e colaborativas associam processos de identidade, aprendizagem, repartição de poder e partilha de afectos e sentimentos de pertença. O envolvimento do utente nos processos de intervenção social requer a construção de uma relação colaborativa, de confiança e envolvimento recíprocos, entre o profissional e o cidadão. As pessoas, tendo oportunidade e sendo encorajadas, são capazes de pensar sobre os seus problemas, questionar e valorizar as suas experiências e perspectivar os seus sonhos em cenários prováveis. O que questionamos é o modo como as diversas instituições sociais se organizam para criarem as condições, materiais e imateriais, que tornem possível a efectivação dos projectos individuais e colectivos.

Esta abordagem, que nos convida a perceber a intervenção social como uma arte e que também traz a arte para a intervenção social, situa como prioritário, nas nossas agendas, o debate crítico sobre a construção das relações sociais e a produção do conhecimento para a intervenção social, questionando tanto a investigação realizada pelos académicos, como os conhecimentos produzidos pelos profissionais no terreno. O que está em causa são os processos de produção, redistribuição e apropriação do conhecimento e do poder numa dada sociedade.

Este novo enquadramento paradigmático reforça o posicionamento epistemológico e metodológico defendido pela *actual science* (ciência actual), na qual deixa de haver uma relação entre sujeito/objecto para existir apenas a relação sujeito/sujeito (cf. Uggerhoj, 2008).

Em nosso entender, a intervenção social requer um novo paradigma que enuncie um projecto societário fundamentado em valores humanistas, democráticos e ecológicos e que denuncie o tipo de sociedade que estamos a construir, de desigualdade crescente, de injustiça e de exclusão, pondo em causa os direitos humanos e o equilíbrio planetário.

Leituras recomendadas

Albuquerque, Cristina; Almeida, Helena e Santos, Clara, *Serviço Social, Mutações e Desafios Actuais*, Coimbra, Imprensa da Universidade de Coimbra, 2013.

Amaro, Inês e Branco, Francisco, «Perfis de Pobreza na Cidade de Lisboa, notas metodológicas e principais resultados do estudo qualitativo dos utentes do Serviço de Acolhimento Social da SCML»,

Revista Cidade Solidária, Lisboa, Santa Casa da Misericórdia de Lisboa, Janeiro de 2010a.

AMARO, Inês e BRANCO, Francisco, *Social Work Active Practice within the new social policy trends*, Budapeste, 8th ESPAnet Conference, Setembro de 2010b.

AMARO, Maria Inês, *Urgências e Emergências do Serviço Social*, Lisboa, Universidade Católica Editora, 2015.

BANKS, Sarah, NØHR, Kirsten (coord.), *Ética Prática para as Profissões do Trabalho Social*, [*s. l.*], Porto Editora, 2008.

CAEIRO, Joaquim Croca, *Política Social e Estado Providência*, Lisboa, Universidade Lusíada Editora, 2010.

CABRAL, Manuel Villaverde, *Dimensões da Cidadania: a mobilização política em Portugal numa perspectiva comparada*, Porto, Afrontamento, 2014.

CASTEL, Robert, *Les Métamorphoses de la Question Sociale – une chronique du salariat*, Paris, Fayard, 1995.

D'CRUZ, Heather e JONES, Martin, *Social Work Research, Ethical and Political Contexts*, Londres, Sage Publications Ltd., 2004.

DIAS, Fernando Nogueira, *Sistemas de Comunicação, de Cultura e de Conhecimento: Um Olhar Sociológico*, Lisboa, Instituto Piaget, 2001.

FRANSSEN, Abraham, «Le Sujet au coeur de la nouvelle quéstion sociale», *La Revue Nouvelle*, 2003.

IFE, Jim, *Human Rights and Social Work: Towards Rights Based Practice*, [*s. l.*], Cambridge University Press, 2001.

MAGALHÃES, António M., *Identidade do Ensino Superior: Política, Conhecimento e Educação numa Época de Transição*, Lisboa, Fundação Calouste Gulbenkian, Fundação para a Ciência e Tecnologia, Ministério da Ciência e do Ensino Superior, 2004.

MORIN, Edgar, *Introdução ao Pensamento Complexo*, 4.ª edição, Lisboa, Instituto Piaget, 2003.

MORRIS, Teresa, *Social Work Research Methods: Four Alternative Paradigms,* Londres, Sage, 2006.

ÓSMONT, Valérie, *Le Protocole D'Élaboration et Évaluation Des Parcours D'Insertion, L' Acompagnement: au-delá des outils, une méthodologie,* Paris, Gabinet Sumak, 2000.

ÓSMONT, Valérie, *Le Protocole D' Élaboration et Évaluation Des Parcours D'Insertion, L' Acompagnement: au-delá des outils, une méthodologie,* Paris, Gabinet Sumak, 2002.

PLACIARD, Jean-Claude (coord.), *Evaluation des Besoins des Usagers : sens, méthodes et outils,* Paris, Les Dossiers Du Medico-Social, 2002.

SHAW, Ian e LISHMAN, Joyce, *Evaluation and Social Work Practice,* Londres, Sage, 2005.

SHAW, Mae e MARTIN, Ian, «Translating the Art of Citizenship», *Convergence,* Vol. XXXVIII, 4, 2005.

SINGER, Peter, *Ética no Mundo Real,* Portugal, Edições 70, 2017.

STOER, Stephen R. e MAGALHÃES, António M., *A diferença somos nós: a gestão da mudança social e as políticas educativas e sociais,* Porto, Edições Afrontamento, 2005.

UGGERHOJ, Lars, «Creativity, fantasy, role-play and social work: a voice from the past or steps for the future?», *Social Work and Social Science Review,* vol. 13, 3, 2008.

VARELA, Raquel (coord.), *A Segurança Social é Sustentável: Trabalho, Estado e Segurança Social em Portugal,* Lisboa, Bertrand, 2013.

VIEIRA, Isabel de Freitas, *A Participação como instrumento hermenêutico e analítico da prática profissional do Serviço Social dentro do Paradigma Relacional,* Lisboa, Universidade Católica Portuguesa, 2009. Tese de Doutoramento em Serviço Social.

VIEIRA, Isabel de Freitas, *A Participação: um paradigma para a intervenção social,* Lisboa, Universidade Católica Editora, 2015.

WENGER, Etienne, *Communities of practice. Learning, Meaning and Identity,* EUA, Cambridge University Press, 2002.

Factores influenciadores da acção ética no Serviço Social

Clara Cruz Santos

Faculdade de Psicologia e Ciências da Educação
da Universidade de Coimbra

A definição de Serviço Social, aprovada pela assembleia-geral da International Federation of Social Work (IFSW) e da International Association of Schools of Social Work (IASSW), em Julho de 2014, em Melburne, é apresentada como:

> «[...] uma profissão de intervenção e uma disciplina académica que promove o desenvolvimento e a mudança social, a coesão social, o empowerment [autonomização] e a promoção da Pessoa. Os princípios de justiça social, dos direitos humanos, da responsabilidade colectiva e do respeito pela diversidade são centrais ao Serviço Social. Sustentado nas teorias do serviço social, nas ciências sociais, nas humanidades e nos conhecimentos indígenas, o serviço social relaciona as pessoas com as estruturas sociais para responder aos desafios da vida e à melhoria do bem-estar social.»[1]

---

[1] Ler mais em: http://www.apross.pt/profissao/defini%C3%A7%C3%A3o/[consultado em 3 de Abril de 2017].

Desta definição destacamos dois eixos de reflexão: (1) o Serviço Social é uma profissão e como tal deve estar inserida na lógica funcionalista do mundo das organizações e na divisão sociotécnica do trabalho, e ainda que (2) o Serviço Social é uma disciplina científica constituída por um corpo teórico singular, capaz de produzir conhecimento científico novo e funcional. Trata-se de duas lógicas distintas com uma dimensão ética comum, relacionada com os princípios transversais à sua prática, sem os quais o Serviço Social perde sentido:

> «Os princípios globais do Serviço Social baseiam-se no respeito pelo valor intrínseco e dignidade de todos os seres humanos, não causar dano e pelo respeito pela diversidade e pela defesa dos direitos humanos e justiça social A defesa e a afirmação dos direitos humanos e da justiça social são a motivação e um dos fundamentos do Serviço Social.»[2]

Um dos valores centrais nesta definição é o dos direitos associados a um projecto mais amplo de democratização da sociedade com respeito pelas diferenças e promoção de maior justiça social. Uma sociedade assim compreendida integra dimensões éticas da vida social, como o respeito pelos direitos humanos e liberdades fundamentais, a cidadania, a cooperação, a não discriminação, a tolerância e a solidariedade.

Na prossecução deste pensamento, a referência ao documento da Associação de Profissionais de Serviço Social (APSS) sobre a «Ética no Serviço Social – Princípios e Valores», de 1994, completa os princípios teóricos da definição de Serviço Social. Apesar de este documento distar vinte anos da nova definição de Serviço Social da Declaração de Princípios sobre

---

[2] Ler mais em: http://www.apross.pt/profissao/defini%C3%A7%C3%A3o/[consultado em 3 de Abril de 2017].

a Ética no Serviço Social, de 2014[3] (cuja leitura amplamente recomendamos), os dois documentos são complementares. Em ambos, encontramos as bases do que pretendemos discutir neste capítulo, nomeadamente a referência a uma metodologia de acção profissional que tem em conta o contexto, os motivos, a natureza e as respectivas consequências do agir metodológico profissional, bem como a observância, na Declaração de Princípios, de um conjunto de limites relativos à mesma prática e que se fundamentam num conjunto alargado de factores que condicionam a acção profissional e que retomaremos no ponto dois deste capítulo.

Procuramos compreender a forma como estes princípios se encontram e podem ou não ser veiculados pelos contextos e actores sociais que integram a prática e a ciência do Serviço Social, numa relação positiva com a identidade profissional do Serviço Social, cujo debate possui mais de setenta anos.

De facto, a recorrência significativa ao tema espelha a necessidade sentida dentro do grupo profissional de definir claramente não só o que é o Serviço Social, mas também os seus limites e campos de actuação, a sua múltipla disciplinaridade ou ainda outras razões que se prendem com a sua legitimidade e reconhecimento social. No presente capítulo, importa-nos analisar factores, do ponto de vista pessoal e social, que podem condicionar e impregnar de sentido uma prática profissional consciente e activa do ponto de vista sócio-crítico[4], para os

---

[3] Ver documento em: http://servicosocial.pt/wp-content/uploads/2015/06/Etica-no-Servico-Social-Declara%C3%A7%C3%A3o-de-Princ%C3%ADpios-.pdf [consultado em 11 de Abril de 2017].

[4] A perspectiva sócio-crítica consiste numa abordagem crítica ao reducionismo do pensamento positivista, como o conservadorismo qualitativo/interpretativo na investigação em ciências sociais. A grande inovação desta abordagem é a introdução explícita da «ideologia» no processo de produção de conhecimento.

quais concorrem também factores de ordem ética e moral. É um propósito tendencialmente positivo, assente, sobretudo, em factores potenciadores de uma prática profissional activa e consciente, em detrimento dos contextos que impõem maior fragilidade.

Iniciamos o debate com os factores relacionados com a construção da acção profissional, na perspectiva dos seus valores centrais. Esta análise situa-se num nível micro de discussão (eixo individual) em que se perspectiva o assistente social enquanto indivíduo e agente de intervenção. Significa que o assistente social é, antes de mais, um ser humano, portador de um conjunto de referências biológicas, familiares, sociais e históricas que pontua, indubitavelmente, a sua forma de ver e se posicionar no mundo que o rodeia. No entanto, poderá qualquer cidadão exercer a função de serviço social tendo em conta os princípios morais que a mesma defende? Ou terá, em princípio, de possuir na sua «bagagem identitária» um comportamento ético coincidente com aqueles princípios? Como iremos discutir no ponto 1 deste capítulo, não existe uma resposta consensual. Os factores relacionados com o saber prático do Serviço Social ultrapassam as questões transversais à consolidação deste grupo profissional para recair igualmente em análises sociológicas e cognitivas adjudicadas ao mundo das profissões, pelo que a perspectiva defendida deve ser encarada como uma das perspectivas possíveis na análise polémica da individualização do Serviço Social.

Seguidamente, e numa perspectiva mais abrangente, o ponto 2 deste capítulo analisa a construção do projecto *ético-político* da profissão, tendo em conta o conjunto de factores externos que influenciam o Serviço Social. Situamo-nos numa perspectiva intermédia de análise, referindo-nos à responsabilidade social do conhecimento produzido pelo Serviço Social, mas também à multidimensionalidade de factores que influenciam o agir e o pensamento em Serviço Social, nomeadamente factores relacionados com a perspectiva das políticas públicas e com a organização estatal dominante.

1.1. O assistente social e os processos de socialização para o exercício da profissão

Compreender a lógica da profissão de Serviço Social como expressão amorfa de um conjunto de indivíduos que possuem referenciais teóricos e metodológicos comuns para o desenvolvimento de tarefas específicas que as diferenciam de outras profissões, ou outras actividades no mundo social profissionalizado, é, indubitavelmente, redutor para a apreensão da riqueza pluralista que a profissão encerra. Não obstante, esta profissão apresenta características comuns a outras relacionadas com a intervenção social, nomeadamente:

a) *é* uma forma histórica de organização social (Santos, 2011) e de categorização das actividades do trabalho, numa relação inseparável entre o Estado e o indivíduo;
b) *é* uma forma de coligação de actores sociais que defendem os seus interesses na tentativa de assegurar e de manter uma delimitação do seu mercado de trabalho, isto é, um campo (ou campos) claramente circunscritos ao exercício profissional.

Estas duas dimensões são essenciais porque posicionam o Serviço Social na divisão sócio-técnica (isto é, na categorização das profissões pelos seus campos de actuação técnica) do mundo do trabalho e respondem à necessidade de integração e de diferenciação funcional da profissão perante as outras profissões com objectos e objectivos de acção semelhantes. No entanto, estas não situam o indivíduo, ou melhor, não consideram a dimensão humana que existe no assistente social e, como tal, não respondem à nossa pergunta inicial: «O assistente social deverá possuir na sua *bagagem identitária* um comportamento ético coincidente com os valores centrais do Serviço Social?»

Dubar e Trippier (2011) edificaram um modelo de construção de identidade profissional para o qual concorre a dimensão afectiva da profissão, que se evidencia no conjunto de valores e preferências em que o profissional pode produzir conhecimento específico. Nesta dimensão afectiva, os profissionais encontram concretização pessoal e meios de reconhecimento pessoal e social, através da sua identificação com os valores de ordem ética e os significados culturais que a mesma dimensão comporta.

Partimos do argumento de que o assistente social não pode ser um sujeito rígido na forma como concebe o mundo social ou, como afirma Sheedy (2013, p. 32): «Não existe uma moralidade objectiva universal, porque a única realidade é a experiência subjectiva dos indivíduos.»[5] Simultaneamente, defendemos a importância da formação como um factor essencial para uma acção ética em Serviço Social. Assim, nos pólos socializadores (individuais, familiares, escolares e profissionais) existem espaços de ambiguidade que, a nosso ver, devem ser definidos pela acção crítica e consciente do assistente social enquanto sujeito de acção.

O autor Carlos Jacques (1999, p. 18) apresenta a seguinte questão:

> «Os assistentes sociais têm o compromisso ético com a justiça social [...] A nível prático como é que o assistente social pode promover uma melhor qualidade de vida na sociedade? Antes de poder dar resposta a esta pergunta, é necessário saber o que

---

[5] Tradução livre da autora.

significa, e, por conseguinte, como se avalia "qualidade de vida"? Se atendermos aos valores subjacentes a esta norma, para esclarecer a questão, deparamo-nos com o conceito de justiça social. E o que é Justiça Social?»

Certamente, não se trata de um conceito social e culturalmente isolado... Para o cidadão comum, a justiça social pode implicar valores que, em última instância, não se relacionarão directamente com a dignidade do ser humano (outro valor fundamental para o Serviço Social).

Mais tarde, em 2009, o mesmo autor retoma a sua reflexão sobre as questões éticas em Serviço Social, acrescentando uma outra análise que nos parece pertinente na dimensão individual do assistente social:

> «À semelhança da glutonaria, o discurso ético do serviço social peca por excesso, um excesso que, por sua vez, tende a esconder a ausência de reflexão sobre o significado de todos estes ideais, ou sobre como concretizá-los.» (*Idem*, 2009, p. 77).

Não é admissível que o Serviço Social defenda valores universais sem os situar socialmente, nem tão-pouco que resvale para uma posição maniqueísta sobre o que é «bom» ou o que é «mau» nos diferentes contextos sociais. A profissão de Serviço Social é, antes de mais, um espaço plural no qual importa compreender as visões multifacetadas e não o seu juízo social.

Os assistentes sociais têm favorecido a construção de uma nova imagem social da profissão tendo em conta a sua acção profissional pautada pelo respeito pelos direitos humanos e pelo apoio à participação consciente dos sujeitos sociais nos processos que lhes dizem respeito. No entanto, a representação social da profissão nem sempre foi a mesma. Aliás, continuamos ainda a assistir em Portugal a uma visão conservadora do Serviço Social, associada a uma tradição filantrópica e assistencialista, partilhada mais pelos diferentes utentes que recorrem aos profissionais do que por estes últimos. A tradição histórica da profissão, de origem católica, e a visão extremamente pedagógica, associada aos «bons costumes» e às práticas caritativas, continuam a ter um peso relevante na perspectivação do Serviço Social, resistente aos movimentos críticos da profissão e ao seu projecto ético-político[6], o que concorre desfavoravelmente para a sua consolidação científica e profissional.

1.2. O assistente social enquanto factor influenciador da acção ética

O assistente social, enquanto sujeito activo, possui uma biografia própria e procura, por conseguinte, uma subsistência temporal e coerente na *continuidade da sua narrativa histórica* (Giddens, 2000, p. 120). Deste modo, para a consolidação da identidade profissional do assistente social contribui a sua identidade herdada (identidade biográfica, subjectiva e fruto da socialização primária do sujeito, em que se incluem os valores morais e afectivos) e os mecanismos de socialização secundária, relativos ao conjunto de negociações e reinterpretações identitárias que se forjam em contextos de pertença ou de referência do indivíduo (como o laboral) com a apropriação gradual de *novos códigos simbólicos de conduta* (Dubar, 2000, p. 32).

As duas dimensões validam a consistência interna da identidade profissional, sublinhando-se a importância de encontrar

---

[6] O projeto ético-político do Serviço Social consiste na assunção da defesa e respeito pelos direitos que assistem a cada um e a todos os cidadãos – orientação que constitui um pilar fundamental da acção profissional e que se desenvolve necessariamente de forma descontextualizada, em ambientes particulares concretos.

na «identidade herdada» (Dubar, 2000) do assistente social valores éticos e morais associados a uma forte consciência crítica e uma vontade de acção para a mudança em contextos de desigualdade social. Com estes atributos identitários, o assistente social poderá operacionalizar os pressupostos-base da profissão, presentes na definição internacionalmente aceite de Serviço Social (2004):

> «Para uma prática emancipatória, cuja principal finalidade é a capacitação e autonomia das pessoas, é fundamental o desenvolvimento de uma consciência crítica através de uma reflexão sobre as causas estruturais de opressão e/ou privilégios (com base em critérios como a raça, classe, língua, religião, género, incapacidade, cultura e orientação sexual), e fomentar estratégias de acção que enfrentem os obstáculos pessoais e estruturais. Em compromisso com os mais desfavorecidos, a profissão luta contra a pobreza, para a liberação de todos os cidadão em situação de opressão e de vulnerabilidade social, promovendo a inclusão e a coesão social.»[7]

Os princípios éticos da acção profissional parecem residir no respeito pelos direitos que assistem a cada cidadão, grupo, comunidade, país, nação, enfim, a toda a humanidade e pelos seus respectivos valores específicos, e que os códigos de ética profissional abrangem através de um conjunto de orientações como resposta à complexidade da prática dos assistentes sociais (Carvalho, 2016). Nos códigos profissionais, encontramos o reconhecimento da importância das concepções que o assistente social possui sobre si e sobre o mundo na referência ao processo de construção da sua identidade pro-

---

[7] Ver mais em: http://www.apross.pt/profissao/defini%C3%A7%C3%A3o/.

fissional. Defendemos, pois, que, para o exercício da profissão de Serviço Social, o profissional tem de possuir valores éticos e morais consentâneos com uma visão do mundo democrática e democratizante.

Caria, Sousa e Almeida (2017b, p. 8) contrariam esta perspectiva, afirmando:

> «[...] que esta definição da construção identitária socioprofissional é uma resposta limitada da Sociologia à redução psicológico-essencialista do indivíduo e que deste modo a identidade social reduz-se a ser sinónimo de uma consciência individual da vida socioprofissional, isto é, ser apenas uma subjectivação dos processos de categorização social que estão presentes na socialização aceitando-se, implicitamente, algum atomismo social.»

O risco de subjectivação da prática profissional é, realmente, um dos elementos que tem merecido maior atenção por parte de diferentes autores e, embora não partilhemos da opinião de Telmo Caria (2017b), é inquestionável que se encontra nos «burocratas de rua»[8], cujo exercício profissional é assumido como um processo relacional de grande proximidade, permitindo a sedimentação de um conjunto de argumentos sociais que validam ou não a eficácia da acção profissional. Os processos relacionais evidentes na grande proximidade que os burocratas de rua possuem com os seus utentes concorrem para o aumento de uma actuação profissional subjectiva, visível nos diferentes contornos e nas respostas e medidas sociais

---

[8] Tradução da autora de *Street Level Bureaucrats* – expressão original de Lipsky (1980). Os «burocratas de rua» são constituídos por todos os profissionais (sendo a maior parte assistentes sociais) que diariamente dão rosto às acções estatais e que, como tal, possuem um conhecimento prático e crítico das reais necessidades e da adequabilidade das políticas públicas às necessidades dos cidadãos (Santos, C., 2017).

adequadas ao perfil dos seus utentes, que se traduzem numa «prática líquida» (isto é, numa prática volátil, excessivamente flexível, que pode conduzir a uma total ausência de normatividade) que visa sobretudo a uma inclusão social mais eficiente. A designada «prática líquida», devido à escassez de regulação, pode favorecer, igualmente, práticas discricionárias porque não generalistas, mas adequadas aos diferentes contextos e diferentes actores sociais que se encontram em jogo.

O espectro amplamente relacional da prática profissional de Serviço Social tende a perspectivar os outros como actores significativos, como sujeitos humanos, únicos, individuais e sociais, e, neste contexto, a ética profissional é *individual e social ao mesmo tempo* (Guareschi, 2008, p.6). O mesmo autor acrescenta ainda: «Ninguém é ético para si; somos éticos em relação aos outros e em relação à distribuição e posse dos bens materiais.» (2008, p. 7.) Valores como a justiça social só podem ser compreendidos se assentes na relação entre seres humanos:

> «Ninguém é justo sozinho. Somos justos quando estabelecemos e quando passam a existir relações justas, igualitárias, entre dois seres. A ideia de que existe alguém que pode ser justo sozinho é uma fantasia do individualismo, fundamentada na ideologização liberal de um ser humano separado de todo o resto, absoluto (que para Aristóteles é ou um animal, ou um deus).»[9]

A centralidade do sujeito humano na acção ética do Serviço Social é histórica, dotando a sua acção subjectiva de substância reflexiva, permitindo o corte com uma perspectiva instrumentalizada (baseada na satisfação de necessidades sociais) e

---

[9] GUARESCHI, Pedrinho, «Ética e relações sociais entre o existente e o possível», *in:* JACQUES, M. G. C. *et al.* (org.), *Relações sociais e ética* [em linha], Rio de Janeiro, Centro Edelstein de Pesquisas Sociais, 2008, p. 9. Disponível na Internet: <http://books.scielo.org>.

pondo-o no centro de debates críticos relacionados com perspectivas emancipatórias políticas (embora não politizadas).

2. Factores inerentes à construção do projecto ético-político de Serviço Social

A produção do saber em Serviço Social, nomeadamente do saber que visa contribuir para a compreensão dos fenómenos geradores de desigualdade social e para novas formas de a combater, corresponde a uma estratégia eficaz na construção de contextos potencialmente positivos para a acção profissional.

2.1. O saber «socialmente útil»

O pensamento e a acção são inseparáveis na realidade humana. Esta assunção é mais premente quando associada aos factores éticos que influenciam a prática profissional do Serviço Social. Neste contexto, a produção do conhecimento deve possuir uma intencionalidade interventiva e reformadora da sociedade por meio da emergência consequente de estratégias de intervenção no real (Santos, 2011a), em que

> «O reconhecimento e a responsabilidade social do conhecimento permitem a transformação dos objectos e dos objectivos teóricos em objectivos sociais reais dos sujeitos sociais, possibilitando a sua apropriação de uma forma útil, reformadora e compreensiva do mundo.» (*Idem*, 2011, p. 55).

A relação teoria-prática no exercício profissional é, deste modo, assumida em duas dimensões: a primeira refere-se ao assistente social enquanto sujeito activo, crítico e consciente, e enquadra-se na definição do Serviço Social como uma disciplina académica e científica e, como tal, produtora de conhecimento; a segunda refere-se à relação na acção profissional e à construção de uma ética própria do Serviço Social, para a qual concorrem os diferentes posicionamentos teóricos e os diferentes quadros de leitura da realidade.

Na primeira dimensão, como já referimos, o processo de produção do conhecimento científico em Serviço Social possui uma intencionalidade que, a nosso ver, não pode estar divorciada da responsabilidade social inerente ao desenvolvimento humano. Não é possível que o profissional se reduza ao papel de observador, especialmente quando é detentor de uma formação e de um código deontológico que lhe exige uma acção social, uma forma de aproximação à exclusão (Santos, 2011b). A segunda dimensão reporta-se ao que Caria, Sousa e Almeida (2017b), em concordância com os escritos de Giddens (1996), denominam como «reflexividade». Nesta senda e de acordo com os primeiros:

> «A realidade social nunca é concebida como exterior aos sujeitos sociais. Daí que, mesmo nas actividades mais rotineiras e de maior continuidade das práticas, os agentes sociais precisem sempre de fazer uma monitorização reflexiva do cenário em que ocorre a interacção social, da reacção que o «outro» gera em «mim» e da expectativa que «eu» crio em relação ao «outro» em seguida, pois a realidade social parte da existência de um conhecimento social mútuo que precisa ser recorrentemente regulado no quotidiano da vida social.»[10]

O conceito de «reflexividade» na acção profissional determina a capacidade do profissional de pensar sobre a acção e na acção, num processo circular que vai dos cidadãos às

---

[10] Caria, Telmo H.; Sousa, Paula e Almeida, José Luís, «A identidade profissional institucional: actualidade da pesquisa em serviço social» [no prelo], Revista *Sociologia, Problemas e Práticas*. 2017b, p. 24.

situações, das situações aos contextos, dos contextos às teorias, das teorias às interpretações, das interpretações à avaliação e da avaliação à refundamentação do pensamento e da acção. Este processo circular permite o reconhecimento da individualidade e da singularidade de cada sujeito e dos contextos que o circundam, obtendo-se uma compreensão localizada e uma intervenção social diferenciada, minimizadora de condições sociais excludentes.

É nesta perspectiva que se constrói o projecto ético e político do Serviço Social, ou seja, no entendimento de que as pessoas não existem fora das relações sociais nem de diferentes contextos específicos, e que o assistente social é um sujeito profissional activo neste processo, cujos actos podem ter impactos profundos na condição humana de todos os que a ele recorrem.

2.2. Factores de influência da acção ética no Serviço Social

Como referimos no início do presente capítulo, e retomando a Declaração de Princípios Éticos em Serviço Social da APSS[11], existe um conjunto de factores que parece limitar uma acção ética em Serviço Social pelas tensões que acarreta, nomeadamente:

> «O facto de a fidelidade do(a)s assistentes sociais aos princípios éticos se encontrar, frequentemente, confrontada com interesses que colidem entre si;
> O facto de o(a)s assistentes sociais funcionarem, simultaneamente, como suporte e como controlo;

---

[11] Ver mais em: http://servicosocial.pt/wp-content/uploads/2015/06/Etica-no-Servico-Social-Declara%C3%A7%C3%A3o-de-Princ%C3%ADpios-.pdf [consultado em 11 de Abril de 2017].

Os conflitos entre o dever do(a)s assistentes sociais protegerem os interesses das pessoas com quem trabalham e as exigências sociais de eficiência e de utilidade;
O facto de os recursos da sociedade serem limitados.»

Os factores identificados parecem situar os interesses e valores da profissão numa posição diametralmente oposta aos valores e interesses da ordem social e política actual. De facto, todas as estruturas sociais (economia, segurança, trabalho, educação, entre outras) são passíveis de condicionar a acção ética do Serviço Social. No entanto, a função do Serviço Social no mundo das profissões possui um papel político condicionado pela trama de relações vigentes na sociedade. Consideramos que a ordem social, na qual todos estamos inseridos, exige um comprometimento do Serviço Social com uma reflexão profunda sobre as causas substantivas das questões sociais actuais (Albuquerque, 2011). Deste modo, exige-se também uma capacidade crítica para efectuar leituras globalizantes dos contextos de acção e sobretudo da pluralidade que lhes está subjacente. Neste cenário, Sheedy (2013, p. 57) acrescenta que:

«Na perspectiva do Serviço Social, é certamente muito mais útil compreender a pobreza através das vivências experienciadas pelos indivíduos do que se orientar, unicamente, pelos debates académicos sobre os diferentes conceitos que tentam explicar o que é a pobreza.»[12]

Os diferentes projectos sociais que coexistem na sociedade de hoje impõem que o Serviço Social seja capaz de não só os compreender em profundidade, mas também de integrar a tensão que neles coabita. Assim, vivemos um tempo de constru-

[12] Tradução livre da autora.

ção de uma nova imagem política da profissão (Mouro, 2010), que a obriga a reorganizar o seu poder simbólico, bem como os seus processos de actuação. O papel de mediação entre o Estado e o indivíduo é, neste momento, posto em causa com o termo do contrato social fundador de um Estado de Bem-estar Social (*welfare state*). Os assistentes sociais devem agora assumir um papel central na redefinição das políticas sociais para a construção de uma sociedade de verdadeira justiça social.

A relação dos assistentes sociais com o Estado e com as políticas públicas constitui-se duplamente: como um desafio e como um contexto de acção ética profissional. O inconformismo perante as situações de desigualdade e de «não integração» faz parte dos discursos profissionais de Serviço Social, acompanhado por uma nova geração de utentes, igualmente inconformados.

O Estado apresenta um discurso legitimador do combate a todas as formas de violação dos direitos humanos e de protecção do sujeito em situação de factores contingentes, como o são o desemprego, a doença, a catástrofe. Falta-lhe, todavia, munir-se dos recursos gestionários e de compensação que o mesmo discurso implica. A transferência da gestão do risco e da protecção social do Estado para as instituições privadas de solidariedade social e outras instituições públicas exige um posicionamento estratégico do Serviço Social que não se coaduna com a imagem que lhe foi atribuída nos finais do século XX[13], como «executor de políticas sociais», em que assumia uma clara mediação entre o Estado e o cidadão. A função de *social advocacy* (advocacia social) do Serviço Social (quer este

---

[13] O Estado-Providência assume progressivamente responsabilidades pela regulação da protecção social e assenta na ideia, e até na complementaridade, entre crescimento económico e políticas sociais, entre *acumulação e legitimação, ou mais amplamente entre capitalismo e democracia.* (Santos, 1987, p. 4).

esteja integrado num serviço estatal, quer se encontre num serviço de acção privada) é, neste contexto, da maior relevância.

O modelo de intervenção profissional *social advocacy* não é recente. Contudo, é hoje resgatado para enfrentar situações de vulnerabilidade social. Possui uma finalidade de reforma social aliada à capacidade do profissional de mobilizar recursos, instrumentos e processos e de, dotado de valor e de sentido ético, almejar uma acção concertada, planificada e metodologicamente adequada aos propósitos que se propõe desenvolver.

2.3. O modelo de social advocacy *como estratégia da acção profissional*

A *social advocacy* está relacionada com o trabalho de Jane Addams e é considerada por Dean Hepworth e Jo Larsen (1986) um dos primeiros exemplos do modelo de intervenção social nos EUA, sendo definida por estes autores como o processo de trabalhar com e para os utentes, de forma que (1) se obtenham serviços ou recursos para os mesmos, que não os conseguiriam obter de outra forma; (2) se modifiquem e participem activa e criticamente nas políticas públicas, procedimentos ou práticas que podem contrariar a autodeterminação dos sujeitos ou o seu bem-estar; e (3) participem na elaboração e promoção de nova legislação ou políticas dirigidas às necessidades e recursos dos serviços de acção social.

O desempenho desta função de «advocacia social» requer um conhecimento aprofundado do enquadramento normativo dos direitos humanos e o treino de competências específicas como a negociação, o litígio e a arbitragem, entre outras, o que remete para o reforço da componente curricular das metodologias específicas de intervenção e dos instrumentos e instituições orientadas para a defesa dos direitos humanos. Necessita igualmente, e citando Albuquerque (2011, p. 69), de «uma orientação subjectivante, que se concretiza em formas renovadas de acompanhamento social de sujeitos em situação de vulnerabilidade ou de exclusão». Implica, ainda, uma flexibilidade de procedimentos, bem como uma gestão eficaz da rede de parceiros territoriais, com o objectivo de dar a resposta adequada aos problemas sociais.

Neste quadro, os factores que influenciam a acção ética do Serviço Social (embora comprometam, por vezes, uma acção social eficaz) não podem ser considerados blocos estanques para uma prática renovadora e em defesa dos direitos fundamentais dos cidadãos. Estas forças contraditórias, inscritas nas práticas sociais actuais, devem ser entendidas como desafios profissionais que defendem uma renovação permanente do estatuto da profissão, que dão real significado à noção de edificação de um projecto ético-político para o exercício profissional, sendo um elemento basilar na construção da sua identidade profissional.

3. Reflexões finais

Os factores influenciadores da acção ética em Serviço Social foram apresentados do individual para o colectivo, numa tentativa de diferenciação positiva entre o sujeito e as práticas profissionais que o mesmo desenvolve. Nesta assunção, respeitamos a necessidade de uma abordagem colectiva da profissão de Serviço Social, que é reconhecida e possui legitimidade social para intervir em todas as situações que ponham em causa os direitos humanos e fragilizem a justiça social. Ainda neste contexto, defendemos que, mesmo sendo o Serviço Social uma profissão pertencente à divisão estatutária do Santos mundo das profissões, ela é, igualmente, uma actividade que lida *em* e *nas* relações sociais.

As relações sociais significativas dão sentido à acção profissional e põem em evidência a subjectivação da prática profissional, que não deve ser considerada um obstáculo, mas uma característica identitária que concorre para a consolidação do estatuto profissional. Neste contexto, a dimensão do sujeito, enquanto agente social e no exercício profissional, é um factor influenciador da acção ética em Serviço Social, pela necessidade de este sujeito partilhar um conjunto de valores e princípios na sua «bagagem identitária» que não entre em conflito com a visão de uma sociedade democrática e democratizante.

Identificámos nos trabalhos de autores actuais alguns aspectos que, a seu ver, são limitadores da acção ética em Serviço Social. Um dos aspectos comuns refere-se à grande abrangência dos princípios orientadores da acção profissional, que se repercutem numa aparente dificuldade em operacionalizar a acção profissional, com vista a resultados concretos. Este aspecto encontra-se ilustrado por Jacques (1999, 2009) na sua reflexão sobre o código de ética do Serviço Social e sobre como o mesmo pode ou não guiar ou determinar moralmente a natureza do agir profissional. Neste contexto, o autor refere-se à dificuldade em dar resposta profissional a condutas que se baseiam em princípios demasiado abstractos, ilustrando-a com a justiça social[14]. No entanto, mesmo nesta dimensão simbólica

---

[14] Jacques (1999) identificou a dificuldade que o Serviço Social possui em fazer face a um conjunto de problemas sociais que, devido à sua volatilidade, dificultam um planeamento estratégico da acção profissional e uma consequente resposta eficaz aos mesmos. Para ilustrar esta dificuldade, o mesmo autor utilizou a subjectividade que o conceito de justiça social acarreta. De facto, sendo este um dos grandes objectivos da intervenção profissional, ele apresenta-se de tal forma complexo, que, se não for correctamente delimitado no tempo e no espaço da acção profissional, dificilmente se poderá confirmar a sua concretização.

da acção profissional, a Declaração de Princípios sobre a Ética em Serviço Social responde à questão colocada por Jacques (1999, p. 18) com a seguinte concretização do agir profissional:

> «O(a)s assistentes sociais têm a responsabilidade de promover a justiça social em relação a toda a sociedade e às pessoas com quem trabalham. Isto significa:
>
> 1. Desafiar a discriminação negativa: o(a)s assistentes sociais têm a responsabilidade de rejeitar a discriminação negativa, com base em características tais como aptidão, idade, cultura, género, estado civil, estatuto socioeconómico, opiniões políticas, cor da pele, raça ou outras características físicas, orientação sexual ou crenças espirituais;
> 2. Reconhecer a diversidade: o(a)s assistentes sociais devem reconhecer e respeitar a diversidade étnica e cultural das sociedades onde exercem a sua prática, tendo em conta as diferenças individuais, familiares, grupais e comunitárias;
> 3. Distribuir os recursos equitativamente: O(a)s assistentes sociais devem assegurar que os recursos disponíveis são distribuídos de um modo justo de acordo com as necessidades de cada um.
> 4. Desafiar práticas e políticas injustas: o(a)s assistentes sociais têm o dever de chamar a atenção aos seus empregadores, governantes, políticos e público em geral, para as situações nas quais os recursos ou a sua distribuição são inadequados, assim como para as políticas e as práticas opressivas, injustas e dolosas;
> 5. Trabalhar numa perspectiva solidária: o(a)s assistentes sociais têm a obrigação de questionar as condições sociais que levam à exclusão social, estigmatização ou submissão, e trabalhar para uma sociedade inclusiva.»[15]

---

[15] Ver mais em: http://servicosocial.pt/wp-content/uploads/2015/06/Etica-no-Servico-Social-Declara%C3%A7%C3%A3o-de-Princ%C3%ADpios-.pdf [consultado em 11 de Abril de 2017].

A acção ética implica o questionamento crítico e permanente dos factores que influenciam a prática do Serviço Social, mesmo que estes factores estejam relacionados com os resultados das políticas públicas desenvolvidas pelo Estado ou com procedimentos desenvolvidos por organizações públicas e/ou privadas de solidariedade social. De facto, este é um dos aspectos sensíveis na acção profissional, já que exige um posicionamento politizado (não partidário) do Serviço Social na denúncia de práticas sociais que conduzem a processos de exclusão e vulnerabilidade social e consequente proposta da sua erradicação.

Este argumento é forte porque põe em causa a relação de confiança que o cidadão possui com as organizações sociais e com os assistentes sociais que nelas se integram; equaciona, igualmente, um conjunto de procedimentos que validam uma acção ética de Serviço Social em circunstâncias em que direitos humanos e direitos sociais não se encontram garantidos. Existe, em suma, nesta actuação profissional identitária, uma dimensão instrumental com vista ao bem-estar colectivo, tendo como base a eficácia na resolução de problemas sociais.

A acção ética desenvolve-se no campo quotidiano e o assistente social é considerado um prático-reflexivo, recriando a sua prática e construindo novas grelhas de análise, de acordo com os mundos em que interage, mesmo que estes mundos não possuam, por vezes, as características legitimadoras para uma acção profissional com maior potencial democrático.

Leituras recomendadas

Albuquerque, Cristina, «Legitimidade e reconhecimento da prática de Serviço Social: abordagem construtivista», *Serviço Social em Revista*, vol. 13, 2, pp. 1004-118, Londrina, 2011, DOI: 10.5433/1679-4842.2011v13n2p104.

CARIA, Telmo H., «A constituição do saber profissional: uma contribuição interdisciplinar sobre a dualidade do uso social do conhecimento», *Análise Social*, 2017a [no prelo].

CARIA, Telmo H.; SOUSA, Paula e ALMEIDA, José Luís, «A identidade profissional institucional: actualidade da pesquisa em serviço social», Revista *Sociologia, Problemas e Práticas*, 2017b [no prelo].

CARVALHO, Irene, Ética Aplicada ao Serviço Social*: Dilemas e Práticas Profissionais*, Lisboa, Editora Pactor, 2016.

DUBAR, Claude e TRIPIER, Pierre, S*ociologie des professions*, [*s. l.*], Armand Collins Éditeurs, 2011.

DUBAR, Claude, *La socialisation. Construction des identités sociales et professionnelles*, Paris, Armand Collins *Éditeurs*, 2000.

GIDDENS, Anthony, *Modernidade e Identidade Pessoal*, Oeiras, Celta Editora, 2000.

GIDDENS, Anthony, *Novas regras do método sociológico*, Lisboa, Gradiva, 1996.

GUARESCHI, Pedrinho, «Ética e relações sociais entre o existente e o possível», *in:* JACQUES, M. G. C. *et al.* (org.), *Relações sociais e ética* [em linha]. Rio de Janeiro, Centro Edelstein de Pesquisas Sociais, 2008, pp. 6-11. Disponível em SciELO Books: <http://books.scielo.org>.

HEPWORTH, Dean e LARSEN, Jo, *Direct Social Work Practice: Theory and Skills*, 2.ª edição. [*s. l.*], The Dorsey Press, 1986.

JACQUES, Carlos, «Os limites da ética profissional: O caso de Serviço Social», *Revista Interações*, 19, pp. 9-19, Coimbra, Instituto Superior Miguel Torga, 1999.

JACQUES, Carlos, «Serviço Social e Democracia: que desafios?», *Revista Interações*, 17, pp. 75-83, Coimbra, Editora Quarteto, 2009.

LIPSKY, Michael, *Street-level bureaucracy: dilemmas of the individual in public services*, Nova Iorque, Russel Sage Foundation, 1980.

Mouro, Helena, *Modernização do Serviço Social. Da Sociedade Industrial à Sociedade do Risco*, Coimbra, Coimbra Editora, 2010.

Santos, Boaventura de Sousa, «O Estado, a Sociedade e as Políticas Sociais», *Revista Crítica de Ciências Sociais*, 23, Coimbra, CES, Setembro de 1987.

Santos, Clara, *Profissões e Identidades Profissionais*, Coimbra, Imprensa da Universidade de Coimbra, 2011a.

Santos, Clara, «Responsabilidade Social do Conhecimento e Intervenção Social» *in:* Albuquerque, Cristina e Baldin, Nelma (org.), *Novos Desafios na Educação: Responsabilidade Social, Democracia e Sustentabilidade*, Brasília, Editora LiberLivro, 2011b.

Santos, Clara Cruz e Coimbra, Cristina Vanessa «Políticas ativas de emprego na sociedade de risco: emancipação ou regulação?» *in: Serviço Social e Saúde*, vol. 15, 2, pp. 201-218, Campinas, São Paulo, Janeiro de 2017, ISSN 1676-6806. doi: http://dx.doi.org/10.20396/sss.v15i2.8648117.

Sheedy, Martin, *Core Themes in Social Work. Power, Poverty, Politics e Values*, Londres, Open University Press, 2013.

Responsabilidade das organizações sociais

José Manuel Moreira
Faculdade de Ciências Económicas, Sociais e da Empresa
da Universidade Lusófona do Porto

1. Um caso

Julgo ter sido em 1996 que, por sugestão do pároco da igreja que tinha estado na génese da sua criação, aceitei ser vogal na direcção de um «lar para idosos». No dia da tomada de posse, fui surpreendido pelo bem alinhado grupo fardado das inúmeras funcionárias que, com a executiva da instituição à cabeça, nos recebeu. Tempos depois, soube que duas senhoras manifestaram interesse em ser lá voluntárias e que este oferecimento teria sido mal visto pela tal executiva, que, na prática, afastou tão atrevidas candidatas a cuidadoras. Como explicar esta estranha situação? Será por se terem apercebido de que quanto mais voluntárias aparecessem, para dar apoio, menos funcionárias no futuro seriam necessárias no lar? É verdade que hoje, com os problemas com que se debate o chamado Estado-Providência, há, aparentemente, uma maior abertura ao voluntariado. Ao tempo, percebe-se que tais senhoras (e muitas outras pessoas que mais tarde foram aparecendo) fossem tidas como uma ameaça ao funcionamento de uma organização social com um longo historial de solidariedade, chegando a ser conhecida como «Casa dos Pobres», atraindo inúmeras ofertas e doações complementadas com trabalho voluntário empenhado.

Esta situação entretanto mudou, à medida que a instituição foi sendo mais tutelada pelo poder político, acentuando a dependência da segurança social e o fomento da sua «profissionalização», com o consequente aumento do número de funcionários contratados para serviço social. Um movimento que levou a que lugares antes ocupados por doadores e pessoas reconhecidas pela sua propensão para ajudar os mais necessitados fossem sendo crescentemente destinados a gente com pendor político-partidário e mais disposta a usar os pobres para garantir poder e ganhos eleitorais.

Ao fim de pouco mais de um ano, resolvi demitir-me, mas tal experiência revelou-se rica de ensinamentos, permitindo-me perceber como instituições sociais viradas para a protecção dos pobres passaram a ser geridas com um «profissionalismo» que tende a dispensar a humanidade no trato aos necessitados, concedendo aos dirigentes estranhas possibilidades de cruzar a selecção de candidatos a cuidados com interferências de outros interesses, levando mesmo a que, por vezes, responsáveis por estas organizações possam criar em paralelo, usando bem o sistema estatal, outros lares com mais regalias para quem se dispõe a pagar mais.

2. Perplexidades e algumas explicações

Será que a intervenção do Estado, com o tempo, em vez de promover uma genuína ajuda aos necessitados, acaba por fomentar a sua multiplicação e a proliferação de IPSS (Instituições Particulares de Solidariedade Social)? Não por acaso, diz-se que os pobres são a indústria que mais dinheiro dá aos governantes. Como justificar a subalternização de amplas redes de assistência social – de criação espontânea e voluntária como as sociedades de socorros mútuos e as associações filantrópicas e caritativas de bem-fazer – perante organizações do Estado ou dele dependentes?

Uma primeira explicação consiste em dizer que tais instituições não foram capazes de se adaptar às novas e crescentes necessidades de serviços exigidas pelos seus membros – fundamentalmente a classe operária – e, em consequência, o Estado de Bem-estar Social (*welfare state*) acabaria por ter de suprir essa actividade. Uma tese que, segundo Juan Ramón Rallo[1], suscita problemas. Apoiando-se na experiência inglesa e em Broten (2010), Rallo defende, contra o que se costuma pensar, que a solvência das sociedades de ajuda mútua inglesas, mesmo nos começos do século XX, era suficiente para resistir às mudanças e se adaptar à nova prestação de serviços[2]. Daí que não nos deva surpreender, como mostra David Gladstone[3], que os sindicatos e os trabalhadores se tenham oposto firmemente à instauração de um Estado de Bem-estar. Bastará ter em conta que esta mudança, ao financiar-se com impostos sobre os próprios trabalhadores, os privava coactivamente daquela parte dos seus rendimentos que dedicavam a custear as sociedades de ajuda mútua de que eram membros. Compreende-se por isso que, então, o Estado de Bem-estar fosse visto como uma

---

[1] Veja-se RALLO, Juan Ramón, *Una revolución liberal para España,* Barcelona, Ed. Deusto, 2014, p. 328.

[2] Referência em *ibidem.*

[3] GLADSTONE, David *et al.*, *Before Beveridge: Welfare Before the Welfare State,* Londres, Civitas, 1999.

excepção quase tirânica por parte das oligarquias políticas com a desculpa de garantir o seu latrocínio.[4]

Neste tópico, Rallo avança com a segunda explicação possível para o Estado acabar por substituir as sociedades de ajuda mútua: consequência de um programa político que, por motivos ideológicos, paternalistas ou de controlo social, visou, de forma deliberada, substituir as redes voluntárias de assistência por um emaranhado coactivo controlado pelo próprio Estado. Não por acaso, o primeiro país do mundo a iniciar a tarefa de absorção e monopolização estatal das redes de assistência voluntária foi a Alemanha de Otto von Bismarck. O historiador William Harbutt Dawson, defensor do Estado de Bem-estar e crítico das sociedades de ajuda mútua, partilhou, num dos seus livros (1912), a explicação que lhe tinha sido dada pessoalmente por Bismarck para justificar a imposição do Estado sobre a assistência social privada: «[O meu propósito] é enganar as classes trabalhadoras ou, se preferes, persuadi-las de que o Estado é uma instituição social que existe para se preocupar com os seus interesses e bem-estar.»[5]

Certamente, hoje, avisados pelos contributos da análise económica da política, estamos mais despertos para os perigos de uma visão dualista do comportamento humano, que, durante demasiado tempo, nos levou a pensar que os indivíduos obedecem a motivações radicalmente diferentes (de egoístas para altruístas) quando se passa da esfera económica para o campo da política[6]. Só que, então, os tempos eram outros, facilitando

---

[4] Para contraponto entre atitudes públicas em relação ao Estado e à política, ver Moreira, José Manuel, «O Estado Providência e Crise», *Revista Portuguesa de Filosofia*, vol. 65, 1-4, pp. 324-326, 2009.

[5] Referido em Rallo, Juan Ramón, *Una revolución liberal para España*, Barcelona, Ed. Deusto, 2014, p. 329.

[6] Cf. Alves, André Azevedo e Moreira, José Manuel, *O que é a escolha pública? Para uma análise económica da política*, Principia, Cascais, 2004, pp. 29-30.

que Bismarck, e quantos o imitaram, tivesse logrado êxito em tal empresa. Assim, depois de um breve período de resistência inicial, a cidadania acabou por aceitar todo o ataque estatal às liberdades individuais e sociais justificado em nome do nosso bem-estar. Desta forma se explica a facilidade com que, em 1946, o governo de Inglaterra nacionalizou, sem resistência relevante, os mais de mil hospitais voluntários e gratuitos que tão bom serviço tinham prestado ao povo inglês durante décadas. O governo, sem se importar de estar a destruir um amplo e funcional tecido voluntário de assistência privada, agitou a bandeira do bem-estar e imediatamente a sua iniciativa foi aceite pelos cidadãos com submissão[7].

Percebe-se, de resto, como bem salienta Rallo, que uma das vias pelas quais o Estado ganha legitimidade perante a cidadania é oferecendo soluções aparentemente simples para problemas que causam um profundo temor. O medo de ficar sem recursos e de morrer de fome é uma emoção muito humana – especialmente porque, há um século, constituía um perigo muito real – que conduz a que muitos estejam dispostos a ceder: a assistência social deixou de ser um direito entre as partes voluntariamente contratantes ou uma doação voluntária de uma pessoa solidária e generosa a outra carente, e passou a converter-se num «direito social» do necessitado e numa «obrigação social» de todos os potenciais doadores. Este clima ajudou a que o Estado enfraquecesse os nexos de confiança e auxílio mútuo, que surgiam naturalmente dentro de uma sociedade, substituindo-os por uma poderosa máquina burocrática cujo propósito é tirar o dinheiro a alguns cidadãos e entregá-lo impessoalmente a outros; uma transformação da assistência social voluntária em redistribuição coactiva do

---

[7] RALLO, Juan Ramón, *Una revolución liberal para España,* Barcelona, Ed. Deusto, 2014.

rendimento que, além do mais, acarretou efeitos perversos de índole muito diversa.

Na primeira via, os motivos que «justificam» a percepção de uma «renda» estatal levam ao sobredimensionamento: longe de se restringir a assistência a situações extraordinárias de necessidade, tendem a abarcar tudo, incluindo as situações de não premente ajuda. Este processo torna depois difícil que alguém se oponha ao que passou a ser vendido como um «direito». Se a percepção de assistência é um direito, o lógico é que o conteúdo desse direito se alargue cada vez mais, sem consciência de que a contrapartida de um direito alargado é uma obrigação igualmente alargada. Daí que a primeira via pela qual o Estado corrompe a assistência social seja estendendo-a a âmbitos que são impróprios, em consequência de uma mutação de um direito (hipertrofia de direitos sociais).

A segunda via, ao impessoalizar e objectivar a percepção de uma ajuda por parte do Estado, tende a diluir os razoáveis mecanismos de controlo que existem na assistência social privada. Acresce que, além das dificuldades que a máquina do Estado tem em diferenciar se uma pessoa merece (ou não) ajuda, tal não cabe nas suas competências, uma vez que o dito auxílio é tido como um direito objectivo. Quando se estabelece que todos aqueles que usufruem de um rendimento anual inferior a cinco mil euros terão direito a receber um subsídio estatal, percebe-se que não se tenha de perguntar, e muito menos supervisionar, as razões que justificam que uma pessoa obtenha um rendimento anual inferior a essa verba: ser alcoólico e, por isso, ninguém o contrata, ou ter tido um acidente que o incapacita de desempenhar qualquer ocupação? O mesmo se passa quando se estabelece saúde gratuita para pessoas de rendimentos baixos, parecendo estar fora de causa discriminar entre pessoas que tenham cuidado com a saúde e, apesar disso, fiquem doentes, e entre pessoas que, como sabem que a saúde é gratuita, descuidam a sua. Tão-pouco é frequente que o Estado exija contrapartidas para a percepção de uma ajuda, levando a que a dependência do subsídio estatal se possa prolongar indefinidamente. E mesmo quando as impõe (como no caso dos cursos de formação para desempregados), costumam ser tão gerais e desfasadas da problemática concreta do sujeito particular, que tendem a ser um completo fiasco[8].

3. Combater ou subsidiar o círculo vicioso da pobreza?

Como consequência dos problemas considerados – hipertrofia de direitos e impessoalização das condições de acesso aos mesmos –, a protecção (ou assistência) social tende a deixar de ser um instrumento para paliar e combater a pobreza, para se converter num meio dirigido de subsidiar a existência de pobreza. Quando se auxilia incondicionalmente todos os que se encontram numa determinada situação objectivada como «necessidade», o que acaba por acontecer é que se incentiva a que os indivíduos permaneçam nessa fronteira: dado que prosperar ligeiramente implica perder a ajuda estatal. Daí que os incentivos a ultrapassar essa linha vermelha tendam a ser muito escassos. Afinal, inicialmente, o indivíduo pode sair prejudicado pelo facto de perder a ajuda no caso de ter tido uma ligeira melhoria no seu rendimento privado. Considerar que quem está nesta situação poderá ter a tentação de evitar a melhoria do rendimento, para não perder a ajuda estatal, não significa dizer que tal situação seja boa. O mais normal será que uma pessoa escolha ser rica em vez de pobre com subsídios estatais. Parece, contudo, sensato admitir que poucas pessoas escolherão dar o passo de perder os subsídios em troca de ser só um pouco menos pobres. Por outras palavras, os perversos

---

[8] Rallo, *ibidem*, p. 331.

incentivos estatais fazem cair as pessoas mais necessitadas na «armadilha» (ou círculo vicioso) da pobreza, de que se torna muito complicado escapar[9].

O autor estado-unidense Charles Murray[10] resumiu os efeitos perversos dos programas estatais de protecção (ou assistência) social em três leis: a da selecção imperfeita, toda a medida de transferência de rendimento excluirá absurdamente alguns dos potenciais beneficiários; a dos incentivos não intencionados, toda a transferência de rendimento aumenta o valor social de se encontrar na condição que dá direito a receber esse rendimento; e a do dano líquido, quanto mais difícil for alterar uma situação indesejável, mais provável será que o programa estatal cause prejuízos líquidos ao conjunto da sociedade. Importa aqui salientar que as obras de Charles Murray tal qual as de outros autores, como James Bartholomew[11], visam ilustrar empiricamente os desastrosos efeitos não intencionados da expansão do Estado de Bem-estar sobre a sociedade estado-unidense e inglesa: consolidação da pobreza, desescolarização e fracasso escolar e mesmo aumento da criminalidade.

Efeitos nocivos da assistência social estatizada que, todavia, não se limitam à corrupção dos receptores da ajuda, acabando por corromper também os potenciais doadores. Como bem sabemos, e Rallo nos recorda, para que uma pessoa decida doar parte do seu dinheiro à filantropia é necessário que detecte uma carência social que requeira ajuda. Mas quando a sociedade considera que certas necessidades já estão cobertas pelo

---

[9] RALLO, *ibidem*, p. 332.

[10] MURRAY, Charles, *Losing Ground. American Social Policy, 1950-1980*, [*s.l.*], Basic Books, 1983.

[11] BARTHOLOMEW, James, *The Welfare State We are In*, [*s.l.*], Politico's Publishing, 2004.

Estado (saúde ou educação) ou que é a ele que cabe cobri-las, então simplesmente deixa de doar para tais fins[12].

Compreende-se assim que a redução drástica das contribuições privadas caminhe a par da participação maciça do Estado na assistência social. Um intervencionismo que levou à destruição das redes de assistência mútua que, de forma natural e voluntária, emergiam na sociedade: por um lado, fomentando comportamentos perversos entre os receptores da ajuda – hipertrofia da procura, ausência de contrapartidas e controlos, e manutenção da situação de subsidiado – e, por outro, desincentivando os doadores de participarem activamente na ajuda ao próximo merecedor de ajuda[13].

Mesmo assim, o Estado não conseguiu, até agora, destruir por completo a assistência social privada e social, sobretudo nos países onde, ainda que sendo ampla, a assistência estatal não é absoluta. Entre nós, importa destacar o anúncio recente do lançamento de um Curso (Janeiro–Novembro de 2017) de «Formação de Voluntários em Saúde», por iniciativa da Faculdade de Teologia (Braga, Lisboa e Porto) da Universidade Católica Portuguesa, promovendo uma adaptação do voluntariado aos novos tempos, evitando, no âmbito do serviço social, a dicotomia voluntariado *versus* profissionalização. Trata-se de uma valorização do voluntariado como verdadeiro serviço aos outros, que, entre nós, além de um traço característico da herança cristã, está presente nas mais genuínas práticas dos ideais maçónicos[14].

---

[12] Para mais completo esclarecimento, incluindo evidência empírica sobre tais efeitos perversos, veja-se RALLO, Juan Ramón, *Una revolución liberal para España*, Barcelona, Ed. Deusto, 2014, p. 334.

[13] *Ibidem*, pp. 334-335.

[14] Nesta linha, conto com um bisavô materno, Manoel Duarte Ferreira, juiz, republicano e maçónico, que, além de fundador da Associação Restauradora Paz e União (instalada em 1 de Janeiro de 1988), muito se empenhou no

Os EUA surgem como um caso ilustrativo de um país que, desde o século XIX, sofreu um aumento continuado do tamanho do Estado, sem que, todavia, o modelo europeu de Estado de Bem-estar se tenha conseguido impor por completo. É verdade que é o país do mundo que mais doa para a assistência social privada (cerca de dois por cento do PIB), mas não se crê que tais doações sejam motivadas pela poupança de impostos. Embora os doadores contem com deduções fiscais, este benefício é bastante modesto (cerca de vinte e cinco por cento). Acresce que os EUA primam também pela generosidade não apenas no dinheiro que doam, mas também no tempo livre de voluntariado que dedicam aos outros[15]. Este é um traço de humanidade que felizmente é comum a grande número de países, independentemente do nível económico, religião ou etnia dominante, apesar do desincentivo gerado pela hipertrofia estatal; uma constante da natureza humana que se tende a manifestar quando se detectam necessidades de outrem e não se prevê que venha alguém resolver a situação.

Acresce que o Estado paternalista não só não liberta as pessoas como as perpetua nessa situação, à custa da liberdade e da propriedade de todos os outros. A erradicação das sociedades de ajuda mútua e o desincentivo à filantropia privada acabaram por destruir as redes voluntárias de assistência que reforçavam os nexos sociais e convertiam o indivíduo em soberano do seu próprio bem-estar.

Chegados aqui, estamos mais uma vez com Rallo[16] quando defende que o descontentamento dos cidadãos com os serviços

---

apoio a inúmeras associações de ajuda proletária e industrial: da Associação de Socorros Mútuos «União e Auxílio» à Associação Protectora dos Industriaes do Porto.

[15] Para mais completa fundamentação, Rallo, Juan Ramón, *Una revolución liberal para España*, Barcelona, Ed. Deusto, 2014, pp. 335-336.

[16] Rallo, *ibidem*, p. 337.

estatais (incorrectamente atribuído a cortes derivados da crise, quando, apesar disso, o gasto público permanece em níveis próximos dos máximos históricos) deriva justamente da incapacidade do Estado para administrar as vidas dos cidadãos e da inabilidade destes para reorganizar de forma flexível, voluntária e adequada a assistência social que recebem. Resta a única maneira de que dispõe hoje uma pessoa para alterar os serviços sociais que, de forma coactiva e monopolista, o Estado proporciona: chegar ao Governo para tentar modificar a provisão desses serviços para o conjunto da cidadania. Dito de outro modo, a oferta de serviços administrados pelo Estado só pode ajustar-se à minha procura impondo as minhas preferências ao resto das pessoas. Pode parecer paradoxal, mas talvez se tenha de admitir que quem melhor expressou este grande problema de fundo do Estado de Bem-estar foi William Beveridge, um dos seus pais intelectuais. Num Estado totalitário ou num campo em que o Estado tenha conseguido um monopólio, aqueles que estão insatisfeitos e querem modificar o quadro institucional vigente só podem fazê-lo conquistando o poder de governar, afirma. E acrescenta que numa sociedade livre há uma alternativa: os indivíduos insatisfeitos e com ideias inovadoras podem criar novas instituições que satisfaçam as suas necessidades. Os mais diversos aspectos da vida social estão abertos à experimentação, ao êxito ou ao fracasso; a ruptura é a parteira da inovação[17].

4. O papel do Estado

Quiçá uma verdadeira abordagem da problemática da protecção social careça de uma antropologia realista sobre a

---

[17] BEVERIDGE, William, *Voluntary Action*, Londres, G. Allen e Unwin, 1948.

natureza humana, como a que foi expressa por Adam Smith logo no início da sua *Teoria dos Sentimentos Morais*: «Por mais egoísta que se possa supor o homem, existem evidentemente na sua natureza alguns princípios que o levam a interessar-se pela sorte dos outros e fazem que a sua felicidade lhe seja grata, ainda que não obtenha dela mais do que o prazer de a contemplar.»[18] O autor enfatiza uma moral de simpatia revelada na emoção e sentimentos de pena ante a desgraça e o infortúnio dos seus concidadãos. Trata-se de um realismo ético que incita os indivíduos a interessarem-se por viver em sociedades dotadas de instituições adequadas para ajudar todos os que, de forma transitória ou estrutural, caiam numa situação de necessidade. Daí que a motivação para que a assistência social esteja assegurada se assemelhe à preocupação com a provisão de alimentos, de electricidade ou de saúde. No fundo, reconforta-nos dar conta de que o nosso próximo não vai morrer de fome nem ter uma vida desgraçada por circunstâncias alheias ao seu controlo (e parcialmente dentro do nosso). Mais: tranquiliza-nos saber que as outras pessoas tão-pouco permitirão que isso nos suceda. Entendendo-se, por isso, que a ajuda social será um serviço esperado numa sociedade decente.

Questão distinta, como também frisa Rallo[19], é a de saber se esse apoio social deve ser gerido pelo Estado através da redistribuição coactiva do rendimento, sobretudo quando se está a tornar habitual considerar que num mercado livre não há redistribuição de rendimento, sendo tal competência de um monopólio estatal. Omite-se, entretanto, que nesse «mercado» a ajuda aos outros assenta em redistribuições voluntárias (não

---

[18] Smith, Adam, *The Theory of Moral Sentiments*, Indianápolis, Liberty Press, 1982, p. 9.

[19] Rallo, Juan Ramón, *Una revolución liberal para España*, Barcelona, Ed. Deusto, 2014, pp. 316-318.

coercivas) do rendimento[20], totalmente lícitas e frequentes. Vale a pena aqui lembrar uma advertência de Roberto Campos:

> «Nenhuma forma de organização económica elimina as carências e a pobreza. O socialismo reduziu o tamanho do bolo, a pretexto de distribuí-lo melhor. Por outro lado, não faz parte do ideário liberal achar que o mercado tornou supérfluo o altruísmo, e esgota as nossas responsabilidades humanas de solidariedade. Não conheço um liberal que pense assim. Apenas os liberais suspeitam do Estado-babá, porque a burocracia é capaz de estragar tudo. Até mesmo a filantropia...»[21]

Regressemos então à nossa pergunta: que papel deve jogar o Estado nesta rubrica especial no que respeita às situações de pobreza? Bertrand de Jouvenel[22] conta-se entre os que cedo (década de 1950) denunciaram o hábito moderno de chamar «justo» a tudo o que seja emocionalmente desejável, dizendo-nos que a mitigação da pobreza é uma obrigação social inquestionável, que a destruição da boa vizinhança, das aristocracias responsáveis e da riqueza da Igreja passou a atribuir ao Estado por falta de outro agente. Jouvenel *não* deixa de questionar se o redistributivismo é a melhor forma de lidar com o problema, principalmente quando se confunde a luta contra a pobreza com igualitarismo, esquecendo-se que uma sociedade decente se baseia em verdadeiros deveres, não em falsos direitos. Este caminho levou à identificação do Estado de Bem-estar com a multiplicação de direitos criadores de insatisfação

---

[20] Veja-se Moreira, José Manuel, *Compreender para Mudar o Estado a que Chegámos*, Lisboa, Bnomics, 2017, pp. 113-115.

[21] Campos, Roberto, «Não é por aí...», *Folha de São Paulo* de 27 de Julho de 1997.

[22] Jouvenel, Bertrand de, *A Ética da Redistribuição*, Porto Alegre, Ortiz, 1996, pp. 42-44.

e indignação, especialmente entre os jovens, fomentando uma situação paradoxal: gente, ao mesmo tempo, ingrata com o que recebe (já que tudo lhe é devido) e ressentida (quando não recebe tudo o mais a que sente ter direito). Quanto ao mais, o politicamente correcto faz o resto: estimular nos mais jovens a agressividade como forma de exercer os seus direitos «inalienáveis».

Com vista a mais educação para a liberdade e responsabilidade, importaria aqui distinguir a solidariedade como virtude ou como sentimento – que conduz à postulação de um bem-estar em que a solidariedade se organiza burocraticamente à custa do orçamento do Estado, favorecendo então todo o tipo de abusos e práticas de corrupção – da virtude da solidariedade, que, pelo contrário, conduz à generosa realização de acções concretas de ajuda, com sacrifício pessoal, que enobrecem a história da humanidade[23].

Em Portugal, o apagamento do papel histórico das Misericórdias e Associações de Socorros Mútuos é bem revelador de quanto a solidariedade burocrática pode minar as virtudes humanas. Daí que o processo de instrumentalização política das IPSS caminhe, a par da hostilização às pessoas e instituições (como será o caso de Isabel Jonet e do Banco Alimentar) que resistem a ser usadas pelo «Estado dos Partidos», para o reforço de uma tutela estatal (omnisciente e benevolente) que continua a pressupor a incapacidade das pessoas para exercerem a sua liberdade e se bastarem a si mesmas. Tratar-se-á de um «Estado-papá» que gera filhos imaturos e irresponsáveis com a bênção de uma «nomenclatura» que arrastou a Europa para um estado de crise e de catástrofe

---

[23] TERMES, Rafael, *Antropología del Capitalismo*, Barcelona, Plaza e Janes, 1992, pp. 209-210.

demográfica. Eis o que, para Dalmacio Negro[24], é em grande medida um efeito da antipolítica do Estado de Bem-estar e do Minotauro: pura administração de regras que denomina como subideologia da governança[25] – uma perversidade que nos deve fazer acordar para os perigos da identificação do bem comum com o bem governamental[26] e para as consequências de uma sociedade tutelada pelos controladores da máquina do Estado. Tornando urgente despertar, regenerar e vertebrar a sociedade civil[27].

5. Para uma verdadeira educação para a cidadania

Stefano Zamagni considera que estes desafios obrigam, no plano da educação, à revalorização do adjectivo «civil» como indicador do que é próprio do mundo da *civitas*: o correcto, o cortês, o educado, o amável, o atento; sem nunca se perder de vista a identificação do civil com o bem comum, evitando cair na tentação de identificar o interesse comum (ou público) com o estatal (ou governamental).

Esta é uma precaução que não parece estar presente em muitos dos que entre nós defendem a incorporação de programas para uma verdadeira educação cívica no sistema educativo. É sempre de louvar o empenho de quem promove

---

[24] NEGRO, Dalmacio, *Historia de las Formas del Estado. Una Introducción*, Madrid, El Buey Mudo, 2010, pp. 413-414.

[25] MOREIRA, José Manuel, «Governança e Governação. União Europeia, Liderança e Democracia», Revista *Nova Cidadania*, 53, pp. 43-49,Verão de 2014.

[26] MOREIRA, José Manuel, Ética, Economia e Política, Porto, Lello Editores, 1996, pp. 247-288.

[27] MOREIRA, José Manuel, *A Contas com a Ética Empresarial*, Cascais, Principia, 1999 [reeditada em 2008], pp. 120-124.

uma educação para a urbanidade (ou para a cidadania) e a necessidade de educar para as formas, virtudes e valores próprios do que os Romanos chamavam *civitas*. Importa, contudo, como faz Agustín Moratalla a propósito de Zamagni[28], recordar que esta pretensão, hoje certamente tida como conservadora ou mesmo (pequeno-)burguesa, não deve ser identificada com o universo da política e da *pólis*, antes com o mundo da sociedade civil num sentido mais pleno, vivo e intenso. Tal significa valorizar a dimensão dialógica, reflexiva e constitucional e acentuar uma atitude crítica relativamente a uma dimensão meramente partidária, administrativo-burocrática e lutadora da actividade política.

Este é um desafio com sucesso difícil num tempo dado à legitimação política e à exaltação mediática do cosmopolitismo incívico, que, ao contrário das formas reflexivas e não violentas de cosmopolitismo, tende a depreciar a forma e a desprezar as dinâmicas institucionais, legitimando facilmente o uso de métodos agressivos, violentos e de destruição. A ocupação selvagem das ruas com destruição de mobiliário urbano e o abuso de vestuário destinado a ocultar a identidade ou, pelo menos, a diluir a responsabilidade, a par dos constantes apelos a manifestações violentas para eliminar adversários ou afirmar causas, estão a tornar-se práticas habituais do novo activismo político. Trata-se de um activismo incívico que, muitas vezes, chega a enaltecer a violência como forma de defender direitos humanos, orgulhando-se do seu uso manipulado, assente num populismo que junta a má retórica à má política.

Estas são tendências geradoras de um clima de intolerância e de arrogância por parte de quem se julga legitimado para uma instrumentalização sectária, partidária e populista dos

[28] Veja-se http://entreparentesis.org/desafio-educativo-del-cosmopolitismo-incivico/.

direitos humanos, a qual se vai tornando traço característico do discurso político. Basta ver como, em muitas das causas ditas fracturantes, se apela ao horizonte moral e universalista para ganhar legitimidade, sem cuidar de um mínimo sentido cívico, da boa educação ou de bons modos, em suma, da urbanidade. Esta atitude estendeu-se às universidades criando um clima propício a que os alunos descubram que, afinal, não importam os meios para chegarem a líderes políticos e/ou conseguirem um bom vencimento nas administrações públicas. Trata-se, por vezes, de pessoas que conseguem apoio mediático graças a um jornalismo movido pelos mesmos valores e causas. É verdade que assaltar uma igreja, impedir violentamente um congresso ou boicotar uma conferência, mesmo no âmbito académico, sem falar na destruição de bens comuns ou no uso cínico de instituições, continuam a ser consideradas actividades impróprias de uma verdadeira cidadania social e de cosmopolitismo cívico. Mas temos também de reconhecer a tolerância crescente para com estes comportamentos, tornados populares e queridos pelos poderes que dominam agendas mediáticas, ajudando à isenção de responsabilidade dos promotores de condutas «incívicas».

No domínio dos organismos do Estado não faltam casos preocupantes: do polémico «negócio» do sangue (*versus* dádiva voluntária) à retirada legal de filhos a progenitores para adopção forçada por instituições que vivem desse acolhimento decidido pela burocracia estatal – decisões que levam o cidadão comum a admitir que, num mundo pretensamente social, tudo se pode comercializar. Uma comercialização de valores que Bertrand de Jouvenel, segundo Dalmacio Negro glosando uma sábia advertência de François Perroux[29] de que o

---

[29] Referido em NEGRO, Dalmacio, *Historia de las Formas del Estado. Una Introducción*, Madrid, El Buey Mudo, 2010, p. 340.

capitalismo necessitava de um ambiente sem espírito de lucro, vê como um paradoxo, resultante da forma como as políticas socialistas (procuradas por cada vez mais partidos) conduziram a que os serviços sem ânimo de lucro estejam em vias de desaparecer e se convertam em profissões: os serviços passaram a ser realizados a troco de uma compensação monetária e de um modo cada vez mais subordinado a lógicas sindicais e partidárias[30], dando assim razão acrescida à importância do chamado terceiro sector independente para a revitalização da sociedade.

> «Pode acontecer que a recuperação de um terceiro e menos familiar pluralismo – o social manifestado nas instituições do sector independente – seja essencial para a sobrevivência dos outros dois (o político e o económico), tanto mais que os trabalhadores dependentes terão grande dificuldade em construir e manter sociedades livres, e daí que a História tenha repentinamente posto em relevo a definição do papel da escolaridade para a liberdade.»[31]

Esta perspectiva está na linha da ligação histórica que Hayek estabeleceu entre os valores materiais e os não materiais[32]. Daí a urgência em redescobrir novas e criativas formas de reinvenção de uma verdadeira sociedade civil assente em mais bem-estar com menos política, de modo que inverta um processo de desmoralização da sociedade que tem vindo a encorajar

---

[30] Sobre a temática da «comercialização de valores», ver JOUVENEL, Bertrand de, Ética da *Redistribuição*, Porto Alegre, Ortiz, 1996, pp. 91-93.

[31] CORNUELLE, Richard, «The Power and Poverty of the Libertarian Thought», *Critical Review*, vol. 6, 1, p. 10, 1992.

[32] HAYEK, F. A., *The Constitution of Liberty*, Londres, Routledge e Kegan, 1960, p. 300.

uma perigosa substituição do moral pelo social, feita quase sempre em nome da justiça social[33].

Um processo de «identificação» do ético com o social que acabou por perverter o verdadeiro sentido da responsabilidade das organizações ditas sociais. Uma boa ilustração das consequências (não intencionadas) desta confusão está na forma como os bairros ditos sociais se transformaram em alforges de crime e violência, impedindo quem lá nasce de poder crescer para uma vida digna e cívica. Quiçá a resposta passe por um novo e desafiante olhar para os fins e os meios para responsabilizar as instituições ditas sociais.

Um novo olhar que nos obriga a regressar às virtudes da solidariedade voluntária (*versus* coactiva), à reinvenção da sociedade civil e à redescoberta de vias para um «bem-estar sem política»[34]. Caminhos de reabilitação do princípio da subsidiariedade, aptos a mostrar-nos como as verdadeiras instituições «intermédias», entre o comercial e o governamental, tornam os direitos sociais inseparáveis das virtudes sociais, valorizando a importância do vigor das virtudes cívicas para a sobrevivência de uma sociedade livre.[35] Carecemos de uma educação capaz de desafiar o cosmopolitismo incívico e de ajudar a que mais pessoas possam ver que, no futuro, a saúde, como a educação, as pensões e assistência social vão ter de evoluir de um direito para um dever[36]. Dar-se-ia então razão a um aviso de

---

[33] Moreira, José Manuel, *A Contas com a Ética Empresarial*, Cascais, Principia, 1999, pp. 152-153.

[34] Green, David G., *Reinventing Civil Society: The Rediscovery of Welfare Without Politics*, Londres, Institute of Economic Affairs, 1993.

[35] Moreira, José Manuel, Ética, Democracia e Estado. Para uma nova cultura da Administração Pública, Cascais, Principia, 2002, pp. 21-27.

[36] Veja-se, a este propósito, «Como curar o nosso sistema de saúde: realidade e utopia» *in:* Moreira, José Manuel, *A Contas com a Ética Empresarial*. Cascais, Principia, 1999, pp. 161-180.

Erhard, pai da economia social de mercado, sobre a ilusão do futuro garantido pelo Estado[37], e a um sábio ditado indiano: «o Ganges dos direitos tem a sua origem nos Himalaias dos deveres».

6. Conclusão

Os desideratos acima expressos dificilmente poderão ser bem-sucedidos se não formos capazes de nos libertar do mito contratualista em que assenta a teoria do Estado de Direito. Mito que nos leva a considerar a sociabilidade humana e a politicidade não algo naturalmente humano, como defende Suárez em linha com os pensadores da Escola de Salamanca[38], mas uma conquista para cuja defesa e protecção é indispensável o poder do Estado. Legitimando-se desta forma a superioridade do direito e da moral públicos como expressão da virtude pública – a verdadeira virtude por ser racional ao modo platónico, não aristotélico em que as virtudes são hábitos. Com o que se fortalece a ideia de que, no que respeita às liberdades, o homem não é natural ou ontologicamente livre, antes recebe as liberdades do Estado sob a forma de direitos. Supostamente na base de um contrato que, graças a uma segurança estatal que suprime ou orienta as paixões, tende a eliminar o azar, o caos, ao mesmo tempo que faz cessar a conflitualidade, a guerra de todos contra todos, própria do imaginário estado da natureza, transformando o homem num ser político. Resultado: a segurança passa a ser um pressuposto da liberdade, um bem

---

[37] *Idem, ibidem*, pp. 128-130.

[38] Para mais desenvolvimentos, Alves, André Azevedo e Moreira, José Manuel, *The Salamanca School*, Nova Iorque, Bloomsbury, 2013.

reconhecido e protegido pelo Estado, em vez de um pressuposto ontológico[39].

Uma perversidade que ajuda a explicar a facilidade com que o cidadão foi conduzido a reduzir o político ao momento das eleições, deixando a política às oligarquias que gerem os interesses que dominam a máquina do Estado dos partidos políticos. E tudo a coberto de um enganador pluralismo das estruturas burocratizadas que se arrogam a responsabilidade e os deveres inerentes à liberdade, pervertendo a velha concepção da política como serviço à liberdade para a busca do bem comum[40].

Será assim tão difícil perceber que o redistributivismo político, de que dependem as organizações ditas sociais, tende a minar o sentido da responsabilidade pessoal, ao mesmo tempo que leva a desprivilegiar a família a favor do Estado e à diminuição da esfera de serviços voluntários em que as pessoas se comprometem nas relações de convivência sem expectativa de pagamento? Será que ainda estamos em condições de recuperar das doenças que continuam a corroer a cultura de civilidade que sustenta a vida civilizada?[41] Será que vamos a tempo de ver quanto a condescendência para com as diversas formas de hedonismo político é anti-social, por ser propensa à corrupção da sociedade civil por parte do Estado e a uma perigosa deformação de ambos?

---

[39] NEGRO, Dalmacio, *Historia de las Formas del Estado. Una Introducción*, Madrid, El Buey Mudo, 2010, p. 264.

[40] *Idem, ibidem*, p. 376.

[41] MOREIRA, José Manuel, *A Contas com a Ética Empresarial*, Cascais, Principia, 1999, pp. 132-133.

Leituras recomendadas

ADAMS, Paul, «Ethics with Character: Virtues and the Ethical Social Worker», *The Journal of Sociology of Social Welfare*, vol. 36, 3, pp. 83-105, Setembro de 2009.

BARTHOLOMEW, James, *The Welfare State We are In*, [*s. l.*], Politico's Publishing, 2004.

BETRÁN, Raúl Susín, *La regulación de la pobreza. El tratamiento jurídico-político de la pobreza: Los ingresos mínimos de inserción*, Logronho, Universidad de la Rioja, 2000.

BROTEN, Nicholas, *From Sickness to Death: The Financial Viability of the English Friendly Societies and Coming of the Old Age Pensions Act, 1875-1908*, Working Papers do Departamento de História da London School of Economics, 2010.

DAWSON, William Harbutt, *Social Insurance in Germany, 1883-1911*, [*s. l.*], Charles Scribner's Sons, 1912.

DWYER, Peter, *Understanding Social Citizenship: Themes and perspectives for policy and practice*, Bristol, Policy Press, 2004.

GREEN, David G., *Reinventing Civil Society: The Rediscovery of Welfare Without Politics*, Londres, Institute of Economic Affairs, 1993.

JOUVENEL, Bertrand de, *A Ética da Redistribuição*, Porto Alegre, Ortiz, 1996.

LE GRAND, Julian; PROPPER, Carol e SMITH, Sarah, *The Economics of Social Problems*, Basingstoke, Palgrave Macmillan, 2008.

MOREIRA, José Manuel, *Ética, Economia e Política*, Porto, Lello e Irmão, 1996.

MOREIRA, José Manuel, *Ética, Democracia e Estado. Para uma nova cultura da Administração Pública*, Cascais, Principia, 2002.

MOREIRA, José Manuel, *Compreender para Mudar o Estado a que chegámos*, Lisboa, Bnomics, 2017.

MORGAN, Patricia, *The War Between the State and the Family – How Government Divides and Impoverishes*, Londres, Institute of Economic Affairs, 2007.

NEGRO, Dalmacio, *Historia de las Formas del Estado. Una Introducción*, Madrid, El Buey Mudo, 2010.

NIEMIETZ, K., *A New Understanding of Poverty – Poverty Measurement and Policy Implications*, Londres, Institute of Economic Affairs, 2010.

PAYNE, Malcolm, *Modern Social Work Theory*, Londres, Palgrave Macmillan, 2014.

POLSKY, Andrew J., *The Rise of the Therapeutic State*, Princeton, Princeton University Press, 1993.

SHAPIRO, Daniel, *Is the Welfare State Justified?* Cambridge, Cambridge University Press, 2007.

Poder, direito e gestão ética da protecção social

Maria da Glória Garcia
Católica Research Center for the Future of the Law
da Universidade Católica Portuguesa

1. «Não me tires o que não me podes dar!»

Longe na história da civilização ocidental, na Antiguidade Clássica, Diógenes, pensador grego com hábitos de vida singulares, foi protagonista de um episódio que aqui recordo.

Vivendo na rua como um sem-abrigo, Diógenes foi, num dia de sol, abordado pelo imperador Alexandre, que passeava na rua com o seu séquito. De pé, Alexandre perguntou a Diógenes, deitado no chão, se dele queria alguma coisa, o que levava implícito o poder imenso que reconhecidamente possuía. A resposta de Diógenes foi rápida, e apanhou todos de surpresa: «Não me tires o que não podes dar-me!» Diógenes pedia simplesmente a Alexandre que se desviasse um pouco do lugar onde estava, já que a figura do imperador, de pé e parado, na sua frente, o pusera na sombra, impedindo-o de gozar do sol.

O episódio relatado permite múltiplas e diferentes análises, mas este não é o espaço nem o tempo para as desenvolver.

Lembrá-lo tem o sentido de chamar a atenção para a singularidade da pessoa – contra o expectável, Diógenes foi insensível à oferta do imperador –, a respeitar na sua dignidade inerente, bem como para a natureza indisponível de certos bens, mesmo para quem detém o poder absoluto... Mas, fundamentalmente, lembrá-lo põe a nu o enigma do ser, especialmente na sua relação com o outro, dá conta do mistério em que as relações intersubjectivas estão submersas, a exigir um esforço permanente de descoberta, no qual esta reflexão procura integrar-se.

Mergulhando nas profundezas das relações intersubjectivas, em busca daquele sentido que encaminha cada pessoa para a acção «pelo outro» (Lévinas, 2007) e permite a modelação do que seja a justiça social e a consequente responsabilidade pelos outros, em defesa do «nós», breve se adquire a certeza de que, por muito que se invista nessa busca de sentido, o mistério das relações intersubjectivas não se deixa revelar por completo. Fica sempre algo por descobrir. A certeza do mistério decorre da própria natureza do «ser pessoa» e do facto de a procura de sentido para o «pensar o outro» e para o «adequar o agir a esse pensar» não se poder dissociar da «pessoa», já que são formas específicas de esta se expressar.

Interrogar sobre o «como», o «porquê» e o «para quê» de estar com os outros, nas diferenças e coincidências que caracterizam cada pessoa, pertence, pois, ao ser pessoa e é a manifestação de uma realidade fundante: a sua dignidade. Acresce que a dimensão da pesquisa de sentido resulta de a pessoa se apresentar como «o que há de mais perfeito na natureza», na expressão modelar de Tomás de Aquino. E, sendo a pessoa o que de mais perfeito existe na natureza, não se satisfaz com as respostas que vão sendo dadas, levantando sempre novas interrogações.

Não admira que o questionamento referido acompanhe a história da humanidade, sendo que, nesse questionamento, se encontra o fundamento da ética: mais do que a explicação do que acontece na relação intersubjectiva, preocupação da ciência, mais do que impor condutas por intermédio do poder, mais do que criar expectativas recíprocas de comportamento, através do direito, a ética procura compreender o que deve ser o comportamento na relação intersubjectiva. Dentro dessa compreensão, que caracteriza a ética, ganha forma o como cuidar do outro, a ética da protecção social.

2. Da dignidade da pessoa ao cuidar do outro

Ilustrando o que se afirma, torno presente o magnífico texto *Antígona*, escrito por Sófocles há vinte e cinco séculos, perante o qual ninguém fica indiferente.

Como foi possível à jovem e frágil Antígona fazer frente ao poder imenso do rei Creonte? De que força se sentiu impelida para assim agir?

Creonte, rei de Tebas, que assumira o poder após luta renhida, determinara que o irmão de Antígona, que lutara contra ele e falecera nessa luta, iria ficar sem sepultura, à mercê dos cães e das aves de rapina. Pretendia mostrar a todos a ignomínia de quem lhe disputara o poder e, ao mesmo tempo, dissuadir outros de o fazer. Contra esta ordem se rebelou Antígona, invocando normas não escritas, superiores às de Creonte, que determinam que todos os seres humanos merecem sepultura. Antígona fez a escolha impensável em razão da sua fragilidade: sepultou o irmão segundo os ritos sagrados. Tão-somente porque entendeu que a dignidade deste o exigia.

A história de Antígona, a jovem que não tem medo do poder do rei, segura do que defende e que lhe impõe opções difíceis, tem sido glosada ao longo dos séculos no âmbito do que deve entender-se por «conduta ética, de acordo com princípios e valores», sobretudo a «ética do cuidar do outro», e tem sugerido teorias sobre o fundamento do poder político e o modo de o conter, desde logo teorias a respeito da dignidade da pessoa e do direito que a protege e garante, através de princípios e normas.

Num outro quadrante, não literário, mas de verdade histórica, passo a recordar o aparecimento em Portugal das Misericórdias.

Mulher de D. João II e irmã de D. Manuel, D. Leonor apercebeu-se dos gravíssimos problemas sociais que na época se viviam, desde logo em relação aos condenados, em tribunal, a penas graves, concretamente a pena de morte e a prisão. Como, após a condenação, o cumprimento da pena não estava sujeito ao Direito, a sentença de morte não implicava o encargo da cerimónia fúnebre, e a de condenação à pena de prisão não impunha «deveres mínimos de cuidado», particularmente quanto à subsistência dos presos. E D. Leonor compreendeu também que na sociedade germinava o desejo de agir, movido pelo «serviço aos outros».

A Irmandade de Invocação a Nossa Senhora da Misericórdia, fundada em Lisboa, em 1498, por D. Leonor, que permitiu o aparecimento de outras Misericórdias em outros locais de Portugal, rege-se por um Compromisso, confirmado pelo Papa Alexandre VI, estabelecendo catorze obras de misericórdia a praticar pelos irmãos, sete espirituais e sete corporais. Acarinhadas pelo poder régio, as Misericórdias nascem como resposta da hoje designada «sociedade civil» a problemas sociais. O aumento da pobreza, especialmente da «pobreza envergonhada», a miséria em que viviam os presos, o abandono a que eram deixados os enfermos atraíram a atenção da sociedade portuguesa, cuja religiosidade, de fundo cristão, foi convocada para a acção. Através das Misericórdias, o poder régio foi ao encontro do apelo da Igreja, permitiu actividades conducentes a uma maior justiça na sociedade e libertou-se das tensões decorrentes de um mal-estar social a que não conseguia corresponder.

Dar de comer a quem tem fome, dar de beber a quem tem sede, vestir os nus, dar pousada aos peregrinos, visitar os enfermos, visitar os presos e sepultar os mortos, correspondem às sete obras corporais, a que acrescem as sete espirituais: dar bons conselhos a quem pede, ensinar os ignorantes, corrigir os que erram, consolar os que estão tristes, perdoar as injúrias, suportar com paciência as fraquezas do próximo e rogar a Deus pelos vivos e pelos mortos. Em suma, as obras de misericórdia cobrem um amplíssimo leque de protecção social que vai da mais variada assistência social à educação, passando pela saúde.

Apoiada pela Igreja e com adesão da sociedade, quer por meio do desenvolvimento de actividades concretas de assistência, quer de beneméritos cujas heranças e legados ampliaram o seu património ao longo dos tempos, as Misericórdias, hoje com mais de cinco séculos de existência, foram acumulando experiência e consolidando culturalmente a sua acção. A história das Misericórdias é feita de pessoas e do seu empenho e dedicação em estabelecimentos de acolhimento de crianças, jovens e adultos, de pessoas que diversificam a sua acção de acordo com programas abrangentes de apoio à saúde, à educação, à cultura, ao desporto, aos jogos sociais. Ao amparo das viúvas e órfãos, ajuda aos enfermos, assistência aos inválidos, enterro dos indigentes, acresceram inúmeras outras tarefas, como o apoio aos sem-abrigo, aos portadores de VIH/SIDA, aos toxicodependentes, mas também o apoio aos desempregados, aos imigrantes, aos excluídos da sociedade e, ainda, no domínio dos cuidados de saúde continuados, o apoio domiciliário aos doentes, aos mais velhos, aos que sofrem de solidão.

Trazer, no contexto desta reflexão, o exemplo das Misericórdias, tem o sentido de evidenciar que ao seu nascimento como instituição jurídico-política presidiu um grito ético – «é necessário acudir a quem precisa de protecção» –, ouvido por quem tinha poder de dar corpo a esse grito.

Embora a pessoa seja única em dignidade, tal não significa que as comparações sejam eliminadas. Pelo contrário. A igual dignidade das pessoas exige-as. E destas comparações pode nascer, no quadro daquele «entre nós» que identifica cada comunidade, um desconforto gerador do dever de resposta porque há comparações que «agridem». Agir, assumindo a responsabilidade pelo outro, impõe-se, tal como se impõe o reconhecimento jurídico-público dessa acção, para que a confiança possa fluir socialmente.

Não se trata agora, como na *Antígona*, de afrontar o poder absoluto e lembrar a existência de limites ao seu exercício, fundados em princípios e normas superiores e na dignidade da pessoa. Trata-se de, perante reconhecidas indignidades, entendidas como injustiças sociais, e a ausência de quem institucionalmente alivie o sofrimento humano daí decorrente, colmatar a lacuna, em nome de uma ética de respeito pela dignidade humana, de base cristã. As Misericórdias não reivindicam o poder instituído nem lutam contra ele. São uma resposta de fraternidade, porque todos somos filhos de Deus e, por isso, o outro é nosso irmão. Uma fraternidade que assume sentido especial na compreensão funda da caridade.

Portadora de uma força aglutinadora entre os homens – «o que quiserdes que os outros vos façam, fazei-lho vós também» (Lc, 6,31) –, a caridade recusa o egoísmo e desenvolve-se em planos de interdependência entre pessoas, implicando que ninguém se alheie do que acontece aos outros: as alegrias e as tristezas são vividas de forma comum. A caridade obriga cada pessoa a estar atenta ao infortúnio dos outros, às desigualdades que afectam a dignidade, convocando para a acção capaz de resolver os problemas, ao mesmo tempo que, em paralelo, vai modelando uma sabedoria feita do conhecimento da pessoa e uma ética da protecção social.

Com o evoluir dos tempos, particularmente com os autores do Iluminismo, e, mais intensamente, com a laicização da sociedade, a dignidade humana torna-se força reivindicativa, baluarte de transformações políticas fundamentais, ligada a uma realidade social nascente, o «cidadão», expressão da pertença de cada pessoa à comunidade política, nascida através de um pacto entre todos («contrato social»), que origina o poder nela vigente. Por seu turno, e pelas mesmas razões, a caridade e a fraternidade que lhe subjaz vão-se consolidando numa realidade nova: a «solidariedade». Vertida em normas jurídicas, que a todos vinculam, a solidariedade entre os cidadãos vai-se tornando na argamassa de construção da justiça social. E as normas jurídicas, impondo condutas de natureza intersubjectiva consideradas justas, não só se tornam expressão do reconhecimento da autonomia de cada um, em liberdade, como criam expectativas recíprocas de comportamentos, incutindo confiança e paz à vida em sociedade.

3. Da ética da protecção ao Estado de Direito

Tudo conflui nas revoluções liberais. Preparadas por um ambiente cultural favorável à compreensão do poder político a partir das bases populares, as revoluções liberais, iniciadas com a Revolução Gloriosa, no século XVII, e que continuaram nos séculos XVIII e XIX, procuraram criar travões ao poder absoluto dos reis. O objectivo residia em obrigar a máquina do poder e da ordem a respeitar limites decorrentes do reconhecimento de direitos das pessoas, porque, como os autores do Iluminismo elucidaram, as pessoas nascem livres e iguais em direitos e, por meio de um contrato, são elas quem dá origem ao poder na sociedade.

Em causa está uma compreensão nova da sociedade política. Em causa está a construção do poder político a partir dos cidadãos. Em causa está a certeza de que o poder político não pode viver dissociado da justiça, uma noção que emerge dos direitos das pessoas e do modo como, nas relações intersubjectivas, estas se devem comportar, uma noção que ganha corpo em normas jurídicas, vertidas numa Constituição. Direito e poder político são obrigados a conviver harmonicamente, em democracia.

Numa sociedade política, esta convivência passou a designar-se Estado de Direito. A convivência harmónica entre direito e poder é fruto do aprofundamento da compreensão da dignidade da pessoa e dos direitos que dela emergem, reconhecidos num diploma fundamental, a Constituição e, por isso, designados «direitos fundamentais». Aberta culturalmente a sempre novos conteúdos, a dignidade humana tem vindo a dar origem a sucessivas gerações de direitos fundamentais, contribuindo para a realização de uma sempre maior justiça social.

E são já quatro as gerações de direitos fundamentais que podemos enunciar. Coincidente com o período pós-revoluções liberais, aparecem os direitos pessoais, a «primeira geração de direitos fundamentais». De seguida, na segunda metade do século XIX, são reconhecidos os direitos políticos, a «segunda geração de direitos fundamentais». Mais tarde, depois da Primeira Grande Guerra e, acentuadamente, após a Segunda Grande Guerra, surgem os direitos sociais, a «terceira geração de direitos fundamentais». Nos finais do século XX, começam a divulgar-se os direitos de qualidade, a «quarta geração de direitos fundamentais», sendo que se vai pressentindo ou esboçando, no início do século XXI, uma nova fase, mais sofisticada, de direitos, estreitamente ligados às tecnologias da comunicação, à «estranha», mas já «entranhada», inteligência artificial, às migrações de múltiplas origens e natureza global e, ainda, aos terríveis e imprevisíveis fenómenos de terrorismo generalizado.

Subjacente a esta evolução está a pessoa enquanto cidadão, titular de direitos, mas também dotado de deveres. E a amalgamar as relações intersubjectivas que cruzam a sociedade política está a solidariedade, a realidade que permite dizer o que é e como deve garantir-se juridicamente a justiça social, a estruturação de um «nós» em que todos se revêem e no qual flui o pensamento ético, gerado no «cuidar do outro».

3.1. A primeira geração de direitos fundamentais

Os direitos pessoais constituem o núcleo duro dos direitos e não admira que o primeiro entre eles seja o direito à vida, fundante dos demais. A Constituição Portuguesa actual usa uma expressão cheia de força: «a vida humana é inviolável» (artigo 24.º, n.º 1), acrescentando, de modo absoluto, a proibição da pena de morte (artigo 24.º, n.º 2). O direito à liberdade e à segurança é outro direito pessoal, presente na Constituição de uma forma que não admite dúvidas: «todos têm direito à liberdade e à segurança» (artigo 27.º, n.º 1), acrescentando «ninguém pode ser total ou parcialmente privado da liberdade, a não ser em consequência de sentença judicial condenatória pela prática de acto punido por lei com pena de prisão ou de aplicação judicial de medida de segurança« (artigo 27.º, n.º 2).

Ao longo do século XX, surgiram outros direitos pessoais: à identidade pessoal; ao desenvolvimento da personalidade; à capacidade civil; ao bom nome e reputação; à imagem; à palavra; à reserva da intimidade da vida privada e familiar; à protecção legal contra quaisquer formas de discriminação (artigo 26.º da Constituição). Os finais do século XX foram férteis em debates sobre estes direitos, especialmente o direito ao bom nome e à reputação, bem como o direito à imagem e à reserva da intimidade da vida privada e familiar, cuja tutela se entende que acompanha não só a pessoa já falecida como o reconhecimento das origens genéticas da pessoa, o que tem particular importância na procriação medicamente assistida.

Seja, porém, como for, reconhecer um espaço de desenvolvimento da liberdade e de realização pessoal – desde logo a liberdade física, de *ir e vir* – implica ausência de constrangimentos do poder do Estado que não estejam juridicamente fundados, implica a segurança de que a liberdade pode ser exercida em comunidade. Tal não significa que o Estado não deva comprometer-se socialmente, criando condições para a existência dessa liberdade de realização pessoal. Apontamos a necessidade de o Estado intervir com vista à «libertação da miséria» (Miranda, 2017), pondo termo a inseguranças emergentes de múltiplas realidades, nomeadamente económico-financeiras e de saúde, que limitam ou impedem o exercício do direito à liberdade. Aceitar este compromisso do Estado tem o sentido de admitir que os direitos pessoais, em concreto o direito à liberdade, possam contracenar, como hoje claramente acontece, com outra geração de direitos fundamentais: os direitos sociais. Além disso, aceitar este compromisso do Estado significa que as pessoas e a comunidade como um todo podem não só identificar diferentes manifestações de liberdade pessoal, como ampliar o exercício da liberdade em relação à construção das próprias decisões do poder político e, logo, à construção do Estado, o que, neste caso, tem o sentido de abrir espaço para que aos direitos pessoais possam juntar-se os direitos de participação política, outra geração de direitos fundamentais, como aconteceu ao longo do século XIX.

Mas voltemos aos direitos pessoais, enunciando o direito a não ser tratado arbitrariamente, que envolve a proibição de discriminações e privilégios ilegítimos. Se todos são pessoas e nascem iguais, então, essa igualdade deve estar plasmada no quotidiano do Estado, por intermédio da elaboração e execução de leis que se caracterizam pela generalidade. Este modo de compreender a igualdade é hoje aconchegado por uma fina e diversificada reflexão, enlaçada com a dignidade da pessoa, que impõe o tratamento desigual quando a desigualdade das situações o impõe, mas, do ponto de vista jurídico-político e do aperfeiçoamento da vida em comunidade, a garantia da generalidade da lei corresponde a apresentar a dignidade como pilar estruturante do Estado.

Finalmente, uma palavra para o direito de propriedade privada, delineado no período das revoluções liberais como direito pessoal, porque a propriedade privada era então entendida como condição de exercício dos outros direitos, nomeadamente o de votar. A necessidade de compatibilização do direito de propriedade privada com os direitos fundamentais da terceira geração – direitos económicos, sociais e culturais – e, mais tarde, com os da quarta geração – direitos de qualidade –, conduziu a uma profunda alteração do seu conteúdo. De um lado, a propriedade privada passou a abranger, além das coisas, bens imateriais (direitos de autor, partes sociais, direitos de crédito) ou, melhor, quaisquer bens de valor pecuniário; de outro, o direito fundamental de propriedade privada perdeu a dimensão absoluta que o caracterizava e passou a ser garantido limitadamente, com as restrições resultantes da protecção de outros direitos fundamentais, nomeadamente os de qualidade, como o direito ao ambiente e o direito ao património cultural. Em defesa da dignidade da pessoa, a propriedade privada perde a característica pessoal oitocentista e adquire sentido social. Não se estranha, por isso, que a actual Constituição da República Portuguesa consagre o direito de propriedade privada no capítulo reservado aos direitos e deveres económicos. E tão-pouco surpreende que o consagre nos seguintes termos: «A todos é garantida a propriedade privada e a sua transmissão em vida ou por morte, nos termos da Constituição» (n.º 1 do artigo 62.º). O carácter relativo do direito de propriedade privada é patente. Mas patente é também ter a Constituição garantido que a ablação e, mesmo, a afectação legítimas do direito de propriedade dão origem ao pagamento de justa indemnização (n.º 2 do artigo 62.º).

3.2. A segunda geração de direitos fundamentais

A participação dos cidadãos na vida política e na direcção dos assuntos públicos corresponde ao momento em que os direitos fundamentais da segunda geração se começam a sedimentar em manifestações específicas que, em conjugação, melhor garantem o seu exercício. Embora tenham nascido com as revoluções liberais e a transformação dos súbditos em cidadãos, os direitos de cidadania estavam, à época, longe de se exercer de acordo com o que a dignidade humana impõe, já que privilegiavam quem tinha posses («voto censitário») ou quem tinha instrução («voto capacitário»).

Os direitos de cidadania, nomeadamente o direito de sufrágio, levam consigo a ideia de que o poder político só se justifica através da pessoa e só se pode exercer por razões inerentes à sua dignidade, o que começa por exigir o reconhecimento a cada cidadão do poder de intervir. Daí que só com a universalização do voto e, bem assim, com a modelação do direito à constituição de associações políticas e partidos políticos que sustentem programas de acção política e garantam o pluralismo, se torna possível a concretização daquela ideia.

Recentemente, complementou-se o direito fundamental de participação política com a exigência constitucional de informação transparente da parte dos órgãos do poder. «Todos os cidadãos têm o direito de ser esclarecidos objectivamente sobre actos do Estado e demais entidades públicas e de ser informados pelo Governo e outras autoridades acerca da gestão dos assuntos públicos» (artigo 48.°, n.° 2). Tudo porque sem informação ou sem uma informação que esclareça o teor das tomadas de decisão públicas, o direito de tomar parte na vida política, nomeadamente por meio do sufrágio, não pode manifestar-se conscientemente e com a amplitude que o exercício da liberdade de voto impõe, sem prejuízo, porém, da existência de limites, concretamente os decorrentes do segredo de

Estado (artigos 156.º, al. d) e 164.º, al. q)). Através da prestação de informação sobre a gestão dos assuntos públicos e dos esclarecimentos a dúvidas concretas, os cidadãos podem exercer um controlo efectivo da acção dos órgãos estatais, além de que a possibilidade de responsabilização dos titulares de cargos políticos pelos actos ou omissões que pratiquem, enquanto titulares desses cargos, se torna evidente – «Os titulares de cargos políticos respondem política, civil e criminalmente pelas acções e omissões que pratiquem no exercício das suas funções» (artigo 117.º, n.º 1).

3.3. A terceira geração de direitos fundamentais

A terceira geração de direitos fundamentais é preparada nos finais do século XIX, com os programas dos partidos comunistas e socialistas e, ainda, com a divulgação da doutrina social da Igreja, e irá ser concretizada ao longo do século XX, com mais intensidade após a Segunda Grande Guerra. As cidades em ruínas, o desmantelamento das indústrias produtivas, as múltiplas dificuldades financeiras, a ruptura do tecido social exigiram uma nova configuração do poder estatal e uma nova relação deste com os cidadãos, o que implicou mergulhar nas raízes da dignidade humana e dela fazer emergir renovados direitos fundamentais. Assim nascem os direitos económicos, sociais e culturais, dirigidos à protecção dos mais frágeis e desprotegidos e ao reequilíbrio social.

O Estado é chamado a dar educação a quem dela necessita, a fomentar o emprego, a dar assistência aos doentes, a disponibilizar infra-estruturas de bem-estar, a distribuir melhor a riqueza, a promover espaços de cultura. A concretização dos direitos económicos, sociais e culturais foi o caminho que o aprofundamento da dignidade da pessoa humana traçou para ultrapassar a situação de crise das sociedades atingidas pela guerra, e que irradiou para outros países, como Portugal, particularmente após a aprovação da Constituição, em 1976.

Neste enquadramento, os direitos económicos, sociais e culturais, que implicam obrigações específicas do Estado, abrem com o estabelecimento do direito ao trabalho (artigo 58.º), entendido como o direito de «prover às necessidades de uma vida digna» (acórdão do Tribunal Constitucional n.º 635/99). O Estado tem o dever de promover políticas de criação de postos de trabalho; tem o dever de desenvolver programas de formação cultural e técnica, bem como de valorização profissional dos cidadãos, a fim de evitar que, pela falta de formação, se restrinjam oportunidades de trabalho. Além disso, tem de assegurar os direitos dos trabalhadores, do direito a uma remuneração justa ao direito ao repouso, a descanso semanal e a férias periódicas pagas, passando pelo direito à organização do trabalho socialmente dignificante (artigo 59.º).

Entre os direitos da terceira geração encontra-se também o direito à segurança social, estreitamente ligado à garantia de uma existência compatível com a dignidade da pessoa humana (artigo 63.º). Por seu intermédio, o Estado deve organizar um sistema de segurança social que proteja os cidadãos na doença, na velhice, na invalidez, na viuvez, na orfandade, bem como no desemprego e noutras situações de falta ou diminuição de meios de subsistência. Está em causa a garantia do «mínimo de existência condigna» (Vieira de Andrade, 2016). E o mesmo se diga do direito à protecção da saúde e do direito ao ensino (artigos 64.º e 74.º). O Estado é incumbido, em razão da exigência de satisfação do conteúdo destes direitos, de organizar um sistema público de saúde que previna doenças e as trate e um sistema público de ensino que cubra as necessidades de ensino, sem que isso signifique, a exemplo do sistema de segurança social, que o seu funcionamento seja em regime de monopólio público. Ponto é que ninguém com necessidade de cuidados médicos e medicamentosos fique impossibilitado de os obter por falta de meios financeiros, pois tal implicaria uma afectação degradante da sua dignidade. E ponto é que todos tenham acesso ao ensino, concretamente à aprendizagem dos conhecimentos correspondentes ao ensino básico, sob pena de se estar perante uma intolerável incapacidade de desenvolvimento da respectiva personalidade e de inserção participativa na vida comunitária.

Entre os direitos fundamentais da terceira geração encontra-se ainda o direito à habitação (artigo 65.º). E não é difícil vislumbrar neste direito uma exigência da dignidade da pessoa, patente no modo como a Constituição define o seu conteúdo – direito a uma habitação de «dimensão adequada, em condições de higiene e de conforto e que preserve a intimidade pessoal e a privacidade familiar» (artigo 65.º, n.º 1).

O cumprimento desta terceira geração de direitos fundamentais comporta um enorme peso económico-financeiro para o Estado, cuja resposta demanda, além do mais, uma política fiscal adequada. Não basta reconhecer e declarar a dignidade humana. É necessário dar a todos a oportunidade de viver dignamente e tal impõe actividades financeiramente dispendiosas. Não admira que as dificuldades de responder às exigências crescentes impostas pela dignidade humana, nas mais diversas áreas em que se manifestam, aliadas ao decréscimo demográfico e ao aumento da esperança de vida das pessoas, façam crescer o debate em redor desta geração de direitos fundamentais.

Num primeiro momento, justificou-se a acção do Estado no que breve se designou por «reserva do possível»: não podendo o Estado corresponder, por escassez de recursos financeiros, às exigências sociais, a omissão é legitimada na impossibilidade fáctica. Mas a resposta ao pragmatismo contido na «reserva do possível» não se fez esperar e chegou pela via da dignidade da pessoa e, em concreto, pelo fino trabalho dos juristas que, nos tribunais, foram burilando a fórmula do «mínimo de existência condigna», que recentra a pessoa no alvo da acção do Estado: a escassez de recursos não justifica a omissão, se a discriminação for intolerável, porque nenhuma razão é suficientemente forte para afastar o que, perante as circunstâncias concretas, se entende ser o «mínimo de existência condigna».

Politicamente, tem vindo a apresentar-se outra solução que consiste em tornar o Estado de primeiro prestador das tarefas sociais em garante da sua realização, apoiando-se no terceiro sector ou sector social, com guarida constitucional, e do qual fazem parte, além do mais, as Misericórdias e as diferentes instituições particulares de solidariedade social. Se o que importa satisfazer são os direitos da pessoa, se essa satisfação for obtida pela própria comunidade, através da sua iniciativa económica e engenho criativo, o objectivo é alcançado. Ponto é que o Estado assegure a correcta realização das actividades, supervisionando-as, avaliando-as, colmatando-as e, desse modo, assumindo, perante os titulares dos direitos, o papel de promotor, incentivador, apoiante e garante do cumprimento dos direitos.

Neste novo quadro, o Estado deve estimular a comunidade e apoiar as suas iniciativas, seja num quadro de estrita solidariedade – desenvolvimento do terceiro sector ou sector social –, seja no quadro mais vasto da chamada economia social. Além disso, o Estado deve avaliar da justeza do preenchimento do conteúdo dos direitos sociais pela comunidade e, se esta não tiver capacidade de resposta ou só a tiver de forma defeituosa, deve assumir directamente a sua satisfação.

3.4. A quarta geração de direitos fundamentais

Nos finais do século XX, a emergência de fenómenos com repercussões sociais, de que, porventura, o ambiental é o de mais amplas consequências, deu origem a uma nova vaga de direitos fundamentais – a quarta –, também conhecidos por direitos à qualidade de vida.

Estes direitos são fruto de uma mais refinada compreensão da dignidade da pessoa, já que, por seu intermédio, se pretende que todos possam ter acesso a uma vida com qualidade, na qual cada um possa plenamente gozar da sua dignidade. Além disso, nesta modalidade de direitos, os titulares também têm de preencher o seu conteúdo, visto que os direitos se configuram circularmente. São direitos e deveres, caracterizando-se por reconhecer um direito a cada pessoa e lhe impor, simultaneamente, um dever.

Tomemos o exemplo do direito ao ambiente, típico direito à qualidade de vida: «Todos têm direito a um ambiente de vida humano, sadio e ecologicamente equilibrado e o dever de o defender» (artigo 66.º). Extrai-se da lei fundamental não estar o direito ao ambiente desligado do dever de cada um contribuir para esse mesmo ambiente de qualidade.

De outra perspectiva, o direito fundamental a um ambiente com certas características tem uma dupla face, positiva e negativa: de um lado, exige do Estado actividades de promoção de um ambiente sadio e ecologicamente equilibrado ou de controlo de acções capazes de o degradar (face positiva do direito); de outro, impõe limites ou travões à acção estatal susceptíveis de porem em causa o referido ambiente sadio e ecologicamente equilibrado (face negativa do direito). Além disso, de um lado, exige aos cidadãos condutas ambientalmente defensivas (face positiva) e, de outro, proíbe os cidadãos de agirem de modo ambientalmente nocivo (face negativa).

Na complexidade em que os direitos fundamentais de qualidade se estruturam, e concretamente o direito a um ambiente sadio e ecologicamente equilibrado, há que ter presente o facto de o seu cumprimento exigir limitações especiais a outros direitos. Pensamos, em particular, no direito de propriedade privada, sujeito a restrições específicas em virtude da necessidade de proteger a paisagem ou sítios pré-definidos, bem como zonas de reserva ecológica e parques naturais, albufeiras e estuários... E pensamos no direito à iniciativa económica, sujeito também a restrições várias.

Mas, por mais difícil e complexa que seja a realização do direito ao ambiente, ela é decisiva para a protecção da dignidade das gerações viventes e das que ainda não nasceram, pelo que o direito a um ambiente sadio e ecologicamente sustentável aproxima as gerações, fazendo-as comungar de idêntica qualidade de vida, no sentido de uma vida vivida com dignidade.

Não admira que a solidariedade entreteça, de modo especial, o exercício deste direito e dever, num espaço alargado, sem fronteiras políticas (espaço global) e num tempo longo, que ultrapassa o tempo de vida da pessoa concreta e se espraia pela vida de todos quantos lhe sucederem e por quem todos são (somos), também, socialmente responsáveis. E tão-pouco admira que a acção que sustenta a solidariedade tenha de ser reinventada numa mais aprofundada ética do cuidado, em razão do outro, cujo rosto se antecipa pela dignidade que o envolve enquanto pessoa que virá a ser (Paul Ricoeur, 1995).

3.5. O esboçar de uma nova geração de direitos fundamentais

As novas tecnologias que suportam as várias redes com que as pessoas se interconectam e comunicam globalmente, bem como a robótica, os controlos remotos de potentes mecanismos tecnológicos, a inteligência artificial, etc., têm trazido para o debate jurídico e político, e para o debate dos valores da cidadania e das relações intersubjectivas, a configuração de novos direitos. Pensamos num hipotético direito fundamental de acesso à Internet, mas também no alargamento dos direitos fundamentais às realizações tecnológicas mais avançadas, concretamente a robôs e instrumentos de inteligência artificial, que, em múltiplas actividades, substituem o trabalho humano, o que conflui na necessidade de refrescar a compreensão da dignidade da pessoa, elemento seminal da vida em sociedade.

Por outro lado, o terrorismo e o inédito da sua dimensão aumentam a conflitualidade entre direitos humanos, pressionando a busca de soluções; as migrações em massa, por razões políticas, ambientais ou outras, gerando múltiplos e exigentes problemas humanitários, reforçam a necessidade de pensamento ético global, em que a pertença ao espaço onde cada um nasce, reside ou tem laços familiares, tende a ser substituída pela pertença ao género humano (cidade global); os avanços biotecnológicos implicam repensar a vida humana e para lá dela, e o relacionamento novo do homem com os animais abre o debate da ampliação da comunidade ética a não humanos...

A natureza global das temáticas enunciadas e a percepção de que nelas está presente não tanto a independência dos Estados e culturas, mas a interdependência entre estas e aqueles, vem mostrando que o caminho iniciado com a aprovação, em 10 de Dezembro de 1948, pela Assembleia Geral das Nações Unidas, da Declaração Universal dos Direitos do Homem, é porventura a via a trilhar.

Não é, porém, o tempo nem o espaço para estas questões. Saber, no entanto, que estão formuladas consciencializa-nos e impele-nos a acompanhá-las e a participar activamente nos debates, em defesa da dignidade humana e de uma mais aperfeiçoada justiça social. E, nesse debate, quem, pela profissão, está directamente envolvido na protecção da dignidade humana é peça-chave no encontrar de melhores soluções.

4. Da construção da justiça social à necessidade de gestão ética da protecção social

À consciência de que existem princípios não escritos sobre como cuidar do outro, a que todos devem obedecer, proporcionada pela *Antígona*, acresceu a verificação de que a ética cristã aplicada conduziu ao nascimento das Misericórdias. Por sua vez, os direitos humanos, consagrados numa Constituição, que também institucionaliza o poder político, mostrou que a compreensão ética da relação intersubjectiva funda o entrelaçamento do poder com o direito e cria a envolvente cultural necessária a uma sociedade ciente do que é e do que para si pretende no futuro.

Mas a ligação entre direito e poder, constitucionalmente garantida, não basta para que o Estado de Direito e a justiça social se concretizem e cada pessoa viva a sua dignidade em plenitude. Para que tal aconteça, é ainda necessária a acção responsável de todos, com o objectivo de que cada um cumpra o que juridicamente lhe compete. Uma acção responsável entendida em termos amplos, que inclui a acção política e a técnico-profissional nos mais diferentes domínios. Professores, artistas, médicos, pescadores, juízes, engenheiros, arquitectos, enfermeiros, agricultores, industriais... todos têm o dever de agir nos respectivos domínios técnicos, mas também participar politicamente e cumprir as normas jurídicas, sabendo que, em liberdade, podem não as cumprir, sujeitando-se às sanções correspondentes. Apesar disso, o infortúnio, a miséria, as desigualdades iníquas podem sempre surgir, o que implica empenho ético permanente na reinvenção dos equilíbrios sociais.

É neste enquadramento que, em Portugal, com raízes no século XIX e nos problemas de saúde pública de então – em concreto, os resultantes da pobreza dos trabalhadores fabris, da crescente mortalidade infantil e da propagação da tuberculose e da sífilis –, se começam a desenhar actividades de assistência social específicas. O voluntariado, impulsionado pela Congregação das Servas dos Pobres e pelas Conferências de São Vicente de Paulo, através das «visitadoras benévolas», e confortado pelos princípios da doutrina social da Igreja, surgiu na área assistencial. No fim da Primeira República, e recebendo a influência europeia dos movimentos higienista e de medicina social, esboçou-se uma formação especializada, por parte do Estado, dirigida ao género feminino. Surgem as «visitadoras sanitárias», depois as «enfermeiras visitadoras de higiene», mais tarde as «visitadoras escolares», com funções simultaneamente assistenciais e moralizadoras (Branco, 2009).

A identificação de uma actividade nova, o «serviço social», a exigir conhecimento científico transversal e enquadramento profissional, vocacionada para a gestão ética da protecção social, está em marcha, bem como a autonomização dos respectivos profissionais, os «assistentes sociais».

A gestão ética da protecção social não se confunde com o exercício do poder político, no qual a protecção social é também evocada e defendida; não se confunde com o espaço em que o jurídico contracena, preocupado com a salvaguarda das normas legais de protecção social; tão-pouco se confunde com o espaço no qual a religião e o apelo cristão da caridade se enraízam na proximidade ao outro; e não se confunde com a promoção e defesa da saúde, da educação, da empregabilidade, da qualidade ambiental quando equacionadas e garantidas por meio de específicos e diversificados conhecimentos científicos e técnicos. A gestão ética da protecção social é uma actividade diferente, embora complementar, porquanto todas procuram manter intocada a dignidade da pessoa, fundamento primeiro da vida em sociedade democrática – «Portugal é uma República soberana, baseada na dignidade da pessoa humana [...]» (artigo 1.º da actual Constituição da República Portuguesa).

Mas a aproximação ao outro pela via da protecção ética ou da realização da «justiça cordial» (a ética mínima de que fala

Cortina, 2010), que procura mostrar que o «sofrimento inútil» não é uma «fatalidade» (Lévinas, 2007) e lembrar que a «qualidade de vida decente» (Nussbaum, 2011) está ao alcance de todos, passa a ser da responsabilidade de quem desenvolve profissionalmente a actividade de serviço social.

A necessidade de profissionais comprometidos com a concretização dos direitos sociais, especializados no acompanhamento dos mais frágeis e vulneráveis e na «humanização da sociedade» (Rocha, 2013), pressionou a criação, no enquadramento do sistema educativo, de uma formação adequada. Na pré-história deste processo em Portugal, encontra-se a criação, em 1935, do Instituto Superior de Serviço Social (Lisboa), e, em 1937, da Escola Normal Social (Coimbra), a pensar em profissionais que trabalhem com as crianças e jovens. Após uma reformulação educativa na segunda metade dos anos 50, o Instituto Superior de Serviço Social começou, no ano lectivo de 1961-1962, a receber estudantes do género masculino, ao mesmo tempo que a acção assistencialista foi ampliada. Mas é só na segunda metade dos anos 70 que a área do serviço social conhece o revigoramento capaz de a tornar independente. Para tal, contribuiu a garantia democrática de um amplo leque de direitos sociais, o fortalecimento da formação académica dos profissionais de serviço social e a diversificação crescente da acção social. A evolução tem um ponto alto em 1989, com o reconhecimento legal da licenciatura em Serviço Social, logo seguido da aprovação da carreira técnica dos assistentes sociais na administração pública.

A «construção de uma sociedade livre, justa e solidária» (artigo 1.º da Constituição), capaz de criar condições de bem-estar individual e de se desenvolver de forma coesa e harmoniosa, ciente de que o bem comum se atinge com a interacção do bem de cada um, não é utopia. Embora difícil, alcançá-la é um desígnio democrático, expresso nas mais variadas políticas públicas, da saúde à segurança social, passando pelas políticas públicas de educação e de habitação, bem como de inclusão social. Neste âmbito se integra a acção dos assistentes sociais, atenta aos mistérios da debilidade humana e às múltiplas tragédias que podem atingir a pessoa. E não admira que a sua responsabilidade seja grande e eticamente exigente, agindo, em proximidade, junto das crianças e jovens em perigo, dos enfermos, especialmente daqueles que demandam cuidados continuados integrados, dos débeis de coração, que, por alguma razão, perderam a esperança e vivem em solidão, dos presos, dos sem-abrigo, dos deficientes, em particular dos que não têm vida autónoma, dos que possuem idade avançada, dos que atravessam fronteiras fugindo de horrores difíceis de imaginar, num enquadramento cultural que incorpora diferentes gerações de direitos fundamentais. Tudo porque a relação intersubjectiva subjacente à actividade de serviço social é, por natureza, funcionalmente desequilibrada, nela assumindo especial posição de poder o assistente social.

À identificação da necessidade de assistentes sociais e à criação de formação especializada adequada, de nível universitário, espera-se agora a conformação da ordem profissional dos assistentes sociais, de natureza pública, e a aprovação do estatuto da respectiva profissão. Porque em causa está não só a definição clara do título de quem actua como assistente social, afastando quem não possui as qualificações, como também a auto-regulação da profissão, garantindo o cumprimento de parâmetros éticos de acção e de deontologia profissional, desde logo através de acção disciplinar, e, ainda, o enraizar, na sociedade, de expectativas legítimas e da confiança no contributo qualificado dos assistentes sociais para a construção da justiça social.

Apesar da experiência acumulada com a criação, em 1978, da Associação dos Profissionais de Serviço Social (APSS), uma associação privada sem fins lucrativos, aguardam-se as condições jurídico-políticas para a criação da Ordem dos Assistentes

Sociais e para a aprovação do diploma legal contendo o Estatuto Profissional dos Assistentes Sociais.

5. Declarações internacionais de princípios e ética do serviço social

A Associação dos Profissionais de Serviço Social adoptou os princípios e valores definidos, em 1994, no Sri Lanka, pela Assembleia Geral da Federação Internacional dos Assistentes Sociais (FIAS), e solicitou aos associados não só o seu conhecimento e divulgação como recomendou a obediência a tais princípios. Mas a falta, em Portugal, de normas que identifiquem os deveres dos assistentes sociais e enunciem sanções disciplinares para a sua violação, que atribuam a um órgão específico o poder disciplinar e definam regras de procedimento disciplinar, instrutório e sancionatório, com força vinculativa, impede que os referidos princípios produzam todos os efeitos pretendidos, ao mesmo tempo que dificulta a consolidação da confiança da sociedade no trabalho dos assistentes sociais. Apesar de tudo, os princípios internacionais são conhecidos e postos em prática, contribuindo para o enraizamento progressivo da consciência ética dos assistentes sociais e a maior qualidade do serviço que estes prestam, realidade que não deve alhear-se da leccionação de disciplinas formativas de ética nos currículos universitários dos vários cursos de licenciatura.

Entre os princípios básicos definidos na Declaração Internacional estão o reconhecimento da pessoa como valor único em si mesmo; o respeito pelos direitos humanos; o compromisso com os princípios da justiça social; a disponibilização dos conhecimentos e experiência ao serviço das pessoas, grupos e comunidades, capacitando-os e apoiando-os na resolução dos problemas humanos e sociais, sem discriminações iníquas; a salvaguarda dos princípios de privacidade, de confidencialidade e do uso responsável da informação no trabalho; a estreita colaboração com os destinatários da acção, na defesa dos interesses envolvidos e do seu encorajamento a participar responsavelmente ao longo do processo; a incompatibilidade da acção dos assistentes sociais com o apoio a forças políticas ou policiais que usem a tortura ou meios violentos; a fundamentação ética da acção.

A Declaração Internacional contribui ainda para a consolidação do que designa por «áreas-problema universalmente reconhecidas», e que podem assumir uma de três modalidades: aquelas em que os assistentes sociais se confrontam com interesses contraditórios; aquelas em que os assistentes sociais têm uma actividade de apoio e, simultaneamente, de controlo da actividade que apoiam; e aquelas em que os deveres de protecção a cargo dos assistentes sociais conflitam com exigências de eficiência e de rendibilidade. Nestas que são áreas em que o melindre ético se acentua, o processo de decisão dos assistentes sociais deve ser acompanhado pelos pares, precedido de ampla discussão em grupo, com colegas e profissionais de áreas afins, devendo as associações profissionais adoptar directrizes para o processo decisório de maior complexidade.

Neste quadro, ganham importância especial os códigos de conduta ética dos assistentes sociais, adequados às particularidades culturais das sociedades políticas em que aqueles exercem a profissão, em regra inspirados nos documentos aprovados pela Federação Internacional dos Assistentes Sociais.

6. Os códigos de conduta e os códigos de acolhimento. Provedorias e auditorias éticas

Os «códigos de conduta ética» são razão da qualidade da acção de um qualquer grupo social específico – professores, estudantes, empresários, assistentes sociais, enfermeiros, médicos –, além de estabelecer laços de confiança entre as partes, pelas expectativas legítimas de comportamentos que proporcionam.

Na verdade, a qualidade da acção não depende só das competências técnicas do profissional, embora importantes, nem, tratando-se de assistentes sociais, da percepção do ambiente que rodeia a acção e do conhecimento daquele com quem interagem. Depende, fundamentalmente, das relações criadas entre profissional e destinatário da acção, em particular da resposta do assistente social aos desafios de capacitação da pessoa, de acordo com o respectivo potencial, com vista a melhorar o seu bem-estar, no quadro de legítimas aspirações.

Na impossibilidade de elencar todas as normas que devem constar de um código de conduta ética, lembramos que, além das «normas gerais» respeitantes à compreensão da pessoa e sua envolvente social, bem como das condicionantes que afectam o serviço e o seu acompanhamento, das que encorajam ao uso do saber e experiência e à inovação de métodos, se devem ter presentes «normas de relacionamento com os destinatários do serviço social», «normas respeitantes à relação dos assistentes sociais com as instituições, serviços e organizações implicadas», «normas de relacionamento com os colegas de actividade» e «normas relativas à profissão». A todas subjaz um decisivo compromisso com os valores e princípios éticos, diversificado pela modalidade da relação, longe de rotinas empobrecedoras e aberto à crítica construtiva, em defesa da dignidade humana e direitos que dela emergem, contribuindo para o respectivo enriquecimento, lembrando permanentemente a existência de limites da acção.

Na salvaguarda da dignidade da pessoa e das diferentes gerações de direitos, a avaliação qualitativa do contributo dos assistentes sociais ainda não está feito. Mas a formação universitária e a investigação científica da área assistencial, aliadas à teia de princípios éticos vertidos em normas de conduta que orientam aqueles profissionais e se espera venham a ser consolidadas com a aprovação do estatuto profissional dos assistentes sociais e a criação de uma ordem profissional, permitem acreditar num futuro melhor, tal como hoje, à distância de séculos, avaliamos a acção das Misericórdias.

A libertação de situações de risco ou de miséria, nos mais diferentes domínios, a estruturação de condições que põem termo à marginalização, à exclusão e à opressão social, a capacitação das pessoas, necessária à ampliação de escolhas, o desencadear de políticas de criação de oportunidades ou de derrube de obstáculos que perpetuam desigualdades iníquas, a divulgação de informação sobre direitos e a elucidação do seu conteúdo entre os respectivos titulares – o «direito ao direito» de que falava Hannah Arendt –, constituem o âmago da acção dos assistentes sociais, na qual a ética é decisiva. O contributo dos códigos de conduta ética é, por isso, gerador de confiança numa sociedade melhor, mais justa e solidária, pelo que o conhecimento das suas normas é crucial, pois só quem conhece os deveres os pode cumprir e fazer cumprir, e só quem conhece os direitos os pode exercer e respeitar o seu exercício.

Uma palavra ainda sobre os «códigos ou guias de acolhimento», documentos caracterizados por conterem as normas tendentes a tornar mais fácil e menos traumática a inserção de pessoas em instituições, nomeadamente para tratamento de doença de que padeçam. A compreensão correcta da relação, pessoal e institucional, que encetam, e o conhecimento dos comportamentos esperados são razão da qualidade e do êxito da acção a empreender na instituição. Referimo-nos a códigos de acolhimento em lares de terceira idade, a códigos de acolhimento em serviços hospitalares específicos (serviços de ginecologia, de cirurgia, de oncologia, etc.), a códigos de acolhimento em institutos de apoio a crianças. Divulgar as normas de acolhimento a quem entra nestas instituições e esclarecer imediatamente quaisquer dúvidas contribui para a confiança do novo relacionamento e para a reciprocidade das expectativas na relação de serviço. E também aqui os assistentes sociais são peça-chave, promovendo o clima de serenidade determinante para o sucesso do serviço a prestar.

Em qualquer dos casos, isto é, quer se trate de códigos éticos, quer de códigos de acolhimento, é importante a previsão normativa de «provedorias e auditorias éticas».

Com efeito, saber que os códigos mencionados prevêem estruturas vocacionadas para, no caso dos provedores, receber queixas sobre eventuais incumprimentos de normas de conduta ética ou de normas de acolhimento, susceptíveis de originar procedimentos informais conducentes a recomendações de actuação, e, no caso das auditorias, acompanhar, independentemente de queixa, o cumprimento das referidas normas, chamando a atenção para incorrecções, confere ainda maior qualidade aos normativos em causa, uma qualidade que se repercute no serviço dos assistentes sociais e beneficia destinatários e sociedade em geral.

Não se esconde a dificuldade e o melindre das provedorias e auditorias éticas, a exigir bons técnicos, humanamente experientes e dotados de sensibilidade, tudo vertido em sabedoria fortalecedora de confianças e não desestabilizadora das relações humanas em análise. Em ambos os casos, impõe-se interpretar normas éticas, já interpretadas e incorporadas em comportamentos; impõe-se analisar relações intersubjectivas vividas e decididas por profissionais cientes dos comportamentos éticos a adoptar; impõe-se compreender situações em que interagem pessoas com fragilidades várias, desde logo as que conduzem a inseguranças quanto à acção dos outros, bem como situações de escassez generalizada de recursos, elevando problemas críticos de possibilidade. Impõe-se, enfim, que as provedorias e as auditorias éticas sejam subtis mas eficazes, inspirando condutas por quem está em situação e a sua ponderação crítica, não sobrepondo ou substituindo comportamentos, nem procurando sancionar culpados; além disso, espera-se que contribuam para o aperfeiçoamento dos assistentes sociais, abrindo portas a comportamentos novos e à melhor compreensão do ambiente em que os comportamentos são gizados, o que transcende os casos concretos a ajuizar ou supervisionar.

7. A formação e educação éticas

Referir o aperfeiçoamento da acção dos assistentes sociais, neste contexto, é referir a formação e educação éticas, o que implica retomar o tema de abertura, em concreto o enigma do ser pessoa e o mistério em que as relações intersubjectivas estão submersas.

Pensar no outro, de modo que contribua para aquele tranquilizante «entre nós» (Lévinas, 2007), gerado na reciprocidade do respeito pela dignidade humana, implica hoje, na crescente complexidade das relações intersubjectivas e imprevisibilidade das situações que as rodeiam, perante a densidade das várias gerações de direitos fundamentais e a abertura a novos aprofundamentos e novas fases de direitos, uma formação e educação éticas de qualidade superior, especialmente importante após a profissionalização da gestão ética da protecção social.

Não admira que a investigação científica transversal e multidisciplinar sobre a realidade social e sobre o modo como nela deve ser gerida eticamente a protecção da pessoa esteja na vanguarda das preocupações educativas, já que a acção, informada e conhecedora, dos assistentes sociais beneficia a prática destes e contribui para a conformação de políticas públicas, bem como para a formulação de normas jurídicas que garantam novos direitos humanos.

O cuidado permanente com o outro exige aos assistentes sociais robustez ética e esta obtém-se por intermédio de uma formação e uma educação de qualidade. Porque não basta lembrar ao outro que tem direitos e deve exercê-los; não basta dar-lhe a conhecer normativos que devem ser cumpridos; não basta fortalecer capacidades no outro que ampliem as suas escolhas; não basta... É necessário ir mais além. É necessário encorajar a sair das periferias quem nelas vive; alargar horizontes de esperança a quem foi oprimido e nada mais conhece do que a opressão; formar para a confiança quem dela desesperou; inspirar o futuro de quem não acredita que dele melhor venha... mas sem atitudes paternalistas, sem impor atitudes ou proibir comportamentos em que não existem normas jurídicas. É necessário criar condições para o desenvolvimento de capacidades e o pleno exercício da liberdade, respeitando sempre os respectivos titulares. Em suma, é necessário densificar princípios éticos, abrir portas, mostrar alternativas, gerar oportunidades transformadoras a partir da acção concreta, da ética aplicada, com vista a uma sociedade livre, justa e solidária, o que tudo significa entrar no desconhecido humano.

O filósofo grego Diógenes, que vivia pobremente na rua, respondeu ao imperador Alexandre e à sua vontade de cuidar do outro de forma modelar: «Não me tires o que não podes dar-me!», resposta que poderia ter outra formulação – «Não me tires a capacidade de ser o que sou: um pobre, na rua, a desfrutar do sol.» Diógenes pretendia somente afastar a atitude protectora do imperador, entendida em termos gerais, teóricos, desencarnada da sua realidade subjectiva, lembrando, de forma simples, que a protecção social só na relação intersubjectiva concreta ganha sentido e dimensão capazes de convocar a acção. A protecção social deve ser, por isso mesmo, expressão de uma ética aplicada.

Mas conta a História que o episódio narrado não terminou com a resposta de Diógenes. Continuou com o gozo generalizado dos membros da corte que acompanhavam o imperador Alexandre, por entenderem que aquele havia desperdiçado uma oportunidade única de sair triunfantemente da rua. E só terminou com a intervenção do imperador, dizendo: «Não se riam, porque se eu não fosse Alexandre seria Diógenes!»

Esta é a lição dada por Alexandre sobre a gestão ética da protecção social: pôr-se no lugar do outro.

Leituras recomendadas

Abignente, Donatella e Pereira de Almeida, J. M. (org.), *Cuidar do outro.* Lisboa, Editorial Cáritas, 2015.

Arendt, Hannah, *As origens do totalitarismo.* Tradução de Roberto Raposo. 2.ª edição. [*s. l.*], Publicações Dom Quixote, 2006.

Arnsperger, Christian e Van Parijs, Philippe, Ética *Económica e Social.* [*s. l.*], Edições Afrontamento, 2004.

Branco, Francisco, A profissão de assistente social em Portugal. *Locus Soci@l*, vol. 3, p. 61 e ss., 2009.

Branco, Francisco, Itinerário das profissões sociais em Portugal, 1910-1962. Revista *Análise Social*, vol. L 1.º, p. 214, 2015.

Cortina, Adela, Ética de la razón cordial. *Educar en la ciudadania en el siglo XXI.* [*s. l.*], Ediciones Nobel, 2007.

Cortina, Adela, *Justicia Cordial.* [*s. l.*], Mínima Trotta, 2010.

Freitas do Amaral, Diogo, *Uma Introdução à Política*, com participação de Maria da Glória Garcia e Pedro Machete. [*s. l.*], Bertrand Editora, 2014.

GARCIA, Maria da Glória, *Como defender hoje a dignidade humana.* [*s. l.*], Universidade Católica Editora, 2016.

HÖFFE, Otfried, *Demokratie im Zeitalter der Globalisierung.* [*s. l.*], C. H. Beck, 1999.

LÉVINAS, Emmanuel, *Entre nous: Essais sur le penser-à-l'autre.* [*s. l.*], Grasset, livre de poche, 2007.

MIRANDA, Jorge, *Direitos Fundamentais.* [*s. l.*], Almedina, 2017.

NUSSBAUM, Martha C., *Creating Capabilities: The Human Development Approach.* [*s. l.*], The Belknap Press of Harvard University Press, 2011.

RICOEUR, Paul, *Le juste,* Éditions Ésprit, série Philosophie, 1995.

ROCHA, Georgino, *Humanizar a sociedade: responsabilidade de todos, contributo dos mais vulneráveis. Ensaios, propostas e testemunhos.* Lisboa, Editorial Cáritas, 2013.

VIEIRA DE ANDRADE, José Carlos, *Os Direitos Fundamentais na Constituição Portuguesa de 1976.* Reimpressão da 5.ª edição. [*s. l.*], Almedina, 2016.

Ética, inovação social, «partes interessadas»

Eugénio Fonseca
Presidente da Cáritas Portuguesa

José Manuel Pereira de Almeida
Faculdade de Teologia da Universidade Católica Portuguesa

O nosso contexto sociocultural está marcado pelo pluralismo ético que emerge em todos os âmbitos da nossa vida. Não se trata de simples diversidade de gostos ou de algumas opções pouco significativas; trata-se de cultura, de mentalidade corrente, de convicções pessoais. De facto, a diversidade, em todos os domínios, é profunda e diz respeito ao modo de interpretar o sentido da nossa existência e os valores que perfilhamos.

Uma cultura pluralista exprime, obviamente, o importante «valor» do respeito recíproco. Mas o pluralismo acarreta também a dificuldade de entendimento, mesmo acerca de valores fundamentais. Neste sentido, indicia um fracasso para a humanidade, ou seja, para a capacidade humana de vivermos juntos partilhando significados e valores, finalidades e meios. Num âmbito particular da existência, determinado valor afirmado por uns pode ser negado por outros; os juízos que se fazem sobre a hierarquia de valores são divergentes, com muitas e profundas diferenças, o que poderá, eventualmente, levar-nos a desistir de uma coexistência pacífica entre todos... E desistir significaria deixar de procurar os caminhos para um mundo mais humano.

A partir destes pressupostos, reflectir sobre a «*ética*» no contexto de «inovação» e das «partes interessadas» é reflectir sobre a responsabilidade pessoal e a co-responsabilidade social na procura de caminhos do bem.[1] Gostaríamos, por isso, de sublinhar a importância decisiva: de uma adequada formação ética pessoal, de atenção à moralidade compreendida e vivida; de uma formação para o «diálogo», tornando-nos capazes de «ouvir» e capazes de «responder», para podermos prosseguir, através de uma paciente verificação das finalidades e dos valores perseguidos, nesses caminhos de procura do bem concretamente possível, aqui e agora.

1. Formação ética

A formação pessoal corresponde a um itinerário complexo, nunca concluído (uma formação para a vida inteira), quer do ponto de vista do conhecimento (de si próprio e dos valores), quer do ponto de vista da capacidade de livre responsabilidade. Por um lado, o conhecimento e a experiência ética de uma pessoa alimentam-se da cultura do seu tempo, do que os

---

[1] Cf. BASTIANEL, S. e ABIGNENTE, D., *Le vie del bene. Oggettività, storicità, intersoggettività*, Trapani, Il pozzo di Giacobbe, 2009. Entre nós, estes AUTORES têm sido publicados pela Editorial Cáritas, nomeadamente, BASTIANEL, S., *Moralidade pessoal na História: temas de ética social* (2013); BASTIANEL, S. (coord.) *et al.*, *Entre possibilidades e limites: uma teologia moral em demanda* (2013); ABIGNENTE, D. e PEREIRA DE ALMEIDA, J. M. (ed.), *Cuidar do Outro* (2015).

costumes e a mentalidade corrente propõem; por outro lado, o que lhe é dado culturalmente não lhe é imposto necessária ou automaticamente e cada pessoa pode desenvolver o seu sentido crítico, a sua criatividade, ao cultivar valores reconhecidos e preferidos. A relação é, ao mesmo tempo, o lugar de mediação para a vida ética de cada pessoa e o lugar em que cada um influencia, com o seu próprio contributo, a mentalidade corrente, a cultura.

À reflexão ética pertence uma dinâmica circular entre problemas particulares e princípios gerais. É a experiência dos problemas particulares que faz mover a reflexão com a exigência de explicar, de fundar, de motivar. Deste modo, a relação vivida com os valores torna-se experiência compreendida. É a compreensão da experiência que permite abrirmo-nos a uma experiência contínua, orientando-a e apoiando-a. A dinâmica de continuidade entre a compreensão prévia e a novidade dos problemas é habitualmente o lugar da maturação ética pessoal e, analogamente, a possibilidade de maturar um *ethos* partilhado.

Dizer «formação» com uma referência específica a «inovação social» e às «partes interessadas» levar-nos-ia a pensar num campo específico para determinados profissionais. Quem necessita afinal desta preparação? Obviamente, quem desenvolve um trabalho de quotidiano em campo social e, a par destes, os que com eles colaboram nas decisões, na orientação geral. Nestes grupos estão já incluídos os decisores políticos e económicos implicados.

Mas outros cidadãos (que não estão nestas categorias) não terão também necessidade de formação? Quando a questão é a vida humana vivida em sociedade ela diz sempre respeito a todos. É, pois, importante que todos os cidadãos possam reflectir sobre esta matéria, que todos possam contribuir para a sua ampla compreensão partilhada, se bem que, obviamente, não todos da mesma maneira. Há diversos níveis de compreensão, acompanhamento e responsabilidade em que importa contextualizar a reflexão sobre os problemas concretos vividos em sociedade e os valores humanos neles implicados, tendo critérios diferenciados de apreciação da sua importância e da sua urgência.

De facto, nunca se chegará a uma adequada formação ética do profissional se se descurar a formação ética da pessoa que exerce a profissão. E a formação ética deve oferecer as ferramentas (ou instrumentos) de reflexão para interpretar não só as possibilidades de valor, mas também o que faz uma pessoa ser moralmente boa.

A reflexão ética refere-se, assim, a um campo específico de experiência humana, que, como tal, pode ser narrada, comunicada, discutida, verificada. É a experiência do nosso estar pessoalmente implicado nas questões que dizem respeito à possibilidade concreta de realizar valores e de evitar males; é a experiência de uma liberdade chamada a tornar-se responsável pelo bem concretamente possível, de uma liberdade cujo exercício não pode legitimar-se sobre bases arbitrárias. A instância da responsabilidade diz respeito à capacidade de responder pessoalmente pelo bem e pelo mal, enquanto estes dependem de nós, e qualificamos eticamente uma pessoa pela capacidade da sua vontade, do seu querer, livre no decidir e consciente no agir, assumindo as consequências que isso comporta. Em sentido próprio, falamos de problema ético quando, num contexto determinado, é convocada a unidade pessoal de três dimensões: conhecimento, liberdade e responsabilidade.

Surge então uma pergunta: de que modo podemos verificar se uma liberdade consciente se torna responsabilidade por alguma coisa ou por alguém? Havemos de «responder» diante de quem ou de quê? A experiência ética mostra que, às vezes, nem a lei, nem o que todos pensam e fazem à nossa volta se constituem como referências suficientes ou decisivas para podermos considerar justo (ou moralmente bom) determinado comportamento. Nem sempre as normas nos são suficientes. Leis e tradições, regras formuladas e costumes reportam-nos a significados particulares e valores específicos, os quais nos interpelam, não permitindo que nos escondamos atrás de leis ou de expectativas de outros. Sobre o «nosso» comportamento temos «nós» de responder. O lugar próprio da experiência ética, momento originário da ética e da reflexão que procura compreendê-la, é a realidade de sermos «constituídos em relação com o outro-pessoa». A qualidade do nosso ser-pessoa é definida pela relação com as «outras-pessoas».

A experiência quotidiana do nosso agir está como que marcada por um «limite-possibilidade» que é a presença dos outros. Se uma liberdade se quisesse arbitrária, a presença do outro pôr-lhe-ia um «limite», porque o seu valor de pessoa exige ser reconhecido e acolhido, não usado ou negligenciado, pelo outro. Na realidade, esta presença é a «possibilidade» de um existir em sentido verdadeiramente pessoal, um existir que se constitui em relações pessoais.

É diante da pessoa do outro que a liberdade é chamada a responder, nos projectos, nos comportamentos, nas realizações: que é feito do «outro» com quem vivemos? A relação com o outro é o lugar em que se exprime a humanidade ou a desumanidade da nossa vida: está sempre em causa a responsabilidade do livre e consciente acolhimento da presença dos outros.

O nosso decidir e agir quotidianos apresentam-se frequentemente como relação com as coisas. Mas mesmo essa relação directa com a realidade concreta se torna mediação da relação que vivemos com os outros. Neste sentido, nenhuma decisão e nenhum comportamento sobre realidades existentes são eticamente neutros: de maneira directa ou indirecta, está sempre em causa a responsabilidade do «livre e consciente acolhimento da presença dos outros».

O agir de cada um de nós está inserido, de diferentes modos, numa vasta complexidade de relações estruturadas: económicas, políticas, sociais… Simultaneamente, os vários âmbitos da vida requerem competências diversificadas (científicas, técnicas, profissionais). A reflexão ética não pode de modo algum substituir-se às análises e às reflexões próprias das outras disciplinas, com a sua respectiva competência específica, devendo reconhecer a autonomia de cada disciplina no seu próprio âmbito. Não obstante, pela sua natureza, intervém também necessariamente em todas as áreas que têm a dignificação do humano como sua finalidade.

Paralelamente, a ética também não pode deixar de exigir que seja reconhecida a sua própria especificidade transversal no domínio do humano, sem ser reduzida ao âmbito do privado e do opinável. A pretensão ética, ao deixar-se provocar pelos resultados das outras ciências, é a de se interrogar sobre a questão do «humano», sobre o valor pessoal, sobre tudo o que pertence à construção do nosso mundo, como, por exemplo, as relações económicas ou as relações empresariais. A ética não tem soluções «técnicas» a propor; mas tem de recordar que também essas relações (como sejam as económicas ou as empresariais) são relações «humanas». Assim, pergunta-nos pela «qualidade humana» das relações que esta ou aquela estruturação de relações económicas ou empresariais comporta. São perguntas que dizem respeito à «finalidade» pretendida e aos «meios» assumidos para a alcançar.

É nesta perspectiva que a instância ética atinge as instituições mais complexas, na sua finalidade e no modo como nelas vivemos. Em todos os domínios, importa verificar se se está a procurar o bem «comum» ou o bem «próprio» (seja de um só, de um grupo ou de uma «parte»); se se está a procurar o bem «porque é bem» ou como estratégia para obtenção de outros fins.

2. Âmbito social

Consideremos agora de mais perto a relação entre a ética e as respostas sociais, os novos desafios que estas comportam e as inovações em curso. A complexidade dos problemas suscitados e a diversidade das perspectivas possíveis não permitem uma abordagem separada ou uma resolução isolada, sem referência a um amplo quadro de valores, reflectido na co-responsabilidade social.

Dada a seriedade dos problemas a enfrentar, o itinerário de formação deverá favorecer o reconhecimento de que as respostas sociais utilizadas são «instrumentos» e de que o seu uso depende da vontade de quem decide (não depende só de uma pessoa; mas no que depende desta, depende absolutamente). E pode afirmar-se, em termos gerais, que quanto mais potente é o instrumento, maior a responsabilidade das decisões que lhe dizem respeito, quanto à sua utilização e quanto à sua oportunidade. Em todo o caso, é sempre requerida uma prudência que se exprime na capacidade de clareza sobre as finalidades pretendidas e na capacidade de articular os meios e os fins de maneira coerente.

Eis o que requer uma formação atenta das mentalidades para que sejam desmascarados preconceitos e para que se tenha o devido cuidado com uma correcta hierarquia de valores.

Decidir desenvolver esta ou aquela resposta é, frequentemente, uma questão económica, de política económica; mas não é uma questão neutra do ponto de vista ético, já que diz respeito à vida das pessoas. Uma pessoa eticamente formada está atenta a verificar (e pede que seja verificada) a «qualidade humana» dos resultados, em termos de partilha da existência. É uma preocupação que deve acompanhar o processo de decisão acerca da escolha dos tipos de resposta a adoptar e dos recursos disponíveis a aplicar. Trata-se, pois, de analisar, quer regional quer globalmente, as necessidades de hoje (e em relação ao futuro) e as mais importantes e mais urgentes de satisfazer.

Considerando a importância que tem a formação de uma consciência boa e correcta, não se pode deixar de recordar, no âmbito desta reflexão, a autonomia das ciências sociais e da ética, para poder reconhecer as suas relações recíprocas. Ora é mesmo aqui que nasce um problema no modo de entender e de assumir praticamente a autonomia na relação recíproca entre diversas competências. Quando se afirma teoricamente a autonomia de cada disciplina, parece que tudo vai bem. O problema surge quando se trata de reunir os dados das diversas disciplinas. Mesmo a suposta linearidade de uma consideração que parte dos dados empíricos para as questões éticas pode ser falaciosa. De facto, só aparentemente o processo corresponde a uma sucessão: clarificar primeiro o discurso científico, depois clarificar o discurso filosófico e, por fim, interpretar eticamente o resultado.

Na reflexão sobre problemas éticos, ou seja, problemas que têm que ver com a vontade livre e a responsabilidade consciente, está sempre em causa uma pré-compreensão. Quando começamos a reflectir explicitamente (mesmo no plano ético), fazemo-lo com um património mental (e não só) que é o nosso. Começamos por ter já um «vocabulário» de referência, presente no ouvir os outros e no falar com os outros. Trata-se de uma compreensão culturalmente mediada: é o resultado de uma história em que estão presentes conhecimentos científicos, filosóficos e morais (só para apontar os que nos interessam aqui directamente). Assim, quando começamos a reflectir sobre questões moralmente relevantes, partimos já com um sistema de pré-compreensões, construído ao longo da história em que estamos inseridos e na qual activamente nos integramos.

Por exemplo: quando uma pessoa reflecte sobre o Estado Social, mesmo que seja a primeira vez que pensa de modo explícito sobre este tema, não o faz sem uma qualquer compreensão prévia do problema. Quando um investigador explica algo que pertence à sua compreensão da sua área específica do campo social, usa conceitos que não lhe vêm (só) da sua área: a concepção de pessoa, a ideia de mundo, assumiu-as da cultura em que está inserido. Quem reflecte eticamente sobre um problema, ouvindo as explicações naquela área científica, será levado a interpretá-las com as referências que possui previamente. Nem sempre quem explica e quem ouve estão muito receptivos a deixar que as convicções ligadas à respectiva competência possam ser postas em causa pela competência do outro. É, pois, necessário ter consciência dos nossos próprios pressupostos científicos e filosóficos, o que nem sempre é óbvio no exercício da reflexão e da discussão interdisciplinar.

Dada a diversidade das pré-compreensões e a especialização crescente das várias disciplinas, é imprescindível que a «instância crítica» – que permite uma sólida formação ética capaz de competência nas diferentes decisões – se apoie numa «comunicação verdadeira» entre as várias disciplinas.

Tenho repetido em diversas ocasiões que a promoção da interdisciplinaridade não equivale à simples consideração de várias disciplinas, umas ao lado das outras, numa mera justaposição de contributos das diversas competências. A competência de cada especialista tem necessidade de se maturar no diálogo com as demais. Além disso, a reflexão que propomos aponta para uma outra necessidade: a de que cada competência se alimente também do que outras especializações lhe podem trazer. É preciso que cada especialista seja permeável ao que os outros lhe podem oferecer como contributo para a finalidade comum que os anima. Assim também, cada um será provocado a formular melhor as suas perguntas e as suas propostas e a prosseguir na sua reflexão e acção de modo mais enriquecido e, certamente também, adequado e eficaz.

Poderá parecer óbvio, e até consensual, afirmar: que o sociólogo faça de sociólogo, que o assistente social faça de assistente social, que o eticista faça de eticista, que o político faça de político... Tal, porém, tornar-se-ia numa desastrosa ilusão de eficiência, sobretudo em relação aos processos de decisão em que é preciso que o investigador social, o economista, o político, o jurista, o eticista possam, complementarmente, contribuir para a compreensão objectiva dos problemas, alcançando decisões sensatas e prudentes, e para uma acção articulada.

Do ponto de vista ético, isto significa fazer todos os possíveis para conhecer exactamente os problemas sobre os quais se decide, as possibilidades e os custos das decisões e a assunção da responsabilidade pelas decisões tomadas.

Na confluência da diversidade dos papéis que cada pessoa assume no seio da sociedade, a ética requer atenção à «qualidade humana» das relações profissionais. É preciso que o exercício da profissão ou o exercício de tarefas próprias de um determinado papel de administração exprima uma estatura interior de quem sabe viver a sua vida (e quer vivê-la) procurando realizá-la no bem. No âmbito profissional, como em todos os outros âmbitos da vida, a ética perfila-se como a pergunta sobre a «qualidade humana das relações». Por isso, a experiência profissional, ao ser alvo de reflexão, surge como lugar privilegiado de maturação ética, torna-se num certo «saber» ético: é experiência moral.

3. Respostas sociais

Ao referirmo-nos a «inovações» não podemos esquecer também velhas interpelações. É que, de antigas, permanecem actuais, dolorosamente, dramaticamente. São problemas a aguardar solução, por exemplo: a pobreza e exclusão social; o desemprego e subemprego; a fome; as contingências familiares que se reportam frequentemente com a doença e com a morte, às vezes com a violência. As sociedades não parecem estar a evoluir para a erradicação da pobreza e da exclusão, para o pleno emprego (em sentido quantitativo e qualitativo) e para a superação das contingências familiares. Mas não podemos resignar-nos como se tal fosse uma fatalidade. Deste modo, os imperativos éticos inerentes às respostas sociais e a toda a protecção social revestem-se da maior premência, à luz do respeito pela dignidade humana.

Para reflectir sobre os problemas éticos existentes nos sistemas de protecção social – saúde e segurança social –, podemos agrupá-los em três conjuntos: as desigualdades verificadas nos sistemas; as necessidades não abrangidas por estes; e o facto de recair sobre as famílias mais debilitadas o peso insuportável das insuficiências daquela protecção.

As desigualdades verificam-se sobretudo no domínio da saúde, apesar do desenvolvimento extraordinário do Serviço Nacional de Saúde. Por exemplo, as taxas moderadoras e outras despesas a cargo dos beneficiários ou suas famílias são, proporcionalmente, mais pesadas para os detentores de menores rendimentos. Também o sistema previdencial e o sistema complementar de segurança social favorecem mais quem aufere remunerações mais altas e mais regulares, em prejuízo dos baixos salários e do trabalho precário; e, em geral, os preços das respostas sociais (para crianças, para pessoas com deficiência, para idosos...) são, proporcionalmente, mais elevados para quem aufere menores rendimentos.

A pergunta ética à nossa capacidade de inovação transformadora perante os sistemas de protecção social pode declinar em três vertentes:

- Como tornar os sistemas mais equitativos e universais?
- Como reconhecer e respeitar a acção social básica das famílias e do voluntariado de proximidade (que sofrem as consequências das injustiças e insuficiências existentes)?
- E, no âmago de tudo, como transformar o sistema económico a favor da prevenção-solução dos problemas sociais e da sustentabilidade da protecção necessária?

Uma informação bastante completa sobre as respostas sociais figura no documento da Direcção-Geral da Segurança Social intitulado *Respostas Sociais. Nomenclaturas/Conceitos*, (2006): aquelas correspondem à rede de serviços e de equipamentos sociais, e integram-se no sistema de protecção social de cidadania, que, por sua vez, se relaciona com o sistema previdencial, com o sistema complementar e com o Serviço Nacional de Saúde. Todos estes sistemas se interligam com as políticas económicas e, naturalmente, com as demais realidades socioeconómicas; interligam-se também com o vasto mundo da acção social básica, em que se situa a luta de cada família pela subsistência, a entreajuda e o voluntariado de proximidade.

No que diz respeito aos diferentes sistemas de protecção social, parece recomendável que todas as entidades envolvidas possam diligenciar no sentido de optimizar as vantagens de cada um deles. É eticamente inaceitável que um elevado número de titulares de pensões baixas e de outros rendimentos tenha de despender o que recebe (e até mais) no pagamento a que é obrigado para aceder a alguns equipamentos sociais. No que se refere ao sistema e às políticas económicas, parece recomendável que se orientem, cada vez mais, para o pleno emprego e para a conciliação entre sustentabilidade económica e social. Quando as respostas sociais se distanciam das realidades económicas, e vice-versa, corre-se o risco de se resvalar para o assistencialismo e para a insustentabilidade dos sistemas de apoio.

Quanto à acção social básica – entreajuda e voluntariado de proximidade –, importa sublinhar, antes de mais, que se encontra votada ao abandono político em termos de acompanhamento. Não é uma situação recente. Parece mesmo que terá sido sempre assim. Não existe informação estatística sobre a acção social básica e, consequentemente, sobre os casos sociais que acompanha. Também não se divulgam estatísticas do atendimento social realizado pelo Instituto da Segurança Social, pelas autarquias locais e pelas Instituições Particulares de Solidariedade Social (IPSS). Por isso, no geral, os estudos sobre pobreza e outros problemas sociais não acompanham o dinamismo básico, universal e permanente, das relações entre as pessoas que vivem os problemas e de quem as apoia directamente na procura das respectivas soluções. A acção social básica situa-se, fundamentalmente, do lado da procura de respostas e faz todo o possível por agir de modo adequado. Será oportuno recordar que esta maneira de estruturar a solidariedade e a solicitude se encontra ao longo de toda a História da humanidade. Antecedeu, portanto, a existência do Estado Social (que, paradoxalmente, a menospreza) e é, em geral, a primeira a actuar nos casos sociais. Não raro assegura a mediação nos serviços competentes do Estado e das instituições particulares. É a acção social básica que continua a acompanhar os casos até se resolverem, sem nunca desistir.

No presente contexto, a reflexão ética leva-nos a sugerir: (a) o reconhecimento e a qualificação dos grupos de voluntariado social de proximidade para intensificarem a cooperação com a entreajuda familiar e de vizinhança; (b) a criação destes grupos nas freguesias onde não existem; (c) a facilitação do respectivo acesso regular aos serviços de acção social das IPSS, das autarquias, do Instituto da Segurança Social, etc.[2]

4. Das «partes interessadas»

As partes interessadas na protecção e intervenção sociais são constituídas, por um lado, por prestadores de um serviço, pontual ou permanente, cuidadores que têm como finalidade

---

[2] Algumas instituições de acção social têm como objectivo, precisamente, a criação e qualificação de grupos de voluntariado social. Por sua vez, a Confederação Portuguesa do Voluntariado poderia desempenhar um papel relevante de dinamização e coordenação.

a criação sustentada de condições de uma vida boa numa situação em que esta está ameaçada, agentes de uma intervenção articulada, que podem ter um estatuto profissional ou ser voluntários, e, por outro lado, pelos próprios destinatários e razão de ser de todo o empenho da acção social.

No contexto da instauração sociopolítica de medidas de protecção social, estão tipificados os grupos beneficiários de uma intervenção estatal de apoio, especificamente: os privados de trabalho (subsídio de desemprego), as crianças de meios mais carenciados (abono de família), os diminuídos por episódios de doença (subsídio de doença), os estratos sem os recursos materiais elementares de sobrevivência (rendimento social de inserção), os idosos abaixo de um limiar de existência minimamente condigna (complemento social para idosos). Devemos ainda referir os serviços de apoio a imigrantes e a refugiados.

O trabalho de serviço social, quer profissional quer voluntário, inscreve-se – certamente de uma forma diferenciada – num plano institucional ou, pelo menos, organizacional. Em todos os organismos vocacionados para protecção social, estão presentes diversos tipos de profissional, o que, associado às suas competências específicas (e à remuneração correspondente), implica também diferentes níveis de autoridade numa posição hierárquica. Distribuem-se por diferentes níveis e tipos de qualificação e, por via de regra (referimo-nos especialmente aos que actuam no Instituto da Segurança Social, nas autarquias locais e em IPSS), dedicam-se empenhadamente aos respectivos serviços e aos seus «utentes» ou «beneficiários»[3].

---

[3] Qualquer destas palavras («utente», «beneficiário») será preferível a «cliente» (vinda do ambiente comercial) para designar as pessoas «destinatárias» das respostas sociais. Talvez seja preferível referirmo-nos a «beneficiário»; é a expressão utilizada no macrossistema de Segurança Social e foi fixada,

O universo do voluntariado também se diversifica de maneira muito interessante. O menos formalizado[4] actua nas relações de proximidade (família, vizinhança, amizade, mendicidade), podendo assumir a forma de grupo organizado: o de causas diversas e diferentes populações; o de cooperação no interior de organizações públicas ou particulares, tais como hospitais e outras unidades de saúde, estabelecimentos prisionais, escolas, equipamentos sociais; o de direcção, de formação, de assessoria, etc.

4.1. *Profissionais e voluntários*

Referindo-nos à relação entre profissionalismo e voluntariado, podemos caracterizá-la como de «complementaridade», «convergência» ou «simbiose», traduzindo bem o relacionamento desejável entre o trabalho profissional e o voluntário, assente na igual dignidade do trabalho desenvolvido, na necessidade destes dois tipos de trabalho e no serviço efectivo realizado.

Tem-se vindo a registar progressos assinaláveis no reconhecimento da igual dignidade do trabalho profissional e do trabalho voluntário.[5] No entanto, também se observam ainda

---

relativamente às IPSS, no *Decreto-Lei n.º 172-A/2014, de 14 de Novembro* (cf. o artigo 5.º do Estatuto das IPSS anexo ao diploma).

[4] Em vez de caracterizar este voluntariado como «informal», é preferível designá-lo «menos formalizado», atendendo à ideia associada à falta de identidade própria e de organização.

[5] O Papa João Paulo II, na encíclica *Laborem Exercens*, sobre o trabalho humano (1981), propôs uma fundamentação para o reconhecimento da «dignidade» fundamental de todo o trabalho legítimo, que valeria a pena ser tida em conta nos domínios filosófico, científico, organizacional e político: a «dignidade» do *trabalho humano* reside no próprio *ser humano* que trabalha (n.º 6).

resquícios de confronto entre a suposta superioridade do profissional, afirmando-se com um grau técnico e organizativo mais elevado do que o do voluntário, independentemente da capacidade que a este último possa assistir; ou então entre a suposta superioridade do voluntário, afirmando-se com um grau mais elevado de dedicação e de proximidade do que o profissional, assalariado. Porém, contrariamente ao indiciado por esta valoração unilateral e distanciadora, é relevante o número de voluntários em organizações com elevados níveis técnicos e organizativos; e é igualmente relevante o número de profissionais com elevados níveis de dedicação e de proximidade àqueles que servem. A persistência daquela mentalidade leva algumas pessoas a afirmarem que os profissionais actuam como verdadeiros voluntários quando fazem trabalho extraordinário não remunerado, por vontade e dedicação próprias; seria por certo mais adequado afirmarem que esses profissionais trabalham com uma excelente dedicação profissional. Aquela mesma mentalidade leva algumas pessoas a afirmarem que os voluntários qualificados e bem organizados actuam como verdadeiros profisssionais, quando seria por certo mais adequado afirmarem que actuam de acordo com um alto nível de exigência inerente ao voluntariado.

A necessidade do trabalho profissional nas respostas sociais é hoje amplamente reconhecida e mesmo reivindicada, mas nem sempre assim foi. O voluntariado, com ou sem formalização, precedeu o trabalho profissional no domínio social. A evolução técnica e científica e a existência de disponibilidades financeiras contribuíram para que as diferentes actividades sociais voluntárias se convertessem em profissionais, o que aconteceu gradualmente ao longo dos últimos séculos. Hoje, instituições particulares, organismos públicos e meios académicos consideram necessário introduzir novas profissões no sector social e aumentar o número de profissionais que aí trabalha.

Entretanto, à medida que o trabalho profissional se generalizou nas respostas sociais, alguns meios dificultaram a aceitação do voluntariado, considerado presença do passado, condenado à extinção pelo crescimento de respostas profissionalizadas para todos os problemas e em todos os lugares. Na verdade, a quantidade, a complexidade e a imprevisibilidade dos problemas sociais tornam imperiosa a conjugação de esforços de profissionais e de voluntários na procura das respostas sociais necessárias e urgentes em cada circunstância.

Os agentes voluntários de uma intervenção social não cumprem uma função supletiva dos serviços profissionais quando estes estão ausentes ou são insuficientes, ou ainda, muitas vezes, limitados por peias burocráticas, por formas deficientes de organização da existência colectiva ou por recursos materiais e pessoais em falta. A actividade voluntária, através da disponibilidade e empenhamento individuais, da doação generosa de tempo, talentos, dinheiro e competências em geral, testemunha uma solidariedade atenta aos hiatos dos poderes constituídos da colectividade, do exercício de uma responsabilidade supra-rogatória para com os seus concidadãos afectados por alguma forma de desfavorecimento social. Por isso, os voluntários estão, na maior parte dos casos, integrados em unidades orgânicas como as IPSS, nas quais ao trabalho em associação se alia uma estratégia de acção partilhada.

4.2. *Intervenientes e beneficiários*

A relação entre os que tomam a iniciativa e realizam a acção de protecção (sujeitos da intervenção) e os seus destinatários (sujeitos receptores ou beneficiários) é marcada por uma radical assimetria. Assim sendo, a primeira exigência ética que se impõe é a de diminuir essa assimetria, o que compete sobretudo a quem tem mais poder, através de um empenho na autonomização, na capacitação do mais carenciado e vulnerável. Este é um imperativo que responde ao princípio ético de promover que cada pessoa seja protagonista do seu projecto de vida e da sua realização singular, mas que responde também ao desafio de uma maior eficácia da intervenção social potencializada pela participação dos sujeitos mais frágeis e debilitados socialmente.

Este princípio da autonomia, como autodeterminação e autofinalização de si num ordenamento social, perfila-se como um pressuposto indispensável de qualquer intervenção social que se reja pelo estatuído nas sucessivas Declarações dos Direitos Humanos, do documento fundador das Nações Unidas de 1948 à Carta dos Direitos Fundamentais da União Europeia, de 2000.

Com efeito, o auto-respeito é um bem primário indispensável – explicitando-se como autoconfiança, exprimindo-se também como sentimento do valor das suas capacidades e do seu poder de discernimento moral e de ajuizamento de situações –, encontrando nele a condição real de realização pessoal. A auto-estima, desdobramento da autoconfiança, é, em grande medida, um efeito produzido como interiorização do reconhecimento do próprio valor pelos grupos de relevo para a constituição da identidade pessoal.

O modo de consideração e de tratamento de indivíduos e de grupos para alcançarem o bem-estar, sobretudo em condições de adversidade ou de carência manifesta, determina em grande medida a sua efectiva prossecução. Importa, por isso, ter em atenção que a protecção e o cuidado necessários não devem constituir ocasião para secundarizar a capacidade de autodeterminação dos destinatários, num designado paternalismo. Este, nas suas diferentes versões e pretensas justificações, pode mesmo vir a constituir uma via deletéria e perversa da intervenção social.

Exigência ética idêntica impõe-se aos prestadores dos diferenciados serviços sociais, os quais, além do exercício padronizado das funções que lhes competem, por vezes demasiado rotinizado, cristalizado mesmo num «manual de instruções», devem sempre procurar exercer uma presença consciente de valores comuns e pessoais e humanizadora da relação.

Esta missão envolve o desafio do serviço efectivo e sem exclusões no funcionamento e na construção das respostas sociais, bem como na compensação das respectivas insuficiências. Lamentavelmente, nem sempre o trabalho profissional e o voluntário conseguem estar efectiva e plenamente ao serviço das pessoas mais carenciadas de respostas. De facto, entre estas pessoas e aqueles profissionais e voluntários, posicionam-se frequentemente as limitações legais, financeiras, técnicas e científicas, pessoais, convencionais, bem como as limitações dos próprios sistemas económico, social e cultural. Daqui resulta, como desafio permanente, a necessidade de optimização das capacidades de resposta, na consciência responsável das respectivas insuficiências. Neste contexto, destacam-se quatro lacunas na nossa prática sociopolítica: a já referida difusão de estatísticas sobre o atendimento social, ponderando os problemas sem resposta adequada[6]; a prioridade de cobrir todo o território nacional de respostas sociais[7]; a inclusão, na *Carta Social – Ministério do Trabalho, Solidariedade e Segurança Social*, dos

---

[6] Registe-se, a propósito, que as estatísticas sobre os desempregados inscritos nos centros de emprego do Instituto do Emprego e Formação Profissional começaram a ser difundidas a partir do início do Serviço Nacional de Emprego, em meados dos anos 60 do século XX, cujas competências se integraram naquele instituto. Pelo contrário, ainda não se difundem regularmente estatísticas sobre o atendimento social (com existência muito anterior).

[7] O conhecimento da cobertura equitativa do território nacional por respostas sociais deveria constituir uma base de trabalho permanente dos órgãos de soberania e de todas as entidades públicas e privadas (com e sem fins lucrativos) que actuam no domínio social ou o estudam.

números de problemas ainda sem resposta, incluindo mesmo as listas de espera[8]; e a aferição dos resultados das políticas sociais, por meio não só das situações abrangidas mas também das demais a descoberto.

5. Outras respostas sociais

No âmbito da protecção e intervenção sociais, são múltiplas as «partes interessadas» e também as respostas sociais. Neste contexto, importa destacar a importância da integração articulada entre todos os aspectos relativos à acção social, em função do objectivo comum que a todas anima, como um pressuposto fundamental da intervenção social, nela se condensando diferentes aspectos da perspectivação ética das situações e das relações, procedendo também à síntese dos diversos motivos que possam estar em presença.

A integração institucional da acção social implica, por um lado, a atitude de conjugar um plano próprio de vida, associada a interesses peculiares, com um trabalho em equipa; por outro, uma convergência leal entre esse plano e o programa estabelecido e as prioridades adoptadas pelos responsáveis da organização, em última instância, pelos representantes do poder político. A lealdade entre agentes e dirigentes deve ser acompanhada no terreno pela dos prestadores e beneficiários da intervenção social, de modo que se possa estabelecer uma comunicação isenta, franca e aberta entre as partes em presença.

---

[8] A *Carta Social* poderia constituir a base de trabalho referida na nota anterior.

5.1. Códigos deontológicos e comissões de ética

Esta almejada integração harmoniosa das partes incentiva a que os agentes de protecção social, na diversidade de funções sociais que exercem, procurem plasmar nos seus respectivos códigos deontológicos o conjunto de princípios universalmente reconhecidos e mais directamente aplicáveis à sua actividade específica, como sejam: o da dignidade do ser humano, como realidade pessoal única e sem preço; o da autonomia, que tem no consentimento esclarecido uma implicação directa e inalienável; o da beneficência, na promoção do bem do outro, ou no privilegiar o bem comum acima dos interesses particulares. Importam, pois, as normas, procedimentos e práticas, mas também os dispositivos legais, que realizam o ajustamento do carácter necessariamente formal dos princípios à singularidade das situações e dos indivíduos em presença, conferindo estabilidade e segurança no exercício concreto da intervenção – sempre na convicção de que a exigência de um atendimento pessoa a pessoa, em cada caso sempre singular, nunca se dissipará.

Um pressuposto comum às diferentes deontologias que regem interacções humanas diz respeito à aquisição de competências específicas para a acção. De facto, algumas das «boas práticas» impostas constituem regras técnicas que supõem o devido domínio da actividade específica e que outros factores bem-intencionados não podem suprir como justificação da intervenção. A competência técnica, porém, não é apenas um aspecto da formação para uma profissão ou actividade específica, mas reveste-se também de um carácter ético, já que implica igualmente uma aprendizagem do exercício capaz de uma responsabilidade na acção que afecta uma relação interpessoal.

Um outro elemento que aparece comummente nos diversos códigos deontológicos é a exigência de confidencialidade das informações pessoais recolhidas. Somente a garantia de uma tal reserva permitirá o estabelecimento de relações de confiança, sem as quais não poderá haver uma comunicação não distorcida entre os intervenientes ou uma comunicação efectiva que não se esgote no registo meramente instrumental.

Um código deontológico é, sem dúvida, um auxiliar precioso, imprescindível mesmo, na resolução de problemas casuísticos e de alguns dilemas morais ou conflitos entre normas que a complexidade das situações possa fazer emergir, mas não deve confundir-se com a regulação automática das condutas, as quais não podem nunca prescindir da atenção individualizada e da tomada de posição responsável.

Complementarmente, as comissões de ética existentes em alguns ramos de actividade de relevo social são organismos indispensáveis para a reflexão e formação do juízo acerca da admissibilidade de práticas em concreto, à luz dos critérios deontológicos, e na resolução de conflitos nascidos dessas práticas ou entre valores invocáveis numa dada situação, mas conflitando entre si. A conflitualidade pode emergir igualmente da inadequação entre a necessidade social e os interesses específicos dos beneficiários, bem como da limitação e escassez de recursos que obriguem a rateio e ao estabelecimento de prioridades na acção.

A intervenção social é um trabalho de reconhecimento: a exploração de um campo, uma operação de identificação, um processo de autenticação e um acto de testemunho.

Explorar um espaço social determinado, conhecer o terreno em que se pretende intervir, implica a recolha e o tratamento de muita informação e a constituição de um saber específico de cariz prático. Importa então analisar os contextos dos destinatários (psicológico, familiar, socioeducativo e moral, entre outros), estudar o enquadramento legal e institucional das acções a empreender, considerar o sistema de poderes vigente, e proceder ao levantamento dos meios e recursos de intervenção disponíveis ou a reclamar.

5.2. Burocracia e tecnocracia

As vertentes administrativa e técnica fazem parte integrante das «respostas sociais», proporcionando-lhes consistência de procedimentos e orientação científica para a consecução dos seus objectivos. Debatem-se, porém, com o paradoxo de funcionarem também como poder limitativo das capacidades de resposta[9], o que pode revestir-se das seguintes formas: uma hierarquização dos sistemas e subsistemas de segurança social; hierarquias também dentro das organizações; algumas expressões de infundada superioridade técnico-organizacional em relação ao voluntariado, ou de superioridade moral, igualmente infundada, de voluntários em relação a profissionais; o «baixo estatuto social» de pessoas atendidas ou acompanhadas, sobretudo quando se trata das que são consideradas pobres ou excluídas.

Entretanto, tudo se agrava no subsistema de acção social que se pauta pela ausência de direitos, o que se torna ainda mais inadmissível, do ponto de vista ético, quando esta ausência não é compensada pelo reconhecimento efectivo da igual dignidade humana de todas as pessoas. A Constituição da República Portuguesa contém uma explicitação clara da «dignidade», que fundamenta os direitos concretos a determinadas prestações ou serviços. Destacam-se os artigos 1.º e 13.º, referentes à dignidade humana, 63.º, afirmando que «todos têm direito à segurança social» e 64.º, afirmando que «todos têm direito à proteção na saúde»[10].

A tendência para o perfeccionismo arbitrário reforça o poder das organizações que actuam no domínio social e

---

[9] Burns, Tom R. e Flam, Helena, *Sistemas de Regras Sociais: teoria e aplicações*, Oeiras, Celta Editora, 2000, pp. 81-85.

[10] Cf. Miranda, Jorge e Medeiros, Rui, *Constituição Portuguesa Anotada*, Tomo I. Coimbra, Coimbra Editora, 2009.

dos seus agentes. A redacção e a própria concepção das leis processam-se de tal modo, que existe frequentemente a possibilidade de as entidades por elas abrangidas se encontrarem em incumprimento – pelo menos, os agentes responsáveis pela verificação da legalidade assim o entendem. Por vezes, parece que é como se a Lei fosse um «fim» em si mesmo, sem se perceber qual o valor ou valores por ela efectivamente protegidos. No limite, pode verificar-se uma quase «tecnolatria» da lei e dos responsáveis, limitando a margem de manobra de quem actua no domínio social e dificultando a inserção das respectivas organizações públicas e privadas nas populações em que se integram e actuam.

O poder e o perfeccionismo burocráticos e tecnocráticos, a par de uma pesada inércia, vêm contribuindo para que as respostas sociais constituam uma vasta rede solidária algo «misteriosa» que se orienta dialecticamente para a solução justa e harmoniosa dos problemas que enfrenta: é uma rede vasta, (disseminada capilarmente por todo o país); é solidária (esforça-se, em cada dia, por congregar esforços para encontrar solução para os problemas); é também algo «misteriosa», porque se desconhece, ou pelo menos não se divulga, o número de entidades que actuam nas respostas, bem como os respectivos patrimónios, os custos e os pagamentos médios por beneficiário, a relação entre os pagamentos dos beneficiários e os respectivos rendimentos, os critérios que orientam o envolvimento financeiro das famílias. De facto, não se esclarece, de maneira convincente, qual o motivo por que os «clientes» de entidades privadas com fins lucrativos não beneficiam de comparticipação financeira do Instituto da Segurança Social idêntica à dos beneficiários das IPSS, não se difundem regularmente informações sobre o grau de cobertura do país pelas diferentes respostas sociais, nem sobre as listas de espera, nem sobre as situações de carência de respostas, independentemente de figurarem nessas listas.

Apesar de tudo, estamos certos de que esta rede visa à solução justa e harmoniosa dos problemas sociais, o que contribui para a própria identidade e missão de cada entidade e das respectivas uniões, federações e confederações, para o ordenamento jurídico e político e ainda para o acompanhamento atento pelas populações locais e pelos meios de comunicação social.

5.3. Métodos, programas, políticas

Os métodos, os programas e as políticas sociais apresentam-se frequentemente como respostas completas e globais, mas, na verdade, devem apenas ser considerados parte da resposta, e os seus autores, como quem os aplica, não devem sobrepor o seu discurso ao das pessoas carenciadas abrangidas.[11]

De uma perspectiva ética, evidenciam-se alguns aspectos inquietantes, começando com a inexistência flagrante ou a insuficiência de soluções relativamente ao problema da pobreza estrutural. Esta, embora atenuada, ainda não foi contida nem atingida nas suas raízes. A humilhação a que se encontram sujeitas as pessoas que se debatem com problemas sociais[12] reveste várias modalidades: os pobres e os desempregados são vistos, por vezes, como os responsáveis pelas situações em que se encontram; a deficiência física ou mental é

---

[11] Esta questão foi aprofundada pelo sociólogo Pierre Bourdieu e seus seguidores; cf. BOURDIEU, Pierre, *A distinção – uma crítica social da faculdade do juízo*, Lisboa, Edições 70, 2010, pp. 685-691.

[12] BRASÃO, Inês, *O Tempo das Criadas: a condição servil em Portugal (1940-1970)*, Lisboa, Edições Tinta-da-China, 2012, pp. 231-238. A metodologia adoptada nesta investigação contém aspectos aplicáveis a outros problemas sociais.

estigmatizada[13]; os comportamentos violentos (devido a embriaguez ou a toxicodependência) têm frequentemente abordagens moralistas ou policiais.

O abandono institucional mais visível é porventura o dos mendigos, o da pobreza e exclusão social expostas e das pessoas sem habitação condigna ou isoladas em suas casas. Observa-se também nas pessoas que precisam de respostas sociais e não as obtêm por falta de vagas ou de recursos para pagamento, como em todas as que, aguardando respostas, não beneficiam de acompanhamento solidário.

Uma outra situação de abandono é a que as pessoas vítimas de violência sofrem, enquanto os serviços competentes não tomam conhecimento dela e, depois, enquanto não proporcionam o acesso a respostas adequadas. Pode chegar a ser uma forma de violência institucional. Também se aproxima da violência institucional a situação das pessoas cujo acesso às respostas sociais de que necessitam está dependente do convencimento de outros membros da família para darem o seu contributo financeiro, dispondo ou não de condições para tal.

A «desautonomização», ou esvaziamento de poder, contrasta com os esforços de «autonomização» (*empowerment*) que caracterizam vários serviços, públicos e privados, de intervenção socioeconómica.[14] A «desautonomização» não é realizada intencionalmente, mas como consequência de limitações várias, que vão da falta de profissionais ou de voluntários em número e qualidade suficientes até à rotina das actividades do dia-a-dia. Estas e outras limitações podem contribuir para que as pessoas carenciadas de apoio sintam que, depois de serem

---

[13] WEBER, Philippe, *Dinâmicas e Práticas do Trabalhador Social*, Porto, Porto Editora, 2011, pp. 73-82. Aborda pertinentemente a «construção social da deficiência».

[14] IRENE DE CARVALHO, Maria (coord.), *Serviço Social no envelhecimento*, Lisboa, Pactor, 2013, pp. 51-52.

atendidas por organismos públicos ou instituições particulares, ficam mais «desautonomizadas» do que antes. Aliás, o simples facto de um cidadão ser rejeitado, mesmo delicadamente, por uma entidade a que se dirige, constitui um desafio à sua autonomização – ou pode atingir o extremo quando se trata de um cidadão despojado de quase tudo. Não é fácil, mas torna-se indispensável que os organismos e instituições desenvolvam a cultura do «sim» – um «sim» cooperante e responsabilizador também – em relação às pessoas que atendem e acompanham.

Procurámos pensar a relação entre a ética, a intervenção na área social, as «partes interessadas» e os novos desafios que comportam as inovações em curso.

Sabemos bem que, nas decisões mais importantes, nós, ao decidir, decidimo-nos. E decidir significa, afinal, preferir.

Quais os critérios mais relevantes para as decisões neste domínio? Onde está pousado o nosso olhar? Dou atenção à interpelação que me chega da outra-pessoa? Das outras-pessoas? Sobretudo se habitualmente elas não fazem ouvir a sua voz. Nunca vêem chegar a sua vez...

O carácter específico da exigência ética é a não arbitrariedade.

Leituras recomendadas

Abignente, Donatella e Bastianel, Sergio, *Le vie del bene. Oggettività, storicità, intersoggettività*, Trapani, Il pozzo di Giacobbe, 2009.

Abignente, Donatella e Pereira de Almeida, José Manuel (ed.), *Cuidar do Outro*, Lisboa, Editorial Cáritas, 2015.

Bastianel, Sergio (coord.), *Entre possibilidades e limites: uma teologia moral em demanda*, Lisboa, Editorial Cáritas, 2013a.

BASTIANEL, Sergio, *Moralidade pessoal na História: temas de ética social,* Lisboa, Editorial Cáritas, 2013b.

BELL, Linda e HAFFORD-LETCHFIELD, Trish (ed.), *Ethics, Values and Social Work,* Londres, Open University Press, 2015.

BOURDIEU, Pierre, *A distinção: uma crítica social da faculdade do juízo,* Lisboa, Edições 70, 2010.

BURNS, Tom R. e FLAM, Helena, *Sistemas de regras sociais: teoria e aplicações,* Oeiras, Celta Editora, 2000.

CARVALHO, Maria Irene de, *Ética aplicada ao Serviço Social – Dilemas e práticas profissionais,* Lisboa, Pactor, 2016.

DEPENNE, Dominique, *Utopie et rencontre éthique en travail social – accompagnement et lien humain,* Paris, ESF, 2017.

Federação Internacional dos Assistentes Sociais (FIAS) e Associação Internacional de Escolas de Serviço Social (AIESS), *A Ética do Serviço Social: Declaração de Princípios,* documento aprovado em assembleia-geral conjunta em 2004. Versão original em: http://ifsw.org/policies/statement-of-ethical-principles/. Tradução portuguesa da Associação dos Profissionais do Serviço Social (APSS), de 2007, em: http://www.apross.pt/profissao/etica-e-deontologia/.

Federação Internacional dos Assistentes Sociais (FIAS), *A Ética no Serviço Social: Princípios e Valores,* declaração aprovada em assembleia-geral, em 1994. Edição da Associação dos Profissionais do Serviço Social.

WEBER, Philippe, *Dinâmicas e Práticas do Trabalhador Social,* Porto, Porto Editora, 2011.

Uma nova dimensão ética das relações e transferências sociais

Henrique Joaquim

Presidente-Executivo da Direcção da Comunidade Vida e Paz
e Faculdade de Ciências Humanas da Universidade Católica Portuguesa

O presente texto visa reflectir sobre «a dimensão ética das relações e transferências sociais» a partir da experiência de cerca de dezoito anos de vida profissional enquanto assistente social, cinco dos quais como dirigente e gestor-executivo de uma organização da economia social e solidária, e de intervenção com a missão de apoiar as pessoas mais desfavorecidas através de diferentes tipos de resposta social.

Não se trata, portanto, de uma reflexão teórica ou epistemológica sobre a noção de ética ou de transferências sociais, mas de uma abordagem às questões resultantes da intervenção concreta, dos seus limites e das suas incongruências, das suas potencialidades, no contexto actual de necessidades sociais e da adequação indispensável em termos de resposta.

Referirmo-nos a transferências sociais, muitas vezes também designadas prestações sociais, é reportarmo-nos aos apoios prestados pelo Estado com o fim de garantir a cobertura dos riscos sociais vividos pelos seus cidadãos. Trata-se de ajudas tipificadas de acordo com os riscos que se visa suprir, especificando a forma de apoio a prestar. São exemplos destes as pensões de reforma e as ajudas prestadas às pessoas idosas (Mendes, 2011). São, portanto, formas de apoio que podem ser prestadas directamente aos cidadãos beneficiários ou que lhes podem ser concedidas indirectamente, por meio de subsídios contratualizados com organizações da economia social e solidária ou do sector da economia privada, que, desta forma, prestam serviços que o Estado não assegura e que os próprios não têm capacidade de suportar.

Em Portugal, estes apoios podem ter origem: no regime não contributivo, que não pressupõe que os cidadãos tenham realizado contribuições durante um determinado prazo de garantia, e assentam normalmente na verificação de uma condição de recursos; ou no regime contributivo, que apenas presta apoio no caso de os cidadãos terem realizado as contribuições definidas para o efeito.

O conceito de transferências sociais é geralmente utilizado quando se pretende fazer referência ao processo de (re)distribuição de recursos no âmbito do sistema de Segurança Social. Trata-se de um indicador que se utiliza para analisar as taxas de risco de pobreza, ou seja, o risco a que estão expostos alguns grupos sociais antes de usufruírem das transferências sociais e/ou depois de receberem estes apoios.

Propondo-nos fazer uma reflexão sobre uma nova dimensão ética das transferências, importa também expressar o que se entende por ética, tendo em atenção que, como anteriormente referido, esta reflexão parte da experiência vivida. É também desta perspectiva que se pretende questionar e aprofundar os princípios que parecem estar na base das normas segundo as quais o Estado português apoia os seus cidadãos na prevenção de riscos sociais ou na resolução dos problemas sociais por eles vividos.

Quais os princípios que têm prevalecido nos últimos anos? A centralidade na dignidade da pessoa humana ou a gestão económica e financeira dos recursos? A confiança nas entidades parceiras e a respectiva coresponsabilização ou o controlo e a regulação? Há muito tempo que não é clara, nem tão-pouco consistente, a resposta a perguntas fundamentais: qual o papel do Estado português no âmbito da protecção e do desenvolvimento social dos seus cidadãos? E qual o papel da sociedade civil e da economia privada?

Trata-se de perguntas que se apresentam aos profissionais, designadamente aos assistentes sociais, no desempenho dos seus diversos papéis, mormente aqueles que, de uma forma ou de outra, lidam regularmente com a administração e execução de transferências e prestações sociais. Qual o papel dos assistentes sociais e como reflectem sobre a sua intervenção para influenciar a definição de políticas e as regras de distribuição de transferências e de prestações sociais? Como avaliam essa intervenção?

Estimular e desenvolver esta reflexão é de importância crucial e orientação imperiosa para ousar encontrar respostas para algumas questões fundamentais: qual a visão de futuro e que valores poderão estar na base de orientação da acção pretendida? O que se quer é uma acção meramente assistencial, ou de promoção e autodeterminação? Por certo, todos estaremos de acordo que a finalidade desejada é a criação de condições que permitam a autodeterminação das pessoas, ainda que isso implique ter estratégias que passem por abordagens assistenciais. Todos estamos de acordo também quanto à rejeição liminar de políticas exclusivas e práticas assistencialistas. Porque se verificam então impactos tão significativos em vários problemas sociais cada vez mais complexos?

Desenvolver uma nova dimensão ética nas relações e transferências sociais pressupõe reflectir numa visão de futuro que aponte para o que se espera alcançar e expressá-la; pressupõe centrar-se nas finalidades destas relações e transferências, compreendendo as transformações em curso no que se refere às necessidades identificadas, às suas múltiplas causas, bem como aos diferentes modos como estes processos são experienciados pelas pessoas.

É cada vez mais premente, por exemplo, aprofundar e discutir a relação entre os tempos de atribuição das transferências e os tempos necessários ao desenvolvimento de processos que permitam obter resultados positivos e, acima de tudo, alcançar as respectivas finalidades: uma transferência que é atribuída, por exemplo, por um ano, para o apoio a situações de carência ou de desenvolvimento social mais complexo, pode estar sujeita ao fracasso e/ou implicar um maior investimento de tempo e de recursos em procedimentos, essencialmente de cariz administrativo, para que se trabalhe a sua renovação. O procedimento é diferente em muitas situações em que esta renovação é «automática» e não requer um processo de acompanhamento de proximidade e de avaliação e reflexão intercalar, o que, regra geral, tende a resultar num apoio fixo e entendido como adquirido sem ter por referência uma óptica de finalidade. Perante problemas sociais cada vez mais complexos, urge rever as estratégias de resposta a dar evitando lógicas lineares a questões estruturais.

Neste contexto, emerge como crucial a necessidade de se encetar uma reflexão, o mais participada possível, que permita equacionar princípios, lógicas e práticas de administração de transferências e de prestações sociais, que contribuem para uma relação equilibrada entre os recursos, as necessidades dos seus utilizadores/beneficiários, as exigências legais em vigor, mas também as suas legítimas expectativas e ambições sociais, e os seus princípios e valores.

Tendo em conta o momento presente e as fortes restrições orçamentais vividas, levantam-se perguntas a que urge dar resposta: onde investir as transferências? Nas situações e organizações que demonstrem maior eficiência? Nas situações prioritárias? Que critérios aplicar na definição de prioridades?

É cada vez mais frequente encontrar as lógicas e os princípios predominantes no sector privado, lucrativo (segundo sector), a pautar as lógicas de gestão e, consequentemente, de acção do sector da designada economia social (ou economia solidária, pertencente ao sector terciário, e fundamentalmente protagonizado pelo associativismo, cooperativismo e mutualismo) e também do sector público (primeiro sector). Enraíza-se cada vez mais a lógica de atribuição de fundos e de transferências a organizações com base em procedimentos concursais ou através de júris, que não só pretendem ser neutros – apesar de dificilmente o serem – mas acabam também por desconhecer a realidade.

Desta forma, a avaliação assume um papel indispensável, já que o modo como for realizada pode influenciar a distribuição dos recursos a alocar às transferências sociais e consequentemente à intervenção futura. Num momento em que os recursos são escassos, os princípios da utilidade e da eficiência na acção têm-se tornado critérios centrais na definição de prioridades e na aplicação de recursos. Contudo, é um risco descomunal utilizar apenas estes dois princípios quando se quer definir e/ou realizar políticas de apoio e desenvolvimento social que tenham como finalidade a construção de contextos assentes na solidariedade e na justiça social. Estes princípios apenas devem ser utilizados nos casos em que seja possível determinar, de forma clara, o impacto da acção realizada – situação cada vez mais difícil de conseguir ante a complexidade e incerteza vividas na contemporaneidade.

1. Dignidade e centralidade da pessoa

A indispensável e urgente reflexão a realizar, que permita encontrar respostas cabais às perguntas acima apresentadas, tem claramente de começar e ter sempre como referência a dignidade humana e a centralidade da pessoa, sendo certo que todos estaremos de acordo em entender a pessoa enquanto «realidade ontologicamente digna, um fim em si e nunca um meio» (Díaz, 1997, p. 296).

E, todavia, as nossas práticas contemporâneas nem sempre parecem reflectir esta realidade da pessoa; além disso, embora a noção de dignidade humana esteja sempre presente nos discursos, nem sempre se concretiza na prática, a qual, por vezes, não tem em conta a centralidade da pessoa no momento de definição nem de políticas de protecção social, nem dos necessários critérios de distribuição de recursos.

Torna-se hoje fundamental lembrar que a dignidade reside no ser humano e não num serviço ou organização humanizada, ainda que através desta se possa alcançar a primeira como essencial. Deste modo, pode dizer-se, citando Kant na *Fundamentação da Metafísica dos Costumes*, que a dignidade humana tem «valor e não preço», o que parece tantas vezes estar invertido quando a tónica se põe no custo dos serviços prestados, sem atentar para o valor que geram ou visam gerar na vida das pessoas que deles usufruem.

Posicionar a centralidade na dignidade da pessoa humana enquanto fim torna-se ainda mais crucial para recuperar e reforçar uma ética do cuidado. «Cuidar de pessoas» é diferente de «tratar de casos». Pôr a centralidade na pessoa não visa compreender a pessoa enquanto sujeito destituído de responsabilidade, mas sim entender «quem é esta pessoa» para lá do que aparenta ser ou faz. Num contexto em que contraditoriamente se utiliza cada vez o conceito de «cliente» (deturpando e reduzindo a um contrato a relação entre quem carece de assistência e quem a presta), emerge o apelo à centralidade dos direitos sociais e da cidadania, o que, sendo importante, se pode tornar insuficiente, uma vez que o horizonte tem claramente de ser posto na pessoa e na dignidade que lhe é inerente.

Dito de outra forma, é necessário compreender que antes de um «cliente» existe um cidadão, que, eticamente falando, é sempre uma pessoa, sendo como tal que tem de ser entendida e eventualmente cuidada e socialmente protegida.

Insta, portanto, entender também a importância das condições de contexto, tantas vezes fora do controlo da pessoa. Acima de tudo, é necessário procurar ter como objecto da acção as situações a transformar e como sujeito a pessoa a emancipar. Sem desvalorizar a necessidade de olhar para os custos e benefícios financeiros enquanto indicadores, há que apresentar também, e principalmente, como critérios de sucesso a efectiva participação, autonomização e desenvolvimento das pessoas envolvidas.

Em resumo, pode dizer-se que a dignidade de toda e qualquer pessoa é uma realidade inerente a todas as pessoas, independentemente das suas condições de vida. Por um lado, trata-se de um valor em si mesmo – por isso a pessoa não é um objecto, mas um sujeito –, por outro, a dignidade humana transcende todo e qualquer bem material – a pessoa vale por ser pessoa e não pelo que tem. Assim sendo, esta dimensão – a dignidade humana –, assumindo todas as pessoas como iguais, torna-as não só responsáveis pelos seus semelhantes e pelo seu contexto, mas também solidárias com eles, o que pressupõe uma sua participação activa, potencializadora do desenvolvimento de todos quantos as rodeiam.

2. A solidariedade como valor

Perante o referido e em sua consequência, é incontornável e imprescindível reintroduzir o valor da solidariedade como referência de uma nova dimensão ética para as transferências sociais. O seu conceito é, de facto, polissémico e ultimamente quase ausente na definição de medidas e de políticas de protecção social. Pelo menos na lei de bases que regula o sector da economia social, tornou-se num conceito que quase não se vislumbra, estando praticamente ausente do espírito do diploma, o que, só por si, levanta sérias preocupações quanto ao modelo que se preconiza para o sector e para a sua relação com os demais sectores da sociedade portuguesa.

De acordo com o senso comum, a referência à solidariedade tem, muitas vezes, subjacente uma ideia de igualdade e/ou de justiça social, o que, em nosso entender, não deixa de consistir numa ideia redutora. Numa outra acepção, a solidariedade é também um conceito associado a práticas de cariz mais filantrópico e/ou assistencialista, o que gera frequentemente críticas e oposições, afirmando-se, acima de tudo, que se trata de um princípio fundamental que se reporta exclusivamente à justiça social.

Mas a referência à solidariedade pode significar também a assunção de uma coresponsabilidade e de um compromisso, de todos e de cada um, para com o desenvolvimento social e, como tal, para com o bem comum, além do desenvolvimento individual. Ou seja, ser solidário não deve corresponder a um simples sentimento de compaixão ou enternecimento (mais ou menos distante) por alguém que viva uma situação de necessidade ou vulnerabilidade; no contexto da protecção social, e em nosso entender, ser solidário implica um compromisso para com o outro (individual ou colectivo), para com a sua promoção e o seu desenvolvimento enquanto pessoa, mesmo além da sua cidadania!

Para a constituição de uma nova dimensão ética das transferências sociais, mais do que uma disjunção entre os conceitos de solidariedade e de justiça social, o indispensável é a construção de uma verdadeira conjunção entre ambos. Por um lado, qualquer acção cujo fundamento se limite a um acto de suposta solidariedade, sem a intencionalidade de uma promoção justa da dignidade do outro, será quase de certeza um acto assistencialista e, como tal, injusto; mas, por outro lado, uma medida que se reduza a uma ideia de justiça meramente igualitária corre o sério risco de se tornar num acto de solidariedade imposta e mecânica, obtendo como resultado o inverso do que se pretende.

Conscientes da existência de uma significativa pluralidade de definições da expressão «justiça social», adoptou-se, para efeitos desta reflexão, a seguinte formulação: «conjunto de princípios que regem a definição e a repartição equitativa dos direitos e dos deveres entre os membros da sociedade, privilegiando as instituições sociais mais do que os comportamentos individuais, muito em especial o carácter justo daquelas» (Mendes, 2011, p. 152).

O actual sistema de apoios assenta, em grande parte, no pressuposto de uma solidariedade mais ou menos imposta, tendo em conta que são os cidadãos activos que, obrigatoriamente, contribuem para suportar os riscos e benefícios sociais das gerações inactivas (as mais novas e as mais velhas). Por isso, «a continuidade da sociedade está assegurada desde que nenhuma geração activa repudie o título geracional dos idosos seus contemporâneos» (Mendes, 2011, p. 58). No entanto, a discussão em torno da legitimidade desta lógica tem aumentado de tom, e já várias vezes esteve no centro da discussão a possibilidade de se adoptarem medidas mais individualistas. Perante este cenário, é fundamental perguntar: enveredando por lógicas assentes em princípios de cariz individualista – em que cada cidadão trabalha para assegurar a sua própria protecção e, quando muito, a dos seus mais próximos – e/ou em lógicas e princípios de cariz utilitarista, como e quem irá suprir os riscos sociais? Como e quem assegurará condições de vida minimamente dignas às pessoas que, por alguma razão ou por um conjunto complexo de factores, porventura além da sua responsabilidade e controlo, se vejam limitadas ou mesmo impedidas de contribuir, de modo que possam ter a protecção necessária? Uma pessoa que se encontre para lá do limiar da exclusão social, em que condições poderá e deverá ter acesso a recursos e formas de protecção que lhe permitam viver condignamente? Por exemplo, uma pessoa sem-abrigo pode ou não ter acesso a uma habitação condigna? Em que condições?

Parece-nos essencial resgatar a ideia de fraternidade, que também tem de estar subjacente a uma concepção de justiça social enquanto promoção e defesa da dignidade como valor inalienável de todo e qualquer ser humano e inerente ao mesmo, inclusivamente para os que se encontram em situações de maior exclusão e/ou de vulnerabilidade social. Esta noção de justiça social, em que se conjuguem pressupostos como a igualdade e a equidade, mas também a fraternidade, poderá ser importante no contraponto às noções de justiça que se orientam para uma priorização de atribuição de recursos, assente sobretudo nas ideias de maximização de uma utilidade quantitativamente eficiente. Nos dias que correm, o debate sobre a noção de justiça envereda, não raras vezes, pela ideia de que a contribuição de cada pessoa, segundo a sua capacidade, é necessária para depois se promover a utilização dos recursos segundo a contribuição de cada um. Porém, será então inevitável enfrentar a pergunta acerca do sentido da acção que concerne às muitas pessoas sem capacidade de contribuição, mas com elevados níveis de necessidade.

Não se trata de olhar para a fraternidade de forma paternalista e/ou assistencialista, mas de reconhecer que o poder das pessoas em condição de necessidade e/ou de vulnerabilidade é também o de permitir a outras a exteriorização e a realização da sua dignidade, desenvolvendo assim as suas capacidades reais, por vezes até desconhecidas. Trata-se de olhar para a fraternidade e perceber que o limite e a vulnerabilidade do outro é, provavelmente, uma possibilidade de desenvolvimento humano mútuo.

3. Subsidiariedade social como hierarquia de recursos

O princípio da subsidiariedade, embora não se encontre tão subsumido como o da solidariedade, parece estar, contudo, mais presente nos textos escritos e nos discursos orais do que nas práticas. E, no entanto, trata-se de um princípio estruturante das relações humanas e, como tal, deveria ser também estruturante das organizações, das comunidades, das sociedades humanas.

Reflectir numa nova dimensão ética das transferências sociais e construí-la, dimensão essa que se conjugue na inter-relação entre a solidariedade e a justiça social já referidas, exige a subsidiariedade como um dos seus princípios orientadores. Este princípio especifica que promover a dignidade da pessoa implica cuidar das diferentes instâncias em que esta vive e se desenvolve, como sejam a família e os grupos de pertença (no trabalho, no lazer, na educação, etc.), e que abrangem as suas diferentes dimensões, por meio das quais se desenvolve humana e socialmente.

No cumprimento deste desiderato, importa ter em atenção que não só não deve ser tirada à pessoa a sua capacidade de iniciativa e trabalho, para a confiar à comunidade, como também não deve passar-se para uma sociedade maior e mais elevada o que comunidades menores podem realizar. A finalidade comum é a promoção da pessoa e das comunidades e não a subalternização de qualquer uma delas.

É, assim, indispensável estabelecer e reforçar o mais possível uma forte inter-relação entre o princípio de subsidiariedade e o princípio da solidariedade, porque o agir na subsidiariedade sem solidariedade gera um particularismo social e, ao invés, agir pela solidariedade mas sem a subsidiariedade gera práticas assistencialistas que humilham as pessoas em situação de carência ou de vulnerabilidade. A relação preconizada implica uma reflexão e um ajuste permanentes sobre o papel de cada instância – Estado, organizações, famílias, pessoas –, tendo como visão o bem comum e o desenvolvimento humano, sempre numa relação equilibrada com o seu contexto.

Afinal, os actuais processos de administração de transferências sociais visam sustentar as estruturas e as respostas sociais existentes ou procuram resolver situações identificadas como de carência, tendo sempre como fim último a autonomização possível das pessoas, das famílias e das próprias organizações? Admitindo que estão concebidos seguindo este último objectivo, estarão a ter este mesmo resultado, a ser eficazes? Ou seja, o processo de administração de transferências sociais promove a autonomia de cada pessoa relativamente às organizações ou apenas a designada «subsidiodependência»?

As culturas organizacionais, de um modo geral, estão hoje marcadas por práticas de cariz vincadamente assistencial (muitas vezes mesmo de cariz assistencialista) ou por novos modelos de gestão cada vez mais generalizados. A lógica gestionária e/ou *managerialista* (orientada pela lógica do sector privado) perpassa hoje por muitas organizações públicas e privadas e tem vindo a tirar a capacidade de os profissionais poderem encontrar respostas mais holísticas a situações individuais, familiares e até comunitárias.

As práticas assentes na solidariedade e na justiça social pressupõem contextos e necessitam de espaços e tempos que não se constroem nem desenvolvem em contextos cada vez mais rotinizados e tecnicizados como os actuais.

Deste modo, não basta mudar técnicas e até alguns comportamentos. É fundamental reequacionar princípios e valores de que resultem novas lógicas e, consequentemente, novas práticas ou pelo menos a reorientação das práticas actuais.

4. Reciprocidade e gratuidade

A institucionalização de direitos e dos mecanismos necessários para os salvaguardar e efectivar de forma universal, justa e equitativa, tem afastado paulatinamente os mecanismos de solidariedade de cariz mais primário, que, na verdade, estiveram na sua origem.

Hoje, parte-se do princípio de que apenas os mecanismos públicos e juridicamente instituídos podem ser garantia de universalidade na efectivação justa dos direitos; ao mesmo tempo, combatem-se as lógicas que tenham subjacentes princípios de reciprocidade e gratuidade. Dito de outra forma, construiu-se, em certa medida, uma bipolarização dos sistemas de acção social, considerando apenas «o sistema de mercado em que se confrontam e harmonizam os interesses individuais; e o sistema político estruturado pelo monopólio do poder legítimo» (Max Weber *apud* Goudbout e Caillé, 2000, p. 25; Yáñez Casal, 2005, p. 9).

No entanto, a realidade demonstra que há vida além dos *mundos* do mercado e da *burocracia*. Há um terceiro *mundo* (não necessariamente subdesenvolvido) onde se sofre e se ama, onde se vive e se desenvolve a sociedade, a comunidade e as redes sociais, onde se mesclam egoísmo e altruísmo (Godbout e Caillé, 2000, p. 24). Como destacam Jacques Godbout e Alain Caillé, «a leste ou no Terceiro Mundo, onde Estado e Mercado ainda não estão organizados, subsiste ainda um último guarda-fogo, uma rede de relações interpessoais cimentada pelo dom e pela entreajuda que, sozinha, permite sobreviver num mundo em loucura. O dom? Que resta quando tudo foi esquecido e antes de termos aprendido alguma coisa?» (Godbout e Caillé, 2000, p. 26).

Trata-se de uma realidade que se impõe também nas nossas sociedades ditas desenvolvidas, como se tornará evidente se ponderarmos no que poderia ter sido a vida das pessoas afectadas pela crise, nomeadamente a que se desencadeou em 2008, em Portugal, quando o *mundo* do mercado tremeu fortemente e o *mundo* dos sistemas públicos de protecção se retraiu significativamente.

Uma nova dimensão ética das transferências sociais passa também por reconhecer que a economia do dom ou da dádiva é igualmente uma lógica que cria relações solidárias e contribui para a coesão social, visto que, tal como Marcel Mauss a conceptualizou, assenta em três obrigações: «dar, receber, retribuir» (Mauss, 2007, pp. 147-158), não se tratando de uma ausência de interesses, mas sim de uma ausência de cálculo (Godelier, 1996, p. 12).

De certa forma, também se pode e deve questionar se as actuais políticas de assistência não tendem a retomar a «lógica caritativa» que visam combater, uma vez que se tornam assistencialistas ao tenderem, de maneiras mais ou menos complexas, a envolver as pessoas apoiadas num estado de dívida permanente – o que não deixa de ser também uma forma de humilhação e submissão. Urge, portanto, repensar os actuais mecanismos de assistência, de forma que neles se englobem as práticas já existentes que fomentam a solidariedade; é necessário igualmente reconhecer as práticas existentes que, apostando «na existência de uma mutualização dos recursos no interior de um grupo», evitam a criação de dependências e as relações de dominação entre quem dá e quem recebe. Se assim for, isto é, se o dom for realizado por um colectivo de actores que tenha como referência uma mutualização dos recursos, então, aquele constitui-se como elemento de uma espiral de dádivas e de retribuições cuja origem será desconhecida (Mauss, 2007, pp. 51-52). Trata-se de ousar criar condições que permitam pôr em evidência a já existente generosidade não humilhante, preconizando o anonimato dos dadores, porque, se o donatário não conhecer a identidade do dador, o compromisso será sempre com o dom recebido e não com quem o realizou. Outro mecanismo que poderá contribuir para a «mutualização de recursos» passa por repensar a noção de trabalho, nomeadamente o não remunerado, de modo que lhe possa ser atribuído um estatuto que o valorize, conferindo aos actores que o realizam a consciência de que também contribuem.

«Tanto o que se pede como o que se dá constitui o campo da relação, já que não acontece relação sem campo» (Díaz, 1997, p. 310) – a questão está em compreender em que condições se pede e sob que condições se dá. Deste modo, julgamos ser necessário reflectir sobre a cada vez mais generalizada «condição de recursos» (prova de rendimentos prestada à Segurança Social para obtenção de prestações sociais) enquanto valor de rendimentos (monetários e outros), com base na qual a lei estipula o apoio que o Estado dá aos cidadãos. Admitindo a «condição de recursos» como medida que visa introduzir justiça social e equidade na atribuição dos apoios sociais, importa considerar as formas como é utilizada no momento da decisão do apoio a prestar. Mais recentemente, perante a diminuição de recursos, o aumento das necessidades e de pessoas a solicitar apoios, tem-se assistido a uma crescente burocratização dos procedimentos, o que, por si só, inviabiliza a prestação de apoios a muitas pessoas carenciadas.

Em resumo, podemos dizer que as práticas assentes na dádiva, na gratuidade e/ou numa ética do cuidado, não podem ser vistas nem como exclusivas de actores que agem voluntariamente, nem como tendo como único resultado práticas meramente assistencialistas. Agir tendo como referência uma ética do cuidado e/ou a gratuidade do nosso empenho em cada situação e com o respeito pela singularidade de cada pessoa é o que nos permitirá desenvolver contextos de relacionamento interpessoais e de proximidade, a par de um pensamento reflexivo e crítico sobre os sistemas vigentes e uma maior pluralidade de respostas – eis o que, por sua vez, poderá aumentar a probabilidade de uma acção social mais adequada à sua finalidade última.

5. Para melhores práticas

Além do enunciar de práticas já existentes, interessa reforçar a introdução do princípio fundamental da transparência nos critérios de selecção, nos processos de atribuição e nos modos de administração; a transparência importa também na apresentação de resultados e ainda numa reflexão centrada nas transformações sociais efectivamente realizadas.

As práticas actuais assentam, em larga medida, numa teoria de justiça proposta por John Rawls e que se baseia essencialmente numa lógica contratualista como forma de compatibilizar os princípios da igualdade e da liberdade dos cidadãos. Trata-se de uma teoria que se tornou numa das principais alternativas ao utilitarismo, o qual se desenvolveu numa lógica de avaliação – em regra, de cariz económico ou mesmo financeiro – do impacto no bem-estar dos indivíduos e respectiva utilidade para o bem comum de uma determinada acção, norma ou organização. Entre a necessidade de justificar uma utilidade individual de larga escala ou uma utilidade colectiva para influenciar a decisão do apoio a prestar, o desafio passa também por equacionar a dimensão da relação de ajuda e de solidariedade, que não tenha como pressuposto fundamental e/ou único a utilidade racionalmente objectivada, mas a dádiva suficientemente organizada (e não mais do que isso). Esta desencadeia diferentes tipos de vínculo e compromisso social, em relação aos quais, obviamente, são necessárias estratégias de vigilância que impeçam a sua transformação em acções de subjugação das pessoas pelas pessoas, e antes permitam acrescentar lógicas de relação, de uma solidariedade justa, útil, mas também ontológica e humana. É que «a justiça enquanto sustentabilidade não encontra fundação coerente que propicie a adesão ética, consciente e deliberada dos membros da sociedade ao [actual] esquema de relacionamento intergeracional» (Mendes, 2011, p. 59); mas a lógica da dádiva, que vise à promoção das pessoas apoiadas, através da mutualização dos recursos partilhados, pode contribuir para a construção de relações solidárias intragerações e intergerações.

«A ética contratualista, que o utilitarismo das vantagens de bem-estar dispensara por momento, está de volta, sob pena de se cair na barbárie da guerra de gerações, perdendo a aposta civilizacional da sustentabilidade da segurança social» (Mendes, 2011, p. 61). Contudo, «o laço entre gerações» (Mendes, 2011, p. 66) é um elemento fundamental no sistema de Estado de Bem-estar Social (*welfare state* ou Estado-Providência), já que este assenta essencialmente nas contribuições da geração activa e produtiva para as gerações e cidadãos que necessitam de algum tipo de apoio e/ou protecção. Sendo este «laço entre gerações» um elemento fundamental, que consequências trará a sua iminente alteração profunda, que resulta do fenómeno demográfico negativo que estamos a viver (aumento da geração mais velha em quantidade e em tempo de benefício e redução da geração mais nova, o que perspectiva uma não substituição da geração produtiva e activa) e também de uma visão cada vez mais individual (ou mesmo individualista) dos sistemas de protecção social e de solidariedade?

A maior parte dos estudos parece indicar que a actual lógica de protecção terá de passar por mudanças profundas na forma de constituição de fundos, na atribuição de benefícios e na distribuição das transferências de recursos, designadamente monetários, exigindo critérios de maior selectividade e de maior eficiência e eficácia na sua gestão.

Hoje, procura-se cada vez mais centrar as práticas sociais num princípio de justiça essencialmente entendido como equidade (enquanto igualdade de oportunidades), mas mantém-se a dificuldade dos critérios para definição da igualdade de oportunidades em termos de protecção social. Que critérios adoptar, afinal, para delimitar patamares mínimos de vida humana e digna?

A equidade tem sido cada vez mais evocada como princípio fundamental que procura abordar discrepâncias que um ideal abstracto de pura igualdade não resolvia. Contudo, «é claro que a pura equidade processual lava as mãos das disparidades intergeracionais que possam resultar materialmente tanto dos esquemas de benefícios definidos como dos de contribuições definidas» (Mendes, 2011, p. 106), o que, em nosso entender, nos convoca de novo para uma alternativa que poderá passar pelas lógicas solidárias já antes referidas.

6. Os meios tecnológicos

Em contextos de intervenção que se complexificaram e tendem a uma enorme burocratização, as novas tecnologias são hoje um instrumento incontornável que não seja uma mera panaceia para os constrangimentos já existentes. Se as novas ferramentas, essencialmente de base tecnológica, não forem concebidas e utilizadas como instrumentos que libertem os profissionais para um maior espaço e tempo de relação, mas, ao invés, servirem apenas para recolha de indicadores e métricas quantitativas, e permitirem ocultar as limitações e incompetências profissionais e organizacionais, tenderão apenas a reproduzir de forma mais eficiente e eficaz o sistema vigente.

A modernização das organizações e das práticas, por intermédio de novas metodologias de gestão e da utilização das novas tecnologias ao serviço de uma intervenção social, tem de ter como centro a relação interpessoal – o que constitui mais um desafio a enfrentar e a vencer.

A par de novas ferramentas de trabalho, as novas práticas de gestão são hoje essencialmente desafiadas a uma maior simplificação, a uma maior transparência e responsabilização (*accountability*), sendo fundamental perspectivá-las sempre como um meio para melhorar e alcançar a finalidade maior de um bem comum, e não como um fim em si mesmo.

7. Ideias finais para não terminar

A noção actual de justiça social, que assenta na igualdade e na universalidade, tem de ousar enquadrar também os princípios da solidariedade e da dádiva, optando igualmente pelas ideias de equidade e de desenvolvimento local e comunitário como forma de alcançar, de facto, a universalidade.

Urge mudar de perspectiva e passar da visão do problema para a visão da finalidade última da acção social: a dignificação da pessoa humana por meio da instauração de um «personalismo comunitário», assente na solidariedade e que saiba conjugar a fraternidade, resultante da dádiva que liberta e nos relaciona, com a justiça, que se preocupe mais com as oportunidades que permitam a erradicação dos problemas, como a pobreza, do que com as desigualdades que tantas vezes nos afastam do foco fundamental – a pessoa e a realização plena de si, na relação consigo, com o outro e com o seu contexto local e global. «Alguém que se bate por ser tratado de forma igual aos outros está a calcular as suas exigências com base naquilo que outros têm, em vez de se basear no que estará de acordo com as suas condições reais e que mais adequadamente satisfará os seus interesses e necessidades» (Frankfurt, 2016, p. 75).

Entre comportamentos utilitaristas e gestionários, e na atitude fundamentalmente assente na dignidade humana, através de uma ética do cuidado nas relações interpessoais e sociais, se situa talvez o centro nevrálgico para as nossas decisões e consequentes acções. E, todavia, as escolhas que aí nos deveriam conduzir são difíceis e nada lineares. Afinal, optar por uma abordagem de valores comuns e universais desemboca muitas vezes em práticas de um mínimo denominador comum das quais resulta uma coesão social precária; por sua vez, adoptar um modelo de cariz mais pluralista pode condicionar fortemente uma visão global e estrutural dos problemas sociais cada vez mais complexos, impedindo que se possa pensar e ensaiar soluções e intervenções mais estruturais e que incidam sobre as suas verdadeiras causas.

Uma integridade pessoal e profissional de futuro dependerá cada vez mais da nossa capacidade de intervir centrando-nos na dignidade da pessoa humana, tendo como finalidade a sua realização plena no seu contexto próprio, através de relações interpessoais que desenvolvem e transformam todos os envolvidos. Este desiderato, apresentando-se extremamente difícil, poderá ser mais facilmente alcançado se, individual e colectivamente, construirmos um pensamento crítico permanente e uma grande capacidade de intervir, tendo como referência uma forte interdependência da solidariedade e da justiça social. É esta que nos impulsiona a procurarmos a solução que, em primeiro lugar, tire o outro, enquanto pessoa, de toda e qualquer situação indigna, sem nunca desistir de realizar o seu potencial e o seu desenvolvimento pessoal e social.

Em todos estes processos, é fundamental desenvolver a capacidade de prestar contas (*accountability*), criando evidências dos progressos alcançados (como também das falhas e limitações encontradas), e de aplicar mecanismos de observância (*compliance*) da finalidade última da acção social, não como um fim que justifique os meios investidos, mas que permanentemente alinhem e orientem os profissionais para respostas em conformidade com a finalidade máxima pretendida: o desenvolvimento humano e a realização plena da dignidade individual e social.

Em suma, procurar ter uma nova dimensão ética na construção de condições que promovam o bem-estar, a prosperidade e o desenvolvimento social passa por ter como grande meta a construção da felicidade individual, entendida como realização ou aperfeiçoamento de si, mas, acima de tudo, colectiva, tendo sempre como centro os seus sujeitos principais, as pessoas.

Leituras recomendadas

Carey, Malcolm e Green, Lorraine (ed.), *Practical Social Work Ethics,* Surrey, Ashgate Publishing Limited, 2013.

Díaz, Carlos, «Pessoa», *in:* Cortina, Adela (dir.), *10 palavras-chave em ética,* Coimbra, Editorial Verbo Divino, 1997.

Frankfurt, Harry G., *Sobre a desigualdade,* Lisboa, Gradiva, 2016.

Godbout, Jacques T. e Caillé, Alain, *L'ésprit du don,* 3.ª edição. Paris, Éditions La Découvert e Syros, 2000.

Godelier, Maurice, *L'Énigme du don,* [*s. l.*], Fayard, 1996.

Joaquim, Henrique, *Lógicas de acção* social no contexto católico, [*s. l.*], Universidade Católica Editora, 2012.

Mauss, Marcel, *Essai sur le don,* Paris, PUF, 2007.

Mendes, Fernando Ribeiro, *Segurança Social: o futuro hipotecado,* Lisboa, Fundação Francisco Manuel dos Santos, 2011.

Yáñez Casal, Adolfo, *Entre a dádiva e a mercadoria – Ensaio de Antropologia Económica,* Amadora, Edição de autor, 2005.

Envelhecimento demográfico e desenvolvimento social

Maria João Valente Rosa

Faculdade de Ciências Sociais e Humanas da Universidade Nova de Lisboa, Directora da Pordata

O envelhecimento populacional já não é hoje novidade para ninguém, fruto da consciência que temos de existirem cada vez mais pessoas nas idades mais avançadas e menos nas idades mais jovens. Este processo adquiriu uma dimensão mundial, existindo regiões do planeta que manifestam níveis de envelhecimento particularmente elevados, como é o caso da Europa. Portugal, neste contexto, não é excepção. Tem, aliás, apresentado ritmos de envelhecimento demográfico especialmente acelerados, sendo já um dos países mais envelhecidos da Europa e, naturalmente, também do mundo.

A propósito do envelhecimento da população, sempre afirmei que o deveríamos estar a celebrar. Escrevi, aliás, no ensaio *O Envelhecimento da Sociedade Portuguesa*[1] que: «A população envelhece porque a Humanidade cresceu em saber e

[1] Rosa, Maria João Valente, 2012, p. 79.

em conhecimento técnico-científico e as condições de vida das populações melhoraram em relação ao passado, mesmo recente. Em resultado, e não obstante os grandes flagelos sociais que ainda ameaçam a vida em algumas regiões do planeta, conseguiram-se reduzir, para níveis nunca vistos, os sofrimentos que atormentavam as populações, a começar pela morte prematura.»

Porém, muitos se esquecem de que o desenvolvimento é a causa directa do envelhecimento populacional e pronunciam-se de forma assustadora ou catastrofista sobre tal evolução demográfica. Neste contexto, é dever questionar por que razão esta perspectiva sombria sobre o envelhecimento encontra tantos adeptos e porque ganham força ideias irrealistas que sonham com uma inversão da pirâmide etária. São reacções, tão fantasiosas quanto irresponsáveis, que reflectem uma enorme insensibilidade ao curso dos factos e uma forte resistência à mudança da organização social.

Esta nossa reflexão começa, precisamente, por dar conta de alguns preconceitos sobre o envelhecimento que «esbarram» contra a prova dos factos. De seguida, e em jeito de teste ao pensamento dominante, é analisada a base que serve de referência a toda a avaliação do envelhecimento demográfico e à determinação do que é, então, uma população envelhecida. Por fim, e uma vez que o envelhecimento não deixa indiferente a sociedade em que vivemos, serão questionados alguns alicerces da organização social que dificultam a avaliação positiva deste processo demográfico.

1. Mitos sobre o envelhecimento demográfico

São vários os equívocos sobre o envelhecimento que têm alimentado visões infundadas ou medos colectivos em relação a este processo. Elencam-se, aqui, alguns dos mais comuns.

1.1. *O envelhecimento pode ser travado com o aumento da natalidade*

Não é verdade. O número e a importância relativa das pessoas com 65 anos ou mais deverá continuar a aumentar, mesmo que os níveis de fecundidade recuperem. Na realidade, o grande motor do envelhecimento demográfico é, actualmente, a baixa mortalidade, sendo cada vez maior o número de pessoas que chega à idade mais avançada e vive mais tempo.

A comprovar a inelutabilidade do processo de envelhecimento estão os resultados dos cenários realizados pelo Instituto Nacional de Estatística (2017)[2]. Refere o texto daquele exercício prospectivo que a conjugação de saldos migratórios positivos e de níveis de fecundidade superiores, associados a uma esperança média de vida mais elevada, tal como preconizado no cenário alto – em que os níveis de fecundidade (ISF[3]) aumentam, atingindo 1,75 filhos por mulher em 2080 –, não serão suficientes para travar o envelhecimento demográfico em Portugal.

O envelhecimento demográfico é, assim, uma quase certeza no futuro, sendo a mortalidade – ou melhor, os seus níveis baixos e a sua evolução favorável – a principal chave para a continuação deste processo, pelo menos a médio prazo.

---

[2] *Projeções de População Residente 2015-2080.*

[3] Índice Sintético de Fecundidade, vulgarmente apresentado como equivalente ao número médio de filhos por mulher, significa: «número médio de crianças vivas nascidas por mulher em idade fértil (dos 15 aos 49 anos de idade), admitindo que as mulheres estariam submetidas às taxas de fecundidade observadas no momento de referência» (metainformação – INE).

1.2. O envelhecimento é contrário à produtividade

Não é verdade que sociedades mais envelhecidas sejam menos produtivas.

A partir dos dados disponíveis na Pordata[4], para os países da União Europeia, relativos à «percentagem de pessoas com 65 ou mais anos» e ao «PIB *per capita*» em PPS[5], verifica-se (dados de 2012[6]) que os dois indicadores não estão correlacionados (r = – 0,07), ou seja, que a produtividade não é menor em países mais envelhecidos. Refira-se, como ilustração, o caso da Alemanha e de Portugal, dois países particularmente envelhecidos no quadro europeu e com níveis de produtividade em nada comparáveis, estando Portugal muito abaixo e a Alemanha muito acima da média europeia de produtividade.

1.3. A reforma é a melhor solução, quer para jovens quer para idosos

Também não é verdade. A situação de reforma plena, ou a 100 %, estabelecida de forma compulsiva a partir de uma certa idade, não é a solução mais ambicionada por todos.

Em 2012, no âmbito do Ano Europeu do Envelhecimento Activo e da Solidariedade entre Gerações, a Comissão Europeia

---

[4] www.pordata.pt.

[5] No Glossário da Pordata, o PPS é referido como a sigla de *Purchasing Power Standard*, uma moeda fictícia que significa «paridade de poder de compra padrão». Serve para comparar os níveis de bem-estar e de despesa entre países, anulando a diferença dos níveis de preços. Esta moeda fictícia permite comprar exactamente a mesma quantidade de produtos em qualquer país.

[6] O ano utilizado foi o de 2012, pois, à data de elaboração do presente artigo, para anos ulteriores é maior o número de países com dados provisórios sobre os indicadores seleccionados; importa também referir que no

realizou um inquérito Eurobarómetro o qual revelou que «mais de 60% estão convictos de que devemos poder continuar a trabalhar após a idade da reforma e um terço afirma que eles próprios gostariam de prolongar a vida profissional. Um facto surpreendente é que, mais do que as gerações mais jovens, são as pessoas que mais próximas estão da reforma que tendem sobretudo a partilhar desta opinião.»[7] Acresce ainda que o estudo do Eurobarómetro de 2012 sobre a discriminação na União Europeia[8] identificava a idade do candidato – ter 55 anos ou mais – como a principal desvantagem numa situação de candidatura a um emprego.

Há, contudo, quem defenda que, do ponto de vista do mercado de trabalho, a reforma compulsiva a partir de uma certa idade tem grande interesse, visto que as pessoas, ao reformarem-se, libertam empregos para os mais jovens. Como refere Marques (2011, p. 25), «a economia chama a este tipo de pensamento a falácia do pulmão, já que implicitamente se assume que, tal como o ar que entra e sai dos pulmões, para que uns entrem no mercado de trabalho outros têm de sair». Portanto, o argumento «tirar o emprego a uns significa dar emprego a outros» é muito discutível. O número de empregos, em qualquer que seja a sociedade, não é um valor fixo. Sabemos, aliás, que o número de empregos varia em função da dinâmica da economia, a qual não dispensa o contributo de cada pessoa.

Como tal, não é óbvio que o «desperdício de capital humano» que a reforma implica seja um princípio bom e

---

cálculo não se considerou o Luxemburgo, por via de o seu PIB *per capita* ser inadequado, uma vez que parte muito significativa das pessoas que contribuem para o PIB do país não ser aí residente.

[7] http://europa.eu/rapid/press-release_IP-12-16_pt.htm.

[8] http://ec.europa.eu/public_opinion/archives/ebs/ebs_393_fact_pt_pt.pdf.

proveitoso para a sociedade em geral e para a economia e mercado de trabalho em particular.

1.4. *Os idosos do futuro serão uma cópia ampliada dos idosos do presente*

Nada mais falso do que se pensar que os idosos não mudam. De facto, mudam, e muito, ao ritmo da sociedade em que vivem.

Na realidade, tal como hoje as pessoas que estão no grupo dos 65 anos ou mais são muito diferentes das do passado, as de hoje nada terão que ver com as do futuro. Não se trata de um mero exercício de futurologia. Trata-se, apenas, de perceber as mudanças em curso na sociedade e de ter em conta as características das pessoas com 50 anos ou mais, que serão os idosos do futuro próximo. São mais as dissemelhanças do que as parecenças entre os idosos actuais e os futuros, nomeadamente: muito mais escolarizados, sabem que vão viver mais tempo, estão habituados a consumos muito mais diversificados, estão muito mais contactáveis e muito mais próximos das novas tecnologias.

1.5. *O envelhecimento demográfico é o responsável pelo fim do contrato de solidariedade entre gerações*[9]

Só em parte é verdade. Para o financiamento das reformas vigora, no regime geral, o modelo de repartição, suportado no princípio de solidariedade geracional. A fórmula redistributiva estabelece que as gerações activas (trabalhadores activos

[9] Texto baseado em ROSA, Maria João Valente, *O Envelhecimento da Sociedade Portuguesa*, Lisboa, Fundação Francisco Manuel dos Santos, 2012.

e empregadores), ao descontarem, financiam as reformas dos reformados actuais, pressupondo-se que estas mesmas gerações, quando chegarem à idade de reforma, terão alguém – as gerações activas da altura – que financie as reformas que irão receber. Na prática, para que o princípio de repartição tenha sucesso é suposto estar garantido um equilíbrio estatístico entre os activos e os pensionistas reformados, ou seja, entre as gerações «que pagam, descontam» e «as que recebem».

Embora, com o envelhecimento da população, o número de pessoas em idade activa por idoso, designado «índice de sustentabilidade potencial», seja cada vez menor, a causa da progressiva dificuldade em aplicar a fórmula de repartição com sucesso, de modo que não afecte ambos os grupos envolvidos – contribuintes e reformados –, não pode ser exclusivamente atribuída à evolução demográfica.

Com efeito, o facto de existir menos pessoas em idade activa não significa necessariamente menos pessoas activas – empregadas ou desempregadas –, nem o facto de existir mais pessoas nas idades avançadas se terá de traduzir em mais reformados. Aliás, o que se tem observado em Portugal é que o número de activos é bem menor do que o número de pessoas em idade activa dos 15 aos 64 anos, diferença explicada, em larga parte, pelo prolongamento dos estudos nas idades jovens, pela inactividade de muitos no intervalo etário 15-64 anos e pela antecipação de muitas reformas. Por outro lado, verifica-se que o número de pensões de reforma atribuídas é superior ao número de pessoas com 65 anos ou mais, persistindo a idade dos novos reformados muito inferior aos 65 anos[10]. Como tal, em 2014, enquanto a relação demográfica entre o número de

---

[10] Em 2014, segundo os dados publicados na Pordata, a média de idades dos novos pensionistas de velhice da Segurança Social foi de 62 anos e a média de idades dos reformados/aposentados da Caixa Geral de Aposentações, à data de aposentação, foi de 61,5 anos.

pessoas em idade activa (15-64 anos) por idoso (65 anos ou mais) foi de 3,3 em Portugal, o número de beneficiários activos da Segurança Social por pensão foi de apenas 1,4, valor muito próximo de uma pensão por pessoa activa contribuinte.

Em suma: se é verdade que sem o envelhecimento da população parte dos problemas actuais relativos à sustentabilidade presente e futura da protecção social na velhice não teria emergido, a demografia não é a única responsável pelo que está a suceder. Se a demografia fosse a única explicação para a relação entre pessoas activas por pensão, então o valor observado seria significativamente superior.

2. Envelhecimento: duas perguntas vitais sobre o tema

2.1. A população de Portugal está a envelhecer muito?

Está a envelhecer, mas não tanto como habitualmente se diz.

É frequente assinalar-se o forte envelhecimento da população de Portugal nas últimas cinco décadas e meia, notando por exemplo que: o número de pessoas com 65 anos ou mais aumentou cerca de 1,5 milhões, valor praticamente igual ao da diminuição do número de pessoas com menos de 15 anos; a importância estatística das pessoas idosas no total da população mais que duplicou; existem cada vez mais idosos por cada 100 jovens ou pessoas em idade activa (tabela 1).

	1960	2014	Variação (2014–1960)
Total	**8 889 392**	**10 401 062**	**1 511 670**
0–14	2 591 955	1 506 048	– 1 085 907
15–64	5 588 868	6 807 509	1 218 641
65+	708 569	2 087 505	1 378 936
0–14 %	29,2	14,5	– 14,7
15–64 %	62,9	65,5	2,6
65+ %	8,0	20,1	12,1
Idade mediana	27,8	43,1	15,3
(65+/0–14) *100	27,3	138,6	111,3
15-64/65 +	7,9	3,3	– 4,6

Tabela 1: População residente em Portugal por grandes grupos etários e indicadores de envelhecimento, 1960 e 2014 (sexos reunidos). Fontes: INE/Pordata (cálculos da autora).

As causas desta evolução demográfica estão bem determinadas e, no essencial, derivam da redução dos níveis de mortalidade e de fecundidade.

No caso da mortalidade, a evolução saldou-se num aumento da esperança de vida à nascença, indicador muito condicionado pela forte diminuição da mortalidade infantil, e também nas outras idades.

Com efeito, e tendo por base os dados disponibilizados na Pordata, em 1970, a esperança de vida à nascença era de 64,0 anos para os homens e de 70,3 anos para as mulheres; actualmente[11] é de 77,4 anos e de 83,2 anos, respectivamente.

[11] Triénio de 2013-2015.

Por outro lado, a esperança de vida aos 65 anos (isto é, número médio de anos que um indivíduo de 65 anos pode esperar ainda viver) é, em 2014[12], de 17,3 anos para os homens e de 20,7 anos para as mulheres, quando, em 1970, era de 12,2 anos e de 14,6 anos, respectivamente. Assim, pela redução dos níveis de mortalidade, são cada vez mais as pessoas que têm hipóteses de chegar às idades mais avançadas e de aí viverem mais tempo.

No caso da fecundidade, a redução dos seus níveis traduziu-se numa diminuição de nascimentos e, naturalmente, de jovens. Com efeito, o número de nascimentos em Portugal é, desde 2012, inferior a 90 mil por ano, enquanto no início da década de 60, quando a população em Portugal não chegava aos nove milhões de residentes, era claramente superior a 200 mil por ano.

Em suma: os níveis de mortalidade e de fecundidade mudaram significativamente e conduziram a uma mudança no perfil etário da sociedade, a qual envelheceu. Mas será que Portugal está mesmo perante uma população muito mais envelhecida do que no passado, ou precisa de novos «óculos» para retratar essa evolução?

As avaliações habitualmente feitas para o envelhecimento demográfico remetem para a distribuição da população em grandes categorias etárias, regra geral três: idade jovem, pessoas com menos de 15 anos; idade activa, pessoas com idades compreendidas entre os 15 e os 64 anos; idade idosa, pessoas com 65 anos ou mais. São estes os quadros etários normalmente utilizados, os quais estão próximos das barreiras que delimitam as três fases do ciclo de vida: idade de formação, idade de actividade, idade de reforma.

---

[12] Ver nota 11.

Essa partição «clássica», utilizada habitualmente como termómetro do envelhecimento demográfico, é indiferente aos diversos contextos sociais e condições de vida e tem funcionado como padrão para comparar perfis etários populacionais em diferentes momentos ou territórios.

Se é indiscutível que as pessoas idosas de hoje são diferentes das de há cinco décadas e que os idosos do futuro serão diferentes dos actuais, faz então todo o sentido adaptar a medição do envelhecimento ao processo de mudança social em curso.

Neste sentido, começam a surgir propostas (Sanderson e Scherbov, 2015) para revisão da perspectiva habitual de categorização etária «clássica» fixa. A consideração de categorias etárias dinâmicas, de acordo, por exemplo, com a esperança de vida remanescente, ou seja, em função não do número de anos que uma pessoa tem ou viveu mas da sua «idade prospectiva», é uma alternativa.

Existem várias formas de observar essas categorias etárias dinâmicas em função dos padrões de mortalidade. Entre elas, está a fixação de uma idade remanescente de vida, por exemplo de 15 anos. Neste caso, se se assumir esse tempo de vida remanescente, em Portugal, a barreira etária para a entrada na idade idosa seria em 1960 (1959/62) de 63 anos e já de 70 anos em 2014 (2013-2015).

Uma outra possibilidade de adaptar as «métricas» à alteração de contextos de vida seria manter fixo o valor da esperança de vida observado numa idade concreta e num ano de referência, por exemplo 1960, e determinar a sua correspondência no momento actual. Assim, de acordo com o padrão de mortalidade observado em 1960, aos 65 anos as pessoas poderiam esperar viver, em média, mais 13,6 anos; hoje, com essa esperança de vida de 13,6 anos, estão as pessoas que têm 72 anos[13].

---

[13] Tábua de mortalidade do triénio de 2013-2015, INE.

Quer isso dizer que, actualmente, a expectativa de vida aos 72 anos é equiparável à expectativa de vida aos 65 anos em 1960, isto é, observa-se um retardamento de sete anos.

Prolongando ainda o raciocínio para as idades mais jovens, e sabendo que a sua entrada na idade adulta é cada vez mais tardia nas sociedades desenvolvidas, designadamente em virtude do prolongamento dos estudos e consequente adiamento da entrada no mercado de trabalho, fará todo o sentido que a baliza dos 15 anos para categorizar os jovens seja dilatada, por comparação ao passado.

Assim, avançando sete anos nas barreiras etárias da população jovem e idosa, a apreciação do envelhecimento em Portugal, entre 1960 e 2014, ganha novos contornos (tabela 2).

Embora a população não tivesse deixado de envelhecer nesse período, a intensidade do processo de envelhecimento é muito menor do que aquela que a partição «clássica» habitual, sustentada em critérios estáticos (tabela 1), nos apresenta. Na verdade, o resultado do exercício baseado na partição «dinâmica» revela, em 2014, para Portugal: uma percentagem de jovens menos baixa, uma percentagem de pessoas idosas menos alta e um número de jovens ainda superior ao número de pessoas idosas (tabela 2).

Assim, a menos que se considere que a capacidade e o desempenho dos indivíduos são unicamente função da idade cronológica baseada no ano de nascimento e não do tempo/sociedade em que as pessoas vivem – o que sabemos não ser verdade –, podemos concluir que, comparativamente a 1960, a população de Portugal envelheceu, mas não tanto como habitualmente se diz!

		2014 (partição clássica)	2014 (partição dinâmica)	Variação p. dinâmica – p. clássica
	Total	**10 401 062**	**10 401 062**	
Idade Jovem (J)	**0–14**	1 506 048		770 870
	0–21		2 276 918	
Idade Activa (A)	**15–64**	6 807 509		13 141
	22–71		6 820 650	
Idade Idosa (I)	**65+**	2 087 505		– 784 011
	72+		1 303 494	
	J %	14,5	21,9	7,4
	A %	65,5	65,6	0,1
	I %	20,1	12,5	– 7,6
	(I/J) *100	138,6	57,2	– 81,4
	(A/I) *100	3,3	5,2	1,9

Tabela 2: População residente em Portugal por grandes grupos etários correspondentes às partições clássica e dinâmica, 2014 (sexos reunidos). Fontes: INE/Pordata (cálculos da autora).

2.2. Pode a população de Portugal ser considerada «velha»?

Importa começar por distinguir o envelhecimento relativo, que remete para a comparação de populações no tempo ou entre territórios, do envelhecimento absoluto, que informa se a população está ou não muito envelhecida. Na realidade, a população pode estar a envelhecer e não ser envelhecida, ou vice-versa.

Para se afirmar que uma população está envelhecida, tal obriga a que, independentemente de estar ou não a envelhecer, apresente uma concentração de pessoas nas idades idosas superior à expectável. Para identificar o que é expectável, introduzamos o conceito de população estacionária.

A população estacionária representa o efeito sobre a estrutura etária de um determinado padrão de mortalidade, associada a um número anual de nascimentos constante. A uma população desse tipo corresponde um crescimento natural igual a zero, isto é, o total da população não aumenta nem diminui. Graficamente, essa população estacionária equivale a uma pirâmide etária rectangular, representação para a qual convergem, aliás, as estruturas etárias dos países desenvolvidos.

Assim, na população estacionária correspondente ao modelo de mortalidade observado em Portugal em 2014[14], a percentagem de idosos com 65 anos ou mais equivaleria a 21%, expressão que é um pouco superior à observada em 2014, a qual foi de 20%[15] (tabela 3).

Conclui-se, portanto, que não há, em 2014, uma concentração excessiva de pessoas no grupo etário dos 65 anos ou mais, já que a sua percentagem na população é menor do que seria expectável, atendendo às características do padrão de mortalidade. Em contrapartida, no caso dos jovens com menos de 15 anos, a percentagem observada para este grupo é, em 2014, claramente inferior à que seria expectável e no caso das idades activas, claramente superior (tabela 3).

---

[14] Valores da tábua de mortalidade de 2013-2015 correspondentes à função nLx, ou seja, ao número de sobreviventes de uma coorte fictícia de acordo com a estrutura de mortalidade observada.

[15] Para facilitar a compreensão da análise comparativa, utilizou-se, neste caso, a métrica etária «clássica»: jovens, até aos 15 anos; idade activa, dos 15 aos 64 anos; idosos, 65 anos ou mais.

	2014	População Estacionária	Variação (População Estacionária-2014)
0–14 %	14,5	18,6	4,1
15–64 %	65,5	60,3	- 5,2
65+ %	20,1	21,1	1,0
(65+/0–14) *100	138,6	113,6	- 25,0
15-64/65 +	3,3	2,9	- 0,4

Tabela 3: Estrutura etária da população residente em Portugal e da população estacionária correspondente ao modelo de mortalidade observado, 2014 (sexos reunidos). Fonte: INE (cálculos da autora).

Deste modo, em relação ao que seria expectável, segundo o padrão de mortalidade observado, a estrutura da população de Portugal em 2014 apresenta um défice de percentagem de jovens, um excesso de percentagem de pessoas em idade activa e um valor «adequado» de percentagem de pessoas com 65 anos ou mais. Assim, se se considerar que uma população é velha por ter um número excessivo de pessoas idosas, então Portugal não é um país velho.

3. Estará Portugal perante um problema de envelhecimento da população ou da sociedade?

Dado que a concentração de pessoas com 65 anos ou mais não é superior à demograficamente expectável, que se passa então para que o número de idosos na nossa sociedade seja, frequentemente, considerado excessivo?

A razão para se considerar o número de idosos excessivo remete para o quadro social em que o envelhecimento se verifica, ou melhor, para a incapacidade que, ao longo do tempo, a sociedade teve de adaptar a sua organização social ao processo de envelhecimento demográfico.

Com efeito, o ciclo de vida está arrumado numa sucessão de três grandes momentos, delimitados por barreiras de idade, que se vão sobrepondo, ou mesmo atropelando uns aos outros: o primeiro é o da formação; o segundo é o de produção; e o último, a reforma, caracterizado pela cessação da actividade profissional, prolongando-se até ao fim da vida.

Tal como já foi escrito[16], o modelo de partição das diversas fases do ciclo de vida que vigora na sociedade actual foi herdado de um passado, de uma sociedade industrial, em que a destreza e a capacidade física justificavam o menor interesse no trabalho de uma pessoa a partir de certa idade. Nas sociedades industriais, em que a sabedoria e a experiência não eram os factores mais importantes para o crescimento e o dinamismo das economias, compreende-se esta forma de organização social em que os mais velhos eram, de alguma forma, «dispensados».

Nos dias de hoje, com a terciarização da economia, com a revolução tecnológica dos meios de comunicação, com o surgimento de uma sociedade essencialmente baseada na informação e no conhecimento, com o teletrabalho, e com pessoas mais capacitadas e a viverem mais tempo, a anterior organização tripartida e cronologicamente segmentada do ciclo de vida perde sentido.

A história recente das sociedades desenvolvidas tem lutado acerrimamente contra a injustiça de diversos preconceitos sociais. O racismo e o sexismo são dois exemplos de uma evo-

---

[16] Rosa, Maria João Valente, *O Envelhecimento da Sociedade Portuguesa*, Lisboa, Fundação Francisco Manuel dos Santos, 2012.

lução de mentalidades civilizacional. No entanto, tal não tem acontecido com o «idadismo», ou seja, com as atitudes de discriminação negativa das pessoas – neste caso dos mais velhos – em função de uma idade socialmente convencionada.

Sustentado no modelo de organização do ciclo de vida desfasado dos imperativos das sociedades modernas, o «idadismo» transforma o que poderia ser um potencial social indispensável – as pessoas mais velhas – num encargo, com consequências indesejáveis para a coesão e bem-estar social, solidariedade geracional, dinâmica económica e sustentabilidade futura da Segurança Social.

A grande riqueza das sociedades são as pessoas e o desenvolvimento social exige à sociedade o papel de potenciar o valor dos seus recursos humanos, independentemente da idade de cada um. Transformar o envelhecimento em verdadeiro aliado do desenvolvimento e aumentar as garantias da protecção social no futuro passa, assim, por adaptar a sociedade aos desafios das mudanças em curso, a começar pela sua demografia, promovendo a inclusão e a participação social de todos os cidadãos, independentemente da idade.

Para tal, a revisão de pressupostos sobre os quais assentam os modelos de sociedade é um passo desejável. Entre estes pressupostos está a organização do ciclo de vida, sustentada em critérios de idade e definida por três fases estanques e sequenciais: idade de formação/idade de trabalho/idade de reforma.

Qual a razão que nos impede de avançar para um modelo de organização do ciclo de vida não alicerçado em quaisquer barreiras etárias, que combinaria, a partir da fase inicial de vida dedicada à educação, a formação, a actividade e o lazer em todos os momentos da vida e enquanto o indivíduo tivesse capacidade para tal? Não fará sentido que os cidadãos adultos trabalhem menos na fase central da vida mas durante mais tempo e combinem, de forma harmoniosa e enriquecedora, ao longo da sua existência, os três conteúdos de vida que hoje se separam artificialmente por barreiras etárias: a formação, o trabalho e o lazer?

Estas e tantas outras interrogações podem ser apresentadas e devem ser equacionadas sobre caminhos a seguir, sempre com uma mesma certeza: salvar os princípios fundamentais de protecção social não significa perpetuar as heranças passadas, mas sim adaptá-los a esta nova era, cujos benefícios são sobejamente reconhecidos por estarem associados ao desenvolvimento inegável da sociedade.

4. Conclusão

O problema das sociedades modernas com os dados recentes da demografia decorre sobretudo da sua incapacidade de se libertar de algumas heranças passadas. Não só a classificação de pessoa idosa está claramente desfasada do ritmo de vida actual, como também o está o modelo de sociedade vigente sobre a organização do ciclo de vida.

A ciência demográfica tem algumas responsabilidades nesse âmbito, por não ter sabido, em devido tempo, alertar para as limitações e desactualizações de algumas métricas utilizadas, contribuindo, assim, para reproduzir uma perspectiva desfocada do envelhecimento em tempos de mudança.

A incapacidade de propor um olhar dinâmico sobre uma realidade que não é estática começa por se aplicar às balizas fixas que têm sido utilizadas para definir as idades jovens, activas e idosas. E esta inadequação à mudança não se limita à Estatística ou à Demografia. Prolonga-se, ou é prolongada, por uma pesada herança da sociedade industrial passada que se reflecte no modo como o ciclo de vida está estruturado em três fases estanques balizadas por idades: formação, trabalho e reforma/lazer.

Na senda da criação inglesa de *The Age of No Retirement*, talvez seja momento para considerar propostas ambiciosas, como aquela baseada numa expressão alternativa: *The Age of No Age.* Esta expressão faz referência a uma era em que o valor de um indivíduo depende plenamente do seu desempenho e não do número de anos que já viveu.

O envelhecimento demográfico guarda raízes no desenvolvimento social. Como tal, e em nome de uma sociedade inteligente, é tempo de tornar o envelhecimento aliado do desenvolvimento através da revisão de muitos princípios inadequados, que continuam a comandar sociedades modernas e que perigam o seu equilíbrio social futuro.

Leituras recomendadas

BERIOT, Louis, *Le grand défi: tous centenaires et en bonne santé*, Paris, Olivier Orban, 1991.

CABRAL, Manuel Villaverde e FERREIRA, Pedro Moura, *Envelhecimento Activo em Portugal: trabalho, reforma, lazer e redes sociais*, Lisboa, Fundação Francisco Manuel dos Santos, 2014.

EUROPEAN COMMISSION, *Population ageing in Europe: facts, implications and policies*, Luxemburgo, Publications Office of the European Union, 2014.

EUROSTAT, *Active ageing and solidarity between generations: a statistical portrait of the European Union*, Luxemburgo, Publications Office of the European Union, 2011.

INE (2017), *Projeções de População Residente 2015-2080,* Sítio electrónico: www.ine.pt.

LALIVE D'EPINAY, Christian, *Vieillir ou la vie à inventer*, Paris, Ed. L'Harmattan, 1991.

LORIAUX, Michel *et al.*, *Populations âgées et révolution grise: les hommes et les sociétés face* à *leurs vieillissements*, Louvain-la-Neuve, Ciaco, 1990.

LORIAUX, Michel, «Vieillissement démographique à l'intégration des âges: la révolution de la géritude», *Population*, n.º 6, Paris, INED, 1995.

MARQUES, Sibila, *Discriminação da terceira idade*, Lisboa, Fundação Francisco Manuel dos Santos, 2011.

MENDES, Fernando Ribeiro, *Segurança Social. O futuro hipotecado*, Lisboa, Fundação Francisco Manuel dos Santos, 2011.

ROSA, Maria João Valente, «O envelhecimento e as dinâmicas demográficas da população portuguesa a partir de 1960: dos dados ao dilema», *in: Situação social em Portugal*, Lisboa, ICS, 1996.

ROSA, Maria João Valente, *O Envelhecimento da Sociedade Portuguesa*, Lisboa, Fundação Francisco Manuel dos Santos, 2012.

ROSA, Maria João Valente, *Os Reformados e os Tempos livres: resultados do inquérito à população activa e reformada sobre actividades de lazer*, Lisboa, Bnomics, 2015.

ROWLAND, Donald T., *Demographic methods and concepts*, Nova Iorque, Oxford University Press Inc., 2008.

UNITED NATIONS POPULATION DIVISION, *World Population Prospects: The 2012 Revision*, Nova Iorque, United Nations, 2013.

UNITED NATIONS POPULATION DIVISION, *World Population Ageing*, Nova Iorque, United Nations, 2013. Sítio electrónico: www.un.org/esa/population/publications/worldageing19502050/.

SANDERSON, W. e SCHERBOV, S., Are we overly dependent on conventional dependency ratios? *Population and Development Review*, vol. 41, 4, pp. 687-708, 2015.

VEAL, A. J., «Definitions of leisure and recreation», *Australian Journal of Leisure and Recreation*, vol. 2, 4, pp. 44-48, 1992 (republicação: www.business.uts.edu.au/lst/research).

Bases de dados – Sítios electrónicos

- Pordata: www.pordata.pt [consultado em Março de 2017].
- Instituto Nacional de Estatística: www.ine.pt [consultado em Março de 2017].
- Eurostat: ec.europa.eu/eurostat/data/database [consultado em Março de 2017].

Ética familiar na protecção social

Maria Irene Carvalho

Instituto Superior de Ciências Sociais e Políticas (ISCSP)
da Universidade de Lisboa

Este texto procura focar as questões da ética familiar através de uma análise centrada na acção dos profissionais de Serviço Social, na sua intervenção com indivíduos e famílias no sistema nacional de protecção social. Os assistentes sociais são desafiados no seu quotidiano a agir eticamente, tendo em conta os contextos humano, familiar e social, as políticas sociais e o sistema de segurança social, em que se inclui o subsistema de protecção social entendido neste texto como o conjunto de orientações, programas, projectos e respostas para fazer face aos riscos sociais dos indivíduos e famílias e promover o bem-estar geral da sociedade. Nesta abordagem, assume-se um ponto de vista crítico da realidade social, da política social e da gestão pública dos bens colectivos («managerialismo», ou gestão organizada por uma lógica de produtividade, predominante no sector privado).

As condições sociais têm-se alterado substantivamente nestes últimos anos, em que, apesar de gozarmos de um regime democrático mais consolidado, parece, por vezes, termos menos Estado e mais mercado, mais desigualdade e menos direitos, menos responsabilidade colectiva e mais responsabilidade individual. Estas mudanças têm impactos nas políticas sociais e no Serviço Social, quando este é chamado a intervir para melhorar as condições socioeconómicas das famílias. Além disso, em sociedades em contracção económico-financeira, pode haver a tentação de privatizar serviços sociais (Banks, 2014).

A ética faz parte da vida de todos os dias, assistindo nos processos de tomada de decisão, articulados com o respeito pelos direitos humanos e a consideração dos recursos disponíveis. A ética é também essencial no Serviço Social, nomeadamente por meio da crítica aos impactos sociais de crises económico-financeiras, requerendo sensibilidade por parte dos assistentes sociais e reclamando justiça social. A ética desafia o Serviço Social a conceber-se como um movimento ético e político, o que implica que tome posição ante as populações, as famílias e as pessoas mais desfavorecidas e vulneráveis, quiçá discriminadas, nunca adoptando uma posição de neutralidade.

Assim apresentados os pressupostos deste ensaio, iniciamos a reflexão partindo da interligação sociedade e Estado, evidenciando os desafios da nova gestão pública na protecção social relativamente ao Serviço Social. Destacamos igualmente a ética em Serviço Social propondo que os profissionais, em contexto de adversidade social, sejam sensíveis à ética política da confiança e da integração, que se perfila desafiadora.

1. Sociedade, Estado e protecção social: desafio à nova gestão pública

Todas as comunidades humanas têm um sistema de valores, princípios e normas morais que rege a vida do ser humano

(Silveira de Brito, 2017, p. 286). Actualmente, este sistema está a sofrer mudanças a um ritmo acelerado, decorrente da globalização, da sociedade de informação, da imprevisibilidade e da ambivalência, por exemplo, entre autonomia e submissão, entre integração e individualidade (Bauman, 2007b). A mudança dá-se em cenários completamente novos e até aqui ainda não experienciados, o que os torna cenários de risco (Beck, 2015). A categoria do risco surge como uma forma de lidar com a imprevisibilidade e a insegurança, que pode ter múltiplas origens, como a globalização do terrorismo, a ameaça persistente do nuclear e os novos desastres ambientais.

A sociedade industrial tinha transformado as ameaças do capitalismo em riscos que poderiam ser calculados: riscos do trabalho e do não trabalho. Entretanto, o Estado assumiu gradualmente a função de responder aos desafios da questão social construindo um sistema de protecção social (Marshall, 1967). Apesar de os primeiros seguros sociais terem surgido na Alemanha, em 1883, e de algumas formas de protecção terem sido ensaiadas a partir dessa data, o Estado-Providência (*welfare state*) só foi realmente assumido após a Grande Depressão de 1929, com a utilização do modelo económico keynesiano (baseado nas ideias do economista inglês John Maynard Keynes, que defendia um proteccionismo económico fazendo uso da intervenção do Estado na economia por razões sociais), e estabelecido após a Segunda Guerra Mundial, com o desenvolvimento do Plano Beveridge (o qual estipula o pagamento ao Estado por parte de todos os trabalhadores de uma contribuição a ser posteriormente utilizada como subsídio para cobrir necessidades: subsídios de doença, de desemprego, etc.). Este modelo orientava-se por uma intervenção social e económica, para a expansão da administração pública, concertação social, acção colectiva e cidadania (Marshall, 1967; Mozzicafreddo, 2002; Behring e Boschetti, 2008). Desenvolvido na Europa durante os chamados Trinta Gloriosos, só começou a ser instaurado em Portugal após 1974, já numa conjuntura mundial totalmente diferente: de crise económica e de liberalização e privatização das políticas sociais (Rosanvallon, 1991).

A promessa estatal do modelo social desenvolvido na era industrial está hoje em risco perante um futuro incerto e perante a necessidade de responder a novos riscos globais que afectam os indivíduos e as famílias, e que vão bem além dos perigos tradicionais do trabalho e do não trabalho (Beck, 2015, p. 27).

Os riscos apresentam-se demasiado complexos e parece que não há forma de lhes responder de modo adequado ante as múltiplas transformações em curso, nomeadamente: a democratização da desigualdade social, num contexto em que os mercados entram em derrocada e arrastam os Estados para novas realidades; a ineficácia do Estado em combater sozinho os perigos relativamente a novas dinâmicas conflituais; a inquietante consciência do risco, evidenciado pela evolução da ciência e transmitido pelos peritos, tornando-se mais visível; a importância da segurança (controlo legislativo) quanto aos princípios da liberdade e da igualdade; a conversão da segurança num bem lucrativo fornecido pelo Estado e pelo sector privado (Beck, 2015, pp. 29-30).

A crise é transversal e global, o que significa que qualquer solução ensaiada para fazer face aos velhos e aos novos problemas é problemática e paradoxal (Bauman, 2007a). Frequentemente, o combate ao risco é gerido pela política do medo e do consumo, assumindo-se este como um negócio. As soluções que existem levam-nos a consumir e gastar mais recursos para mobilizar a economia, num contexto de desinformação e de «falsas notícias» (risco, incerteza). O Estado é incapaz de responder aos problemas locais gerados globalmente, como a deslocalização das empresas e o aumento do desemprego nas famílias (Battiston e Bauman, 2013). Entretanto, o Estado tem vindo a reduzir a amplitude dos serviços prestados: já não emprega os cidadãos, mas antes procura novas alianças na economia, contratualizando, subcontratando, subsidiando e tutelando (fiscalizando) (Bordoni e Bauman, 2016). Neste enquadramento, os indivíduos são chamados a reconfigurar o seu percurso de vida ficando mais desprotegidos.

Também os Estados têm sido reconfigurados quer em países que sobreviveram à crise de 2008, quer naqueles que lucraram com a austeridade de outros. Nestes novos contextos, o Estado social parece ser posto em causa, assim como as medidas programáticas de combate à pobreza das famílias, ou na área dos serviços sociais e de saúde. A governança social do Estado tornou-se parcialmente indirecta e as entidades privadas lucrativas e não lucrativas ficam com o poder para contratar profissionais e outros funcionários para desenvolver e acompanhar as políticas, segundo as suas próprias regras. Todos estes aspectos desafiam os assistentes sociais a reforçarem a necessidade de agir eticamente.

Hoje, vivemos no imediatismo, no aqui e agora, e temos dificuldade em pensar a longo prazo. Mas será que as nossas acções actuais não têm consequências no futuro? São algumas destas mudanças que desafiam a acção dos profissionais de Serviço Social, que exercem a sua acção na relação do Estado com a sociedade, no âmbito de orientações de políticas públicas e sociais cada vez mais reguladoras e controladoras da vida dos cidadãos e das famílias.

2. Serviço Social, conhecimento e acção

A profissão de Serviço Social consolidou-se na modernidade com o desenvolvimento do Estado Social, ou Estado-Providência, verificando-se que as necessidades humanas e o bem-estar não se alcançam sem a intervenção dos profissionais de Serviço Social. A importância do saber dos peritos, dos profissionais, ganhou destaque a partir das décadas de 60 e 70 e foi nesse contexto que a ética se evidenciou (Carvalho, 2016). O Serviço Social reconfigurou-se (através do movimento de reconceptualização) passando de uma profissão «do fazer» (empírica) para uma profissão «do saber, do pensar, do fazer e do ser», assumindo dimensões teóricas, metodológicas, éticas e políticas.

O Serviço Social é um produto e um produtor da modernidade (Mouro, 2009). Em termos teóricos, relaciona-se com as ciências sociais e as correntes de pensamento críticas e reivindicou a autoridade de provisão de bens e serviços num sistema de bem-estar regulado por uma burocracia política pública e social, numa perspectiva de desenvolvimento social alternativo (Carvalho, 2016). O Serviço Social comprometeu-se explicitamente com o bem público (democracia, direitos humanos e políticas públicas) enquanto projecto ético e político.

O Serviço Social enquanto profissão é desafiado a oferecer a sua competência a cada membro da sociedade, a prover o seu bem de acordo com os interesses dos cidadãos e das famílias, salvaguardando os interesses de outros membros da sociedade. A função do Serviço Social é a de produzir conhecimento sobre as realidades sociais (representações e práticas sociais) e a de agir tendo em vista a mudança social e a justiça social. Por vezes, é difícil chegar a consensos sobre o que é serviço social, sobretudo quando consideramos as «visões de fora» e as «visões de dentro», isto é, as perspectivas de quem não tem formação em Serviço Social e as dos profissionais e docentes da área. As «visões de fora» consideram o Serviço Social uma área da intervenção social numa linha de pensamento tecnocrático, burocrático, de aplicação de políticas e de métodos e técnicas, concebendo-o também como uma acção pedagógica de mudança de comportamentos. Nesta perspectiva, qualquer intervenção social com estas características é serviço social ou trabalho social e, assim sendo, parece que todos podem exercer Serviço Social. Esta perspectiva é arriscada para a profissão, porque abre o domínio do Serviço Social não tanto a outras profissões, mas a pessoas sem formação técnica e cuja actuação pode não dignificar os fundamentos históricos, teóricos, metodológicos, éticos e políticos do Serviço Social.

As «visões de dentro» preocupam-se com a identidade do Serviço Social e com os seus fundamentos. As associações internacionais de defesa da profissão, como a Internacional Federation of Social Workers (IFSW, 2014), entendem-no como uma área do saber das ciências sociais e humanas, uma profissão das relações humanas e da mudança social, centrada nos direitos dos indivíduos (individualidade/direitos) e na acção colectiva (sociedade/Estado); assumindo-o como uma profissão dos direitos humanos e da justiça social, tendo o dever de se posicionar ao lado das populações e das famílias mais vulneráveis, defendendo os seus interesses, criando e alterando as políticas, gerindo recursos, promovendo a justiça social, tendo em conta padrões de bem-estar individual e colectivo (IFSW, 1994).

No Serviço Social, há várias correntes de pensamento (Payne, 2002) que o concebem de diferentes perspectivas e abordagens. Com efeito, o Serviço Social é um saber complexo, em construção, composto por conhecimento, teorias e metodologias do Serviço Social, das Ciências Sociais e das Humanidades em geral, com princípios, valores, ideologias e cultura própria (Carvalho e Pinto, 2014); como profissão da intervenção social, promove a mudança, o desenvolvimento, a coesão social, a capacitação (*empowerment*) e a liberdade das pessoas, tendo como referência os princípios de justiça social, os direitos humanos, a responsabilidade colectiva, fazendo face às constantes mudanças sociais e tornando-se numa oportunidade de integração, bem-estar e desenvolvimento para pessoas e sociedade.

Em termos práticos, o Serviço Social inserido em sistemas de protecção social é desafiado a autonomizar (*empowerment*) os cidadãos e as organizações através de um humanismo crítico e reflexivo, centrado nas pessoas e nas famílias, tendo como referência os direitos humanos e a crítica das políticas. Numa época, que alguns classificam de pós-verdade, em que os sistemas de protecção de base contratual e colectiva parecem tender a ser substituídos pela responsabilidade individual, a vida vem-se tornando mais imprevisível, dificilmente se conseguindo prever o futuro ou efectuar projectos de vida a longo prazo (Battiston e Bauman, 2013). A vida é o imediatismo, orientado, por vezes, por factores tão díspares como a criação de factos, o domínio das redes sociais ou os discursos de privatização.

É importante situar o Serviço Social nesta sociedade cada vez mais complexa. Para tal, é indispensável comprometermo-nos com os princípios científicos da profissão, procurando a cientificidade do nosso saber; complementar os nossos conhecimentos com os de outras ciências sociais e humanas; melhorar as práticas profissionais continuadamente e a partir dos conhecimentos adquiridos; promover a participação dos cidadãos e das famílias, dando voz às comunidades. Neste enquadramento, a ética constitui-se como uma forma de prática profissional, em que a não neutralidade permite abraçar os valores de forma crítica, sendo importantes as tomadas de decisão reflectidas e eticamente fundamentadas, não esquecendo que a prática do Serviço Social tem uma dimensão política na promoção dos valores de justiça e de bem-estar social.

3. Sistema de protecção social em Portugal

Portugal apresenta um modelo de protecção social assente na partilha de responsabilidades com o mercado lucrativo e não lucrativo, sobretudo no plano de prestação de cuidados às famílias, crianças, jovens, pessoas portadoras de deficiência, adultos e pessoas idosas. As políticas de protecção social são concebidas e desenvolvidas no âmbito central e regional pelo Ministério do Trabalho, Solidariedade e Segurança Social, por meio dos Institutos de Segurança Social. A protecção social é da responsabilidade do sistema público da segurança social e orienta-se pelo princípio da subsidiariedade, isto é, o Estado só intervém quando as famílias, instituições locais e a comunidade não conseguem fazê-lo (Esping-Andersen, 2002). A intervenção nestes domínios tem-se centrado na promoção de respostas sociais, com cuidados pessoais e sociais integrados em programas e valências (Carvalho, 2014). Na carta social (MSESS, 2014), e no que diz respeito às famílias, é identificado um conjunto de políticas sociais na área da acção social, nomeadamente:

a) *Infância e Juventude*, com acolhimento familiar de crianças e jovens, centro de acolhimento temporário, centro de actividades de tempos livres, centro de apoio familiar e aconselhamento parental, creche, creche familiar, estabelecimento de educação pré-escolar, intervenção precoce, lar de apoio, lar de infância e juventude;
b) *Família e Comunidade*, com ajuda alimentar, apartamentos de reinserção social, atendimento/acompanhamento social, casa de abrigo, centro comunitário, centro de alojamento temporário, centro de apoio à vida, centro de atendimento para pessoas vítimas de violência doméstica, centro de atendimento/acompanhamento psicossocial (VIH/SIDA), centro de férias e lazer, comunidade de inserção, equipas de intervenção directa, fórum sócio-ocupacional, refeitório/cantina social, residências para pessoas infectadas pelo VIH/SIDA, unidade de vida apoiada, unidade de vida autónoma, unidade de vida protegida;

c) *Deficiência e Reabilitação*, com acolhimento familiar para pessoas adultas com deficiência, centro de actividades ocupacionais, centro de atendimento/acompanhamento e animação para pessoas com deficiência, lar residencial, serviço de apoio domiciliário, transporte de pessoas com deficiência;
d) *População Idosa*, com acolhimento familiar para pessoas idosas, apoio domiciliário integrado, centro de acolhimento temporário de emergência para idosos, centro de convívio, centro de dia, centro de noite, lar de idosos, residência, serviço de apoio domiciliário, unidade de apoio integrado.

No entanto, a questão não se apresenta apenas no que respeita às políticas de que dispomos, mas no que concerne ao acesso das pessoas carenciadas, ao número de pessoas que são apoiadas. Segundo o Gabinete de Estudos e Planeamento da Segurança Social I.P. (2016), a resposta creche é a que tem um maior número de pessoas apoiadas, com 114 807 crianças; segue-se o apoio domiciliário para pessoas idosas, atendendo 104 551; a estrutura residencial para idosos, envolvendo 89 666 pessoas; os centros de dia, abrangendo 64 705 pessoas; o lar residencial apoiando 6103 pessoas e o centro de actividades ocupacionais, 14 402 pessoas.

Ainda segundo o Instituto de Informática da Direcção-Geral da Segurança Social (DGSSII, 2014), os dados demonstram que as despesas da segurança social nos acordos de cooperação das IPSS (instituições particulares de solidariedade social) se destacam em duas áreas principais: a infância e juventude (em 2011, os gastos foram de 528 884 euros e, em 2014, de 547 984 euros) e a população idosa (em 2011, os gastos foram de 517 370 euros e, em 2014, de 533 233 euros). Com menos expressão, situa-se a área da deficiência e reabilitação (em 2011, os gastos foram de 122 065 euros e, em 2014, de 129 876 euros) e a da família e comunidade (em que os gastos em 2011 foram de 66 087 euros e, em 2014, de 66 267 euros). Os gastos com acordos de entidades privadas não lucrativas aumentaram entre 2011 e 2014, pelo que não são raras as críticas de que as políticas neoliberais promovem o mercado livre e a privatização de bens públicos (Banks, 2014).

As IPSS, que recebem as orientações gerais para protecção social, bem como o respectivo financiamento, do Estado, concretizam depois os cuidados, articulados com as autarquias (numa rede social) através da execução de contratos-programas. Estas entidades executam um conjunto de medidas de política, tais como o rendimento social de inserção, a gestão de serviços de apoio a crianças e jovens, pessoas idosas, famílias e outras áreas.

O subsistema de acção social, no plano da protecção social, enquadra a intervenção dos profissionais de Serviço Social em vários domínios. No domínio central, os profissionais têm a responsabilidade de tutelar as instituições de solidariedade social e de fiscalizar a sua acção na prossecução dos fins da segurança social, exercendo ainda funções de promotores de políticas sociais, orientando e criando directrizes para a intervenção no que diz respeito à qualidade das respostas. No domínio do poder local, nas autarquias, elaboram e executam programas e atendem e acompanham indivíduos e famílias em situação de vulnerabilidade social. Os profissionais de Serviço Social integrados em IPSS coordenam e gerem respostas para as áreas identificadas, incluindo os recursos humanos, logísticos e financeiros, assim como a qualidade do serviço prestado, efectuando ainda atendimento directo, assistindo indivíduos e famílias, e integrando as populações na rede social de instituições e de recursos existente (Carvalho, 2014).

O exercício da profissão efectua-se segundo as directrizes (*guidelines*) das instituições e das políticas de protecção social, mas também das competências científicas e técnicas e do código deontológico dos assistentes sociais. Estes têm de estar atentos às funções a desempenhar, mesmo quando estas possam entrar em conflito em situações particulares: proteger e promover os direitos individuais e o bem-estar comunitário, num contexto de possibilidades condicionadas pela capacidade que o Estado e a sociedade apresentam para responder às necessidades; promover a justiça social e a equidade de acesso a recursos, racionando e controlando o acesso aos mesmos. A mercantilização do Serviço Social, particularmente num contexto de contracção económico-financeira, contribui para a erosão dos valores de justiça social e dignidade humana, reclamando-se uma atitude ética dos assistentes sociais (Banks, 2014).

As desigualdades globais e locais, frequentemente decorrentes dos actuais modelos económicos, têm desencadeado meritórias acções de filantropia e de voluntariado, que, promovidas pelas IPSS de cariz religioso ou laico, se fundam mais na caridade do que nos direitos sociais. Neste âmbito, podemos perguntar se estas instituições estarão aptas para responder aos desafios dos riscos da sociedade actual. Ou se a caridade e a filantropia não se revelam também por vezes um negócio lucrativo (Singer, 2017).

Muitas instituições promovem o voluntariado e o mecenato. Mas será esta a solução para os problemas sociais complexos que enfrentamos? Singer (2017) alerta para esta questão num plano global: devemos enaltecer pessoas e empresas ricas por efectuarem doações para os que não os têm? Ou devemos ter uma atitude crítica perante a desigualdade que impera no mundo, com uma minoria a ter acesso a rendimentos milhares de vezes superiores a uma maioria que vive com um dólar por dia?

A ética elabora uma crítica objectiva, perspicaz e transparente ao modo de instauração das políticas e do sistema de protecção social, regulando simultaneamente a conduta profissional. Os assistentes sociais são agentes morais que trabalham na promoção da justiça social (Banks, 2014). Assim, neste contexto de profundas desigualdades e de desmantelamento do contrato social e da protecção social fundada em direitos, os profissionais de Serviço Social são especialmente desafiados a agir eticamente, a manifestar solidariedade e empatia pelas pessoas e pelas famílias em situação de vulnerabilidade.

Como argumenta Banks (2014), no actual contexto, há duas formas de actuar: promovendo a advocacia e a resistência contra as injustiças, recusando-se a tratar as pessoas como objectos; e reclamando o que é ético, criando códigos de conduta que ajudem os profissionais a tomarem as melhores decisões. Estas duas formas de actuar não se excluem, mas antes se complementam.

4. Ética para o Serviço Social na nova gestão pública da protecção social

A ética está relacionada com a procura do bem e a identificação do dever; diz respeito ao carácter ou modo de ser da pessoa e à sua forma de agir. Existem diferentes teorias éticas para orientar a acção humana, as quais, sem ser necessariamente contraditórias e excludentes, valorizam diferentes factores do agir humano. As mais utilizadas em Serviço Social são: a ética kantiana, uma ética do dever (deontológica) que valoriza a autonomia (liberdade) da pessoa na sua orientação da acção; a ética utilitarista, que procura os melhores meios para maximizar a felicidade ou bem-estar do maior número de pessoas; a ética das virtudes, que investe na formação do carácter das pessoas em geral e também dos profissionais, que, assim, saberão sempre como agir, independentemente de disporem de normas de acção para a situação concreta com que são confrontados; e a ética do cuidar, que valoriza sobretudo as relações humanas em prejuízo de um cumprimento meramente formal de princípios (Banks, 2014).

Os profissionais de Serviço Social têm um compromisso com o desenvolvimento integral dos direitos humanos de indivíduos e grupos, como reconhecido na Declaração Universal dos Direitos Humanos das Nações Unidas e noutras convenções e declarações internacionais, tais como a declaração dos direitos económicos e sociais, a declaração de recusa da tortura, a convenção dos direitos das crianças, princípios da ONU para as pessoas idosas, declaração dos direitos das pessoas com deficiência, só para enunciar algumas (IFSW, 1994). Os valores da liberdade, justiça social, igualdade, solidariedade e participação são essenciais na profissão; simultaneamente, é essencial promover laços de solidariedade e de igualdade entre os indivíduos, favorecendo a participação e a reflexão crítica sobre os processos de mudança e transformação social em situações de exploração, dominação, discriminação e exclusão social. É primordial apoiar as iniciativas que contribuem para criar condições favoráveis à promoção da paz e tolerância, igualdade e bem-estar, entre os indivíduos e os povos, em oposição ao combate às mais variadas formas de violência, tortura, autoritarismo, desigualdade social, pobreza.

O profissional de Serviço Social pode mesmo ser considerado um mediador que traduz as necessidades pessoais e colectivas (subjectivas e objectivas) das pessoas e das famílias em questões que possam ser respondidas numa linguagem científica, técnica, confiável, num «conselho» prático para o leigo (população-alvo e instituições onde desenvolve a sua actuação) (Bauman, 2007b). Este profissional tem de ser alguém que compreenda o poder da ciência, da técnica, da política e que consiga tomar decisões correctas científica e eticamente fundamentadas. Este processo é essencial para agir face aos riscos, num contexto político de austeridade decorrente da crise económica e financeira do Estado.

O campo da intervenção social não é exclusivo dos assistentes sociais e a intervenção multidisciplinar é fundamental na maior parte das áreas de intervenção. E mais ainda hoje, em que se verifica uma mudança de perfil da população-alvo dos serviços sociais e uma complexificação dos problemas sociais, tais como desemprego, adicção, pobreza, exclusão. As orientações da protecção social têm-se centrado em promover uma maior racionalidade e controlo no acesso aos serviços sociais e de saúde, o que, por sua vez, tem provocado um aumento do tempo de espera para acesso a apoios sociais e a recursos de saúde; mas também cortes nas reformas e no acesso a outros complementos sociais, redução de programas de promoção de inclusão social (havendo quem fundamente a sua inexistência como uma necessidade de atender às exigências sociais de justiça social), discriminação de grupos excluídos ou dos que não têm trabalho, nem modo de se sustentar dignamente pelos seus próprios meios, restrição das intervenções na emergência, defendendo-se o voluntariado como a melhor forma de actuar em contextos complexos de pobreza e privação (Gomes, Carvalho e Paoletti, 2014).

A ausência de investimento suficiente em políticas públicas na área da protecção social aumenta o número de pessoas a viver na pobreza, as listas de espera para acesso a serviços nas instituições e as intervenções de emergência (Carvalho *et al.*, 2017). O resultado destas políticas é o empobrecimento das pessoas, das famílias e das organizações, as quais, não obstante, procuram criar estratégias de sobrevivência e de acção, lamentavelmente nem sempre tão dignas quanto almejariam. Atenda-se ao aumento, nestes últimos anos, das cantinas sociais e das associações voluntárias que distribuem comida aos sem-abrigo e aos pobres. Os profissionais que desenvolvem actividades nestes domínios e contextos deparam-se com múltiplos dilemas: por um lado, o compromisso com a defesa dos direitos humanos, a satisfação das necessidades, a protecção dos cidadãos e a promoção e o desenvolvimento social; por outro, é-lhes exigido que respondam, que intervenham rapidamente, sem pensar muito nas causas e nas consequências. Espera-se dos profissionais já não tanto a preocupação com os processos de intervenção, mas com os resultados.

O Serviço Social exige intervenções de longo termo, requer profissionalismo e respeito pelos tempos dos sujeitos. A intervenção social não se coaduna com intervenções rápidas e de emergência, ligadas ao voluntariado e à filantropia (Carvalho *et al.*, 2017). Por isso, também se torna importante exigir uma ética na protecção social e na intervenção com indivíduos e famílias, orientada para a confiança e para a integração, mas que seja desafiadora e de resistência.

Uma *ética da confiança* desenvolve-se no âmbito de relações humanas pautadas pelo diálogo veraz e transparente. Requer, obviamente, confiança da população-alvo nas organizações e seus profissionais, e também no saber científico, técnico e ético que orienta as decisões que são tomadas e que visam ir ao encontro das expectativas das pessoas carenciadas de apoio. Em contextos despersonalizados, funcionalizados, politizados, controladores e opressivos, os assistentes sociais são desafiados a pôr o seu saber e competência ao serviço das pessoas e das organizações, promovendo as melhores decisões em cada uma das circunstâncias concretas. Para tal, é importante o uso de uma linguagem adequada, evitando a utilização de conceitos e categorias que tendem a estigmatizar os indivíduos e suas famílias.

A relação de confiança exige a capacidade de compreensão do assistente social dos problemas não definidos e a capacidade de desempenhar as suas atribuições em função dos interesses dos sujeitos. Apesar de a competência ser importante, a ética da confiança requer acima de tudo integridade, transparência e uma intenção positiva. Esta ética exige autonomia profissional para fazer juízos e tomar decisões, de acordo com o conhecimento, experiência profissional e valores do Serviço Social (Banks, 2014, p. 13). Também o código de ética profissional não pode estar desligado nem dos profissionais a quem se dirige (e que, afinal, são os seus próprios autores), nem das instâncias governativas que tomam decisões políticas determinantes para o exercício da profissão, devendo estar assente numa confiança mútua.

Uma *ética integradora* requer uma estratégia política e de protecção social integrada que agregue diferentes actores no plano da administração central e local e de instituições privadas lucrativas e não lucrativas e em que seja possível executar medidas coordenadas central e localmente para a resolução de «problemas sociais complexos». Implica também acções intersectoriais nos âmbitos nacional, regional e comunitário com recursos financeiros coordenados localmente; reclama ainda uma coordenação local do desenvolvimento de recursos e serviços privados e públicos e um planeamento estratégico, com legislação e instrumentos de intervenção.

A ética desafia a competência teórica, metodológica e ético-política dos profissionais a produzir intervenções socialmente válidas guiadas por orientações estabelecidas (*written policies*), centradas nos problemas e na defesa de direitos humanos, na busca pela satisfação das necessidades e na produção de bem-estar socialmente justo e equitativo. Esta ética – também ela restaurativa – exige profissionais capazes de reinterpretar a experiência das pessoas que assistem, considerando o modo como elas assumem as suas decisões relativas ao modo de utilizar, na sua vida, competências e recursos individuais e colectivos. Os assistentes sociais trabalham em rede com os indivíduos e famílias para prover às necessidades destes e promover o respeito pelo direito dessas pessoas à protecção social. É importante que os profissionais lhes restituam a dignidade e o direito de escolha, em oposição à percepção de instituições e de redes de que estas pessoas e famílias são um problema ou meros consumidores de serviços e que nunca estão satisfeitos (Banks, 2014).

É essencial apoiar e promover políticas sociais para melhorar as condições em sociedade, defender a justiça social, a equidade e a participação dos interessados, democratizando informações sobre programas, serviços e recursos institucionais, para o benefício dos indivíduos e comunidades. Os profissionais são desafiados a observar a transparência da informação e a empenhar-se na viabilização dos direitos sociais dos utentes, através de programas e políticas sociais, contribuindo para a participação efectiva da população nas decisões institucionais.

Uma *ética desafiadora* de políticas injustas é uma ética da proximidade e da empatia para com as pessoas que sofrem e que se dirigem ao profissional procurando uma solução para os seus problemas. Estes são, regra geral, complexos e vastos e necessitam de acções orientadas para o colectivo, e não só para o indivíduo e para as famílias.

Um assistente social não é um mero técnico ou burocrata que segue regras cega ou acriticamente. É primordial interrogar-se e questionar o sistema, ter uma atitude crítica para com as normas e regras dos programas com que trabalha, exercendo um juízo ético (Banks, 2014). Afinal, não é por existir uma lei ou um regulamento que se cumpre fielmente que se garante a promoção da justiça social. Os profissionais têm o poder e o dever de promover o bem-estar dos seus utentes e desafiar as políticas desumanas, degradantes e injustas (Banks, 2014), sendo de máxima importância promover uma ética de proximidade com os indivíduos e com as comunidades, e promotora da mudança social. Esta mudança requer acções em estruturas que sustentam desigualdades e injustiças, sendo os profissionais permanentemente desafiados a desenvolver estratégias que eliminem a violação dos direitos humanos e promovam a justiça social.

Uma *ética da resistência* remete para a capacidade de enfrentar os desafios das políticas sociais, mantendo o foco na justiça social. Trazer a política para o centro do Serviço Social é estar comprometido com a justiça social, desafiar estruturas opressivas e questionar políticas públicas (Banks, 2014). É também não desistir dos ideais e da missão do Serviço Social; resistir às políticas injustas, à tensão e ao esgotamento do trabalho diário; assumir valores colectivos que estão além dos interesses particulares e privados; manter os princípios universais dos direitos humanos e justiça social como referência; conceber o Serviço Social como movimento que promove uma prática anticonstrangedora, crítica, estrutural e radical e as relações humanas, em contexto de estruturas de poder e de condicionamento.

É essencial uma ética da justiça social que possibilite, no dia-a-dia, uma solidariedade empática, uma autonomia relacional, uma responsabilidade colectiva de resistência, uma coragem moral e a capacidade de trabalhar com a complexidade e a contradição (Banks, 2014).

As vertentes éticas que aqui designámos, como da confiança, da integração, desafiadora e de resistência, não se excluem, complementam-se, todas assistindo o profissional de Serviço Social no desafio de todas as formas de injustiça social e na promoção dos Direitos Humanos.

Leituras recomendadas

BANKS, Sarah, *Ethics. Critical and radical debates in social work*, FERGUSON, Ian e LAVALETTE, Michael (editores da colecção), Bristol, Bristol University Press, 2014.

BATTISTON, Giuliano e BAUMAN, Zygmunt, *Europa Líquida*, Edição original: 2009, Lisboa, Relógio D'Água, 2013.

BAUMAN, Zygmunt, *A Vida Fragmentada. Ensaios sobre a Moral Pós-Moderna*, Edição original: 1995, Lisboa, Relógio D'Água, 2007a.

BAUMAN, Zygmunt, *Modernidade e Ambivalência*, Edição original: 1991, Lisboa, Relógio D'Água, 2007b.

BECK, Ulrich, *Sociedade de risco mundial – em busca da segurança perdida*, Lisboa, Edições 70, 2015.

BEHRING, Elaine e BOSCHETTI, Ivanete, *Política Social: fundamentos e história*, 4.ª edição. São Paulo, Cortez, 2008.

BORDONI, Carlo e BAUMAN, Zygmunt, *Estado de Crise*, Edição original: 2014, Lisboa, Relógio D'Água, 2016.

SILVEIRA DE BRITO, José Henrique, «Ética Geral e Éticas Aplicadas», *in:* NEVES, Maria do Céu Patrão (coord.), *Dos Fundamentos às Práticas*, Lisboa, Edições 70, 2016, pp. 285-297.

CARVALHO, M. I.; PINTO, Carla; LOPES DA COSTA, Jorge; GARCIA, Ana P. e DUARTE, Cristina, «Repensar o Serviço Social em tempo de crise económica e financeira em Portugal: Trabajo Social Global – Global Social Work», *Revista de Investigaciones en Intervención Social*, vol. 7, 12, pp. 69-94, 2017.

CARVALHO, Maria Irene, *Ética Aplicada ao Serviço Social – Dilemas e Práticas Profissionais*, Lisboa, Pactor, 2016.

CARVALHO, Maria Irene, «Social work and intervention with older people in Portugal: a critical point of view», *European Journal of Social Work*, vol. 17, 3, 2014. DOI: 10.1080/13691457.2014.905459.

CARVALHO, Maria Irene e PINTO, Carla (ed.), *Serviço Social: Teorias e Práticas*, Lisboa, Pactor, 2014.

CARVALHO, Maria Irene, «Construção dos espaços de conhecimento e de acção em Serviço Social», *Intervenção Social*, vol. 1, 40, pp. 15-36, 2012.

DIREÇÃO-GERAL DA SEGURANÇA SOCIAL INSTITUTO DE INFORMÁTICA, I.P. *Segurança Social em Números*, Lisboa, 2014.

ESPING-ANDERSEN, Gøsta, «Um Estado-Providência para o século XXI» *in:* BOYER, Robert *et al.* (ed.), *Para uma Europa da Inovação e do Conhecimento,* Oeiras, Celta Editora, 2002.

GABINETE DE ESTUDOS E PLANEAMENTO DA SEGURANÇA SOCIAL I.P., *Capacidade das respostas sociais,* Lisboa, 2016.

GOMES, Inês; CARVALHO, Maria Irene e PAOLETTI, Isabella, «Poverty Intervention in Relation to the Older Population in a Time of Economic Crisis: The Portuguese Case», *Research on Ageing and Social Policy,* vol. 2, 1, pp. 88-114, 2014. DOI: 10.4471/rasp.2014.04.

INTERNATIONAL FEDERATION OF SOCIAL WORKERS (IFSW), *Código de* Ética *dos Assistentes Sociais,* traduzido para português, 1994.

INTERNATIONAL FEDERATION OF SOCIAL WORKERS (IFSW), *Definição de Serviço Social,* traduzido para português, 2014.

MARSHALL, T., *Política Social,* Rio de Janeiro, Zahar, 1967.

MINISTÉRIO DA SOLIDARIEDADE, EMPREGO E SEGURANÇA SOCIAL (MSESS), *Carta social – rede de serviços e equipamentos 2014,* Gabinete de Estratégia e Planeamento (GEP), MSESS, 2014.

MOURO, Helena, *Modernização do Serviço Social – Da Sociedade Industrial à Sociedade do Risco,* Coimbra, Almedina, 2009.

MOZZICAFREDDO, Juan, *Estado Providência e Cidadania em Portugal,* Lisboa, Celta Editora, 2002.

PAYNE, Malcolm, *Teoria do Trabalho Social,* 1.ª edição. Coimbra, Quarteto, 2002.

ROSANVALLON, Pierre, *A Crise do Estado Providência,* 2.ª edição. Lisboa, [s. n.], 1991.

SINGER, Peter, *Ética no Mundo Real,* Lisboa, Edições 70, 2017.

Ética geracional na protecção social

José Ribeiro de Castro

Dirigente da Administração Pública (aposentado)

> «Setenta anos é o tempo da nossa vida, oitenta anos, se ela for vigorosa; e a maior parte deles é fadiga e mesquinhez, pois passam depressa, e nós voamos.»
>
> (Bíblia de Jerusalém, Sl 90,10)

> «Honra a teu pai e tua mãe – é o primeiro mandamento com promessa –, para seres feliz e teres uma longa vida sobre a terra. E vós, pais, não deis a vossos filhos motivo de revolta contra vós, mas criai-os na disciplina e correção do Senhor.»
>
> (Bíblia de Jerusalém, Ef 6,2-4)

1. Considerações preliminares: o caminho que nos propomos

Escolhi os textos acima citados não tanto por causa da sua antiguidade confortável, mas por testemunharem duas atitudes que percorrem toda a história da humanidade: a reflexão sobre a finitude da vida, na sua relação com o transcendente, pela sua aceitação ou pela sua recusa, e sobre a relação com o outro. Estes dois traços fundamentais do humano são talvez as razões, ou a razão de duas faces, da inquietude que define o Homem: consciência da «finitude», que se aceita, se teme ou se faz por ignorar, que se interroga e é «corrigida», com ou sem a esperança na eternidade, pelo encadeamento de vidas que é da nossa experiência de todos os dias.

As «gerações futuras» estão sentadas à nossa mesa comum e em cada dia se acrescentam, enquanto nas gerações presentes se reduzem as testemunhas de um certo passado, pela ordem natural das coisas e pelas surpresas, mais ou menos violentas ou inesperadas, da acção dos vectores que condicionam a vida humana. O que dizemos congrega-nos a não nos referirmos ao futuro sem avaliar muito bem e conhecer o presente e o que nos trouxe até aqui, o que é circunstancial e o que parece ser permanente.

O que fazemos, tudo o que fazemos, por acção ou omissão, «inquieta» também o futuro, porque se prolonga nos outros, até nos animais e nas coisas. Mas são sobretudo as pessoas, ou os seus testemunhos, quem conta os factos, as palavras «realmente» escutadas, talvez as palavras úteis ou necessárias, que tornam o passado também património nosso.

Consideremos então o modo como nos relacionamos, como nos compreendemos, ou não, como cuidamos uns dos outros. E como deveríamos, ou devemos, cuidar. Atendendo aos objectivos propostos, como deveremos fazê-lo por intermédio dos sistemas e no interior das respostas de protecção social que vivem inseridas numa determinada realidade social e numa determinada cultura.

Esta atitude parece a única possível neste âmbito: procura não esquecer o debate que tem sido feito, mas não o retoma e não faz opção entre propostas e leituras, muitas vezes extremadas e que, por vezes, mesmo quando não as expressam, parecem ter implícitas soluções mais ou menos radicais; tenta, apenas, fazer algumas distinções que se afiguram cruciais, porque parece evidente que o debate, sobretudo mas não só o debate público, nem sempre o tem feito.

1. Algumas chaves pessoais de leitura

1.1. A protecção social como resposta a necessidades permanentes

As primeiras respostas parcelares e espontâneas

Como é sabido, é possível encontrar, no passado, respostas de índole diversa de protecção contra determinadas eventualidades, na designação moderna, de modo semelhante ao que vieram a assumir os sistemas nascidos no final do século XIX e princípio do século XX, que tiveram o seu maior desenvolvimento no pós-guerra.

Tratava-se, no entanto, de tentativas parcelares, mais ou menos eficazes, consoante os tempos e o engenho, os meios disponíveis e os objectivos, de garantir meios de subsistência, de socorrer as vítimas ou seus familiares em situações de perda desses meios ou de cobertura, de outro modo inviável, de encargos imprevistos (num microexemplo: do funeral dos estudantes pobres falecidos prematuramente enquanto frequentavam a academia).

Os sistemas modernos: a «permanente» tipologia de necessidades e desenho dos sistemas

É preciso sublinhar que aqueles últimos sistemas, mais próximos da modernidade, coexistem muitas vezes com as formas autónomas pré-existentes, ou integram-nas, nem sempre sem reacções destas. Procuram também fundamento em objectivos finais, eticamente irrepreensíveis a nosso ver, de garantia efectiva de meios de subsistência ou de cobertura de certos encargos, de solidariedade e coesão social, antes mesmo de as palavras terem surgido no léxico corrente, embora sem deixar de servir outros interesses políticos, aliás legítimos.

No caso português, pode certamente reconhecer-se um período «pré-histórico»[1], pontuado de iniciativas dispersas, naturalmente condicionadas pela maior ou menor capacidade reivindicativa de certos grupos laborais ou pelo interesse em garantir protecção social a esses ou outros grupos, com uma função considerada fulcral no conjunto do país: administração pública civil e militar, correios, rede ferroviária.

A previdência social, instituída em 1935 no trajecto do regime político resultante da Revolução de 28 de Maio de 1926, distancia-se com alguma rapidez da matriz corporativa e, já com algum desenvolvimento, é objecto de profunda reforma, amplamente debatida, de novo em período de crise e afirmação, em 1963.

Depois da Revolução de 25 de Abril de 1974, em consonância com o reconhecimento constitucional (Constituição de 1976) do direito à segurança social e no desenvolvimento de um percurso afirmado como de «integração da previdência no Estado», no fundo o reconhecimento formal da natureza parapública do sistema, que mantinha alguma ambiguidade no âmbito do Estado corporativo, consolida-se o sistema de segurança social, (primeiro através do Decreto-Lei n.º 549/77, de 31 de Dezembro, apresentado como Lei orgânica do sistema mas com objectivos mais amplos), que vem a ter a sua primeira Lei de Bases em 1984 (Lei n.º 28/84, de 14 de Agosto).

Não é objectivo deste texto proceder a uma síntese da evolução histórica da protecção social. Também para esse âmbito,

---

[1] Neves, Ilídio das, *Direito da Segurança Social: Princípios Fundamentais numa Análise Prospectiva*, Coimbra, Coimbra Editora, 1996.

e sem prejuízo de outras abordagens, refira-se o *Direito da Segurança Social*, de Ilídio das Neves (1996) – trabalho com a amplitude que o título identifica e grande rigor conceptual –, bem como a bibliografia aí citada.

Queremos sublinhar, por um lado, a permanência do reconhecimento de um conjunto de necessidades ou eventualidades que acabam por definir o âmbito material da protecção, garantida a um conjunto de pessoas pela sua qualidade de trabalhadores ou simplesmente pela sua qualidade de cidadãos ou residentes e, por isso, abrangendo tendencialmente todos aqueles a quem se reconhece a pertença a uma comunidade nacional determinada; por outro, e sobretudo, a natureza institucional e mesmo civilizacional de que se reveste este instituto jurídico, chamado a completar e a dar solidez a processos de mudança, com vista ao desenvolvimento harmónico do todo social. Os exemplos poderiam multiplicar-se.

Ao mesmo tempo, registamos o movimento no sentido de se considerar que esse sistema deve ter natureza obrigatória e garantia pública, para não ficar à mercê da vontade individual ou de quaisquer interesses, certamente legítimos, mas parcelares, em relação ao interesse global da comunidade, sem prejuízo da existência de regimes privados, articulados com aquele sistema.

De qualquer modo, é em torno desse conceito que se constitui e autonomiza, na generalidade dos países evoluídos e com referência e controlo internacional, o Direito da Segurança Social.

2. Algumas questões previsíveis e também elas «permanentes»

Uma outra observação que apela à natureza permanente das questões sociais subjacentes e ao percurso amadurecido e experimentado dos modelos, aliás em adequação e expansão no tempo, é a que conduz à verificação de que nenhuma das grandes questões que hoje se apresentam é novidade no estudo teórico dos sistemas e que a maior parte já foi objecto de várias propostas de solução.

Consideremos três dessas questões, porventura as que assumem maior dimensão e que hoje se põem, genericamente, debaixo do chapéu da sustentabilidade dos sistemas. De facto, não é novidade para a reflexão teórica sobre segurança social a sensibilidade dos sistemas à saúde das economias e às suas crises.

A primeira é a questão dos efeitos do desemprego ou o conjunto de questões relacionadas com a quebra do tecido produtivo e as relações de trabalho, os fenómenos de desemprego e outros a ele associados, que sempre foram tratados como «ameaças» a manter sob vigilância, não só pela gravidade dos problemas sociais que originam, mas também pelo seu duplo efeito na redução dos ingressos contributivos e no aumento de encargos resultantes da substituição, pelos correspondentes subsídios, dos rendimentos de trabalho perdidos.

A projecção dos encargos no tempo, sobretudo nas prestações de tipo diferido ou de longo prazo – outra das questões clássicas –, só não terá sido devidamente ponderada em fases parcelares e embrionárias de protecção, por falta de capacidade técnica ou por se acreditar, talvez ingenuamente, na solvibilidade das empresas privadas ou públicas ou do próprio Estado para assumir esses encargos. Mais tarde, poderá ter-se repetido o erro, talvez por excesso de confiança na durabilidade de indicadores económicos favoráveis.

Anteriormente, a sofisticação dos cálculos actuariais (que determinam, matemática e estatisticamente, o risco e retorno nos domínios financeiros e dos seguros) – técnica importada do seguro privado e adaptada às técnicas de capitalização e de redistribuição, adoptadas em exclusivo ou em combinação

– permitiu dar àquela projecção o maior rigor e conduzir a certezas tão absolutas quanto possível, desde que não houvesse alteração radical dos parâmetros sociais ou sociológicos subjacentes.

Importa ainda uma referência a um outro tipo de questões sobre as quais o discurso corrente tem percorrido todos os tons, sob a designação de «direitos adquiridos». O nosso direito da segurança social atribui, efectivamente, esse nome a uma determinada realidade, o que, de um ponto de vista estritamente racional, se poderia classificar como redundante: ou a esfera jurídica de um determinado sujeito de direitos inclui um determinado direito ou não. Mas a realidade não é assim tão simples.

Segundo a Lei de Bases da Segurança Social, Lei n.º 4/2007, de 16 de Janeiro, republicada com as alterações introduzidas pela Lei n.º 83-A/2013, de 30 de Dezembro, o princípio da tutela dos direitos adquiridos e dos direitos em formação visa assegurar o respeito por esses direitos, nos termos da mesma lei (artigo 20.º). Tal princípio é aplicável aos regimes do sistema previdencial, considerando-se (artigo 66.º, n.º 2) «direitos adquiridos» os que já se encontram reconhecidos ou possam sê-lo por se encontrarem reunidos todos os requisitos legais necessários ao seu reconhecimento e «direitos em formação» os correspondentes aos períodos contributivos e valores de remunerações registadas em nome do beneficiário.

Estes princípios estão estreitamente ligados a outros princípios inerentes a todos os sistemas jurídicos, como o princípio da confiança e da salvaguarda dos direitos. Mas, neste contexto específico, haverá que referir que, pela própria natureza contingencial e condicionada do direito à segurança social, o sistema tinha de encontrar um ponto de equilíbrio entre a necessidade de garantir a todos a protecção nas eventualidades abrangidas, a necessidade de o sistema se defender de maus riscos, o que obriga a prever prazos de garantia para o acesso aos direitos, e a necessidade de dar credibilidade e eficácia ao sistema.

O sistema destina-se a atribuir protecção em determinadas eventualidades que, pela ordem natural das coisas, se verificarão em tempo diferido. É nessa base que as pessoas organizam a sua vida e programam as condições da sua vida futura e da dos seus. Há que garantir esses direitos, porque as pessoas «já não têm (nesse momento futuro) possibilidade de agenciar de outra forma a sua vida» – era esta a resposta oficial típica, e pragmática, dada na fase da reforma do sistema de pensões nos EUA.

Trata-se, simplesmente, de uma norma de boa-fé «contratual» numa relação que mantém essa natureza porque é sinalagmática, isto é, porque assenta na reciprocidade das obrigações entre as partes. De outro modo, ficaríamos entregues a intervenções de tipo assistencialista ou à lei civil, através da obrigação de alimentos, vigente na ordem jurídica portuguesa, então com sobrecarga efectiva das gerações seguintes e todos os fenómenos desumanizantes de dependência e carência de que todas as gerações, os mais velhos e os que lhes sucedem, pretendem estar ao abrigo. Não parece que se esteja a simplificar, mas sim a introduzir um modo de ponderação consentâneo com o que a lei prevê.

Todas as situações referidas, como outras, podem, no limite, exigir a afectação de fontes de financiamento específicas e, eventualmente, a constituição de grupos fechados, a exemplo do que se fez no passado para grupos mais ou menos numerosos com origem em regimes privados.

Se hoje dados demográficos e de outra ordem, bem conhecidos, agravam, muito além do expectável, alguns desequilíbrios no peso relativo dos sistemas e destes na economia, e embora não seja unívoca a interpretação a dar a esses indicadores, o problema deve ser e tem sido encarado no seu âmbito mais global.

Os sistemas têm de manter elevada vigilância permanente e adequada capacidade de adaptação, sem negligenciar a observação igualmente significativa das condições de acesso ao mercado de trabalho, da composição do próprio tecido produtivo e das mudanças estruturais no mundo do trabalho.

3. Ainda algumas interrogações e respostas sobre a valia dos sistemas

Considerando ser frequente pensar-se que a própria existência e salvaguarda dos sistemas de segurança social públicos, ou a sua inexistência, ou mesmo a sua subalternização, são em si um problema ético transgeracional antes mesmo de serem um problema económico e jurídico, valeria a pena contrapor a algumas «certezas críticas» que têm sido dirigidas a esses sistemas outras tantas interrogações, apenas uma ou outra vez pontuadas de quase certezas.

3.1. Perda ou enfraquecimento dos laços de solidariedade natural?

Tem sido dito que o nascimento dos sistemas modernos de protecção social terá contribuído para a perda ou enfraquecimento dos laços de solidariedade familiares ou comunitários. Vamos admitir que os excessos garantistas, ou a simples eficácia, certamente mais visíveis em sistemas que tomaram opções radicais, verdadeiras ou apontadas como objectivo político (o proteger «do berço à sepultura» das declarações políticas em volta do Relatório Beveridge[2]), podem gerar um pernicioso «excesso (de sensação) de segurança».

---

[2] William Beveridge, (1879-1963), BBC History, disponível em: http://www.bbc.co.uk/history/historic_figures/beveridge_william.shtml [consultado em 22 de Março de 2017].

Pode perguntar-se, porém, se também não é verdade que, regulados na medida desejável, desenvolvem igualmente a autonomia das pessoas, membros livres e de pleno direito de Estados de Direito, que são também Estados Sociais? Não ficam assim menos dependentes e menos inquietas em relação ao seu futuro, e dos seus, para o caso de uma invalidez imprevista ou a idade as impedir de trabalhar, podendo constituir uma sobrecarga acrescida nas situações de vida dos seus descendentes ou da comunidade, com a angústia de terem de cair em dependência?

Aliás, uma certa formulação da pergunta parece pressupor uma atitude «moralista», e não ética. Afinal, não pressupõe a crítica que as outras condições da vida moderna – os baixos salários, a necessária mobilidade geográfica interna ou a emigração forçada ou semivoluntária, as dificuldades e limitações do acesso à habitação, as habitações acanhadas e inadequadas, os horários de trabalho excessivos e sobrepostos, os factores culturais que se traduzem na desagregação e composição multivariada dos laços familiares, a má organização social, a par dos conhecidos fenómenos do individualismo e do consumismo – não influenciam a montante essa quebra de solidariedade? E não são, também, fenómenos desse tipo que condicionam fortemente a natalidade?

3.2. Contribuem os sistemas para o absentismo laboral?

Tem sido dito que os próprios sistemas facilitam, se é que não promovem, as ausências do trabalho, ainda que sem causa real de doença ou outra incapacidade. E é possível que isso aconteça, de alguma forma, apesar de todas as medidas de prevenção e correcção.

Mas teremos feito sempre o esforço suficiente para identificar e atalhar, na origem e a tempo, fenómenos de atraso ou quebra salarial, em períodos de crise laboral, e para impedir que muitos trabalhadores sejam obrigados a exercer a sua actividade em condições de saúde deficiente, contribuindo para o agravamento do risco e mesmo para a baixa produtividade que depois registamos? E essa baixa produtividade resulta, realmente, de que factores?

Teremos mesmo feito o esforço suficiente para generalizar uma cultura de respeito do trabalhador pelo sistema, e do sistema e da sociedade pelo trabalhador e pelas condições de trabalho? Basta, talvez, um percurso de rua por algumas obras em curso ou serviços prestados, inclusive por entidades públicas, em algumas das nossas cidades, para abalar certezas feitas.

A conjugação de esforços – Serviço Nacional de Saúde (SNS), sistemas de avaliação de incapacidade, medicina do trabalho – para uma rápida recuperação e regresso ao trabalho e a identificação, avaliação e intervenção em ambientes humanos, no plano laboral, susceptíveis de gerar doença (o tão falado *mobbing*[3], ou assédio laboral, é apenas uma das patologias), parecem eticamente sustentáveis, certamente pelos aspectos humanos envolvidos, mas também pelos reflexos na economia e, em particular, no equilíbrio dos sistemas. Ao mesmo passo, seria curioso estudar, em termos comparativos, por empresa/contribuinte as ausências de trabalho por doença.

3.3. Os sistemas como geradores de custos. E os benefícios indirectos imputáveis?

Tem sido dito que os sistemas de protecção social modernos absorvem uma parte demasiado relevante dos recursos da

---

[3] *Mobbing – Description et aspects légaux*, SECO (Secrétariat d'Etat à l'économie), 2005. Disponível em: conflits.ch/pdf/mobbing_f_20-4-05.pdf [consultado em 12 de Março de 2017].

comunidade, quer pela incidência de encargos sobre as empresas, que «aumentam os custos do trabalho», quer pelo peso das prestações, sobretudo das pensões, que, ante os dados demográficos e económicos, asfixiariam a economia, contribuiriam para o crescimento da dívida e sobrecarregariam as gerações futuras com encargos correspondentes a direitos de que elas já não poderiam desfrutar. A questão é muito complexa e carece de reavaliações constantes perante as tendências de evolução. Não é possível deixar aqui mais do que algumas linhas de reflexão.

O aumento da esperança média de vida

Em primeiro lugar, é necessário afirmar que é bom e positivo que a vida humana se tenha prolongado, em grande parte pela melhoria das condições de saúde, pela generalização dos cuidados médicos e pela maturidade dos sistemas de segurança social – o que parece estar bastante ausente de muitos dos discursos públicos. Em todo o caso, trata-se de médias, talvez variáveis, nomeadamente a esperança de vida, por estratos sociais e socioeconómicos.

A evolução registada na queda dos indicadores de mortalidade infantil, em que Portugal ocupa lugar entre os melhores no âmbito mundial, é também um bom resultado, decorrente de muito investimento de vontade e desejo de acertar, quer na área da saúde quer na área da segurança social.

Do mesmo modo, medidas continuadas no domínio da protecção na maternidade terão lutado isoladas num mundo de mudanças aceleradas, de intensa e desejável feminização do trabalho, de aumento da dureza dos estilos de vida, de mudanças sociológicas profundas, de alguma «desordem» característica de momentos que, «mais do que épocas de mudança, são mudanças de época». Terá sido talvez esse isolamento que impediu efeitos mais visíveis sobre a taxa de natalidade. Mas podemos interrogar-nos sobre os valores que teríamos sem aquele nível de protecção.

Caso se considerem, assim, como sem dúvida são, a manutenção e o prolongamento da vida humana – em condições de saúde física e mental, com menos encargos para o SNS e sobrevivendo até idades mais tardias – vantagem e conquista civilizacional, teremos de encontrar as formas mais adequadas, complementares ou substitutivas das actualmente existentes, para assegurar os níveis de subsistência autónoma, de manutenção de níveis de vida adequados e próximos dos que foram atingidos nas idades activas. Desta forma, a responsabilidade familiar, reconhecida, aliás, também pela lei civil sob a forma de «obrigação de alimentos», não se traduzirá num exercício penoso em que os mais velhos se sintam mais uma incógnita de uma equação de resultado negativo. E teremos de consolidar esses resultados para as gerações futuras.

E é a solidariedade ou o amor – não tenhamos medo das palavras – que deve unir os familiares, as pessoas entre si. Este vínculo, o mais profundamente inserido no espírito do relacionamento humano, não é prejudicado pela acção de respostas sociais solidárias que permitam manter, no infortúnio, condições de vida digna.

4. Algumas outras certezas e interrogações

As respostas em equipamentos sociais e outras

Vale talvez a pena deixar aqui ainda um outro registo de certezas. Como é sabido, o apoio às crianças e jovens, às pessoas portadoras de défices ou deficiências, aos mais velhos e a outros grupos, envolve frequentemente outras respostas além das prestações de natureza pecuniária e da protecção na saúde, que, de natureza privada, pública ou social, garantem condições de acolhimento, desenvolvimento, higiene, alimentação e acompanhamento mais ou menos permanente em condições de segurança e apoio residencial aos que não podem viver sozinhos.

Pela sua própria natureza, todas as respostas sociais deste tipo devem estar sob avaliação constante, a partir de padrões de qualidade e humanização. Só assim podemos garantir, no nosso tempo, a presença de critérios de qualidade suficientemente elevados que nos tranquilizem quanto ao futuro, pelo exemplo do presente.

E não nos esqueçamos de que a qualidade se paga a si própria, e não apenas no plano construtivo. Como frequentemente se afirma em meios técnicos qualificados, não somos suficientemente ricos para cair no provisório e na má qualidade. Sai caríssimo.

As mudanças sociais e culturais em organizações eticamente responsáveis

O público, os utentes e as suas famílias, os colaboradores, mudaram muito nas últimas décadas no que se refere aos seus hábitos, ao seu nível de exigência, às suas necessidades. Os equipamentos sociais são hoje microcosmos plurivariados de pessoas, de culturas, de formações, de hábitos diversificados. A sociedade pluralista em que vivemos também está presente nesses equipamentos, não apenas no público, nos utentes, mas entre os colaboradores, funcionários ou voluntários.

Trata-se de organizações eticamente responsáveis que têm de ser geridas com um nível de exigência de qualidade e um relacionamento humano superior ao de qualquer organização indiferenciada, passando pela exigência máxima no difícil equilíbrio entre a norma e a ética, naturalmente sem prejuízo da necessidade de cumprir as regras inerentes – as indispensáveis e só essas – ao regular funcionamento das organizações e a um saudável viver em comunidade. E, todavia, ser mais velho, estar doente ou ser portador de uma deficiência não podem ser exercícios de mudança cultural e de personalidade.

Assim, o que se diz de qualquer organização, a definição rigorosa da responsabilidade que a cada um incumbe, o trabalho de equipa, o estabelecimento de redes matriciais, o cuidado no diálogo, o respeito pelas competências, tem de ser, a nosso ver, superlativo nestas organizações. Tratar todos bem não é tratar todos igualmente: a justiça e a ética impõem o tratamento diferenciado das pessoas, adaptado às suas diferenças, e também porque elas não são números. A padronização é um fenómeno típico de sociedades concentracionárias.

Gestão, liderança, diálogo, equipas

A capacidade de lidar com as pessoas – uma das definições possíveis de gestão – não é monopólio de qualquer formação académica, sendo, em primeiro lugar, uma questão de formação humana. Por isso mesmo, as formações académicas tradicionais na área social só têm a lucrar em se abrir ao diálogo entre pares, às outras áreas de formação académica. O saudável crescimento do número de pessoas com formação académica superior mais completa, que as exigências de qualidade e, em alguma medida, as consequências da crise, trouxeram a este mundo fascinante, só pode facilitar e enriquecer esse diálogo.

Só há uma maneira de trabalhar neste contexto: em equipa. Só há uma forma de organizar o trabalho: investir na humanização dos relacionamentos interpessoais, quer na relação dos colaboradores, com todas as suas formações, mesmo indiferenciadas, os seus modos de ver o mundo, as suas culturas, as suas pertenças sociais e expectativas, entre si e com os utentes, quer dentro de cada um destes grupos, e procedendo a uma gestão participativa com todos eles.

A existência de normas éticas profissionais, escritas ou não, só aumenta a responsabilidade para com todos e entre todos. Definir de maneira clara as responsabilidades não impede a desejável polivalência, antes a torna reconhecida e reconhecível, portanto gerível, o que impede a anarquia e os abusos de autoridade, de carga laboral e de «subcompetência culposa». Mas é preciso estar sempre disposto a questionar-se e a questionar, e a avaliar as respostas por um critério ético claro e se possível expresso.

5. Algumas conclusões intermédias

Para necessidades permanentes, respostas sistemáticas e eficazes

Tendo presente o que fica dito, parece seguro concluir que, sendo inerente à condição humana a verificação de eventualidades que determinam a redução ou cessação dos meios de subsistência ou o aumento de encargos, têm surgido soluções que se apresentam como respostas permanentes a essas necessidades. Mas a eficácia das prestações, conceito conhecido e trabalhado, deve ser objecto de avaliação sistemática.

Entre essas soluções, os sistemas públicos parecem estar bem posicionados, pela sua estrutura coerente e completa e pela garantia que oferecem.

Com alguns campos a merecer cuidados especiais

As situações de pobreza e privação, que deviam ser intoleráveis à nossa consciência ética, mas infelizmente se agravam e multiplicam por razões bem conhecidas, nem sempre têm sido atalhadas de modo adequado e eficaz. Trata-se, frequentemente, de situações intoleráveis e prioritárias – por maioria de razão no seio de sociedades de conforto, por estarem «mesmo à mão» para uma intervenção eficaz – e que não podem continuar a escapar a um enquadramento apropriado e a uma definição radical de prioridades. Aqui, sem margem para dúvidas, é o futuro que é comprometido.

Os sistemas públicos, por fim

É nestes limites e com estas condicionantes que podemos afirmar que as notícias sobre a morte daqueles sistemas, anunciada a prazo sob o nome de insustentabilidade, são manifestamente exageradas. Certamente, estes devem articular-se com respostas privadas, uns e outras suficientemente garantidos, de forma que evitem surpresas. Neste mesmo sentido, afirma-se:

> «No entanto, na perspectiva da protecção social global, a questão verdadeiramente crucial [...] está em definir a parcela do rendimento nacional que deve razoavelmente ser afecta às despesas sociais, isto é, à função protectora.
>
> Trata-se, assim, de saber qual o contributo admissível da economia para a protecção social em geral dos cidadãos. [...] O que não pode é falar-se, como por vezes se faz das modalidades privadas, como se elas não implicassem encargos para as empresas e as famílias, isto é, como se também não constituíssem um ónus para a economia. [...] em todo o caso, a segurança social permanecerá sempre como um dos melhores frutos civilizacionais da Europa tão cheia de contrastes, é certo, mas, ao mesmo tempo, tão rica de realizações e de possibilidades no domínio do progresso e da coesão social.»[4]

É disto que se trata. Mas podemos ainda, talvez, ver de um ângulo diferente e dar à protecção social o seu sentido mais amplo, fazendo também apelo ao conceito de coesão social: em que termos queremos colocar os membros da nossa comunidade nacional, não apenas os nossos concidadãos ao abrigo da necessidade, e que prioridades estamos dispostos a definir para esse efeito? Esta é a nossa responsabilidade solidária e é

---

[4] NEVES, Ilídio das, *Direito da Segurança Social: Princípios Fundamentais numa Análise Prospectiva*, Coimbra, Coimbra Editora, 1996.

para tal, ou tendo este aspecto em conta, que devemos organizar-nos e fazer responder a economia.

De resto, vale sempre a pena o debate, em que, apesar de tudo, aparecem muitas vozes sérias e isentas, com opiniões divergentes, apresentando dados credíveis e discriminados que contribuem para identificar realmente onde estão os pesos e qual a sua origem.

> «O argumento do peso do Estado Social deve ser rebatido com factos. Num estudo que publicámos (*Quem paga o Estado Social em Portugal?*, Bertrand, 2012), calculámos quanto quem trabalha e vive do salário entrega ao Estado em contribuições e impostos (directos e indirectos) e quanto recebe deste em serviços públicos prestados (saúde, educação, segurança social, transportes, desporto, espaços públicos, cultura). Chegámos à conclusão de que os défices do Estado não podem ser imputados aos gastos sociais e na maior parte dos anos há mesmo um excedente, isto é, os trabalhadores entregam mais ao Estado do que recebem dele em gastos sociais. Não nos surpreendem os resultados, estando Portugal neste campo a par de outros países da OCDE, onde foram realizados estudos semelhantes, como o do economista norte-americano Anwar Shaikh, que traduzimos no referido livro.»[5]

Ou aceitaremos chegar à conclusão indesejável de que somos uma comunidade inviável, porque não conseguimos garantir a todos a plena posse da sua dignidade humana?

6. Solidariedade, princípio e virtude

A solidariedade, conceito que remete desde logo para o que é sólido, o que oferece a segurança do apoio de todos,

---

[5] VARELA, Raquel, *Para onde vai Portugal?* Lisboa, Bertrand Editora, 2015.

é, de facto, o elemento agregador susceptível de dar solidez a todo o sistema e conteúdo efectivo aos princípios formalmente consagrados na lei. A solidariedade não é, pelo menos na perspectiva que nos interessa, apenas um vago sentimento de piedade; é antes um princípio filosófico operativo, ou seja, capaz de orientar a acção; é, certamente, uma virtude, para quem não rejeite esta terminologia.

6.1. O princípio da solidariedade no direito português da segurança social

A lei ordinária portuguesa reconhece e estabelece a solidariedade como princípio no âmbito mais geral do sistema de segurança social.[6] É o que fazem as disposições conjugadas do artigo 5.º e do artigo 8.º da Lei n.º 4/2007 de 16 de Janeiro, republicada com as alterações introduzidas pela Lei n.º 83-A/2013, de 30 de Dezembro.

Refira-se, também, o reconhecimento constitucional da coexistência do sector público, do sector privado e do sector cooperativo e social de propriedade dos meios de produção, bem como do princípio da sua protecção – artigo 80.º, b) e f), respectivamente, da Constituição da República. A matéria foi regulada pela Lei n.º 30/2013, de 8 de Maio – Lei de Bases da Economia Social.

Vejamos como é definido o princípio da solidariedade na Lei de Bases da Segurança Social:

---

[6] A Constituição da República fala em objectivos de solidariedade no n.º 5 do artigo 63.º.

Artigo 8.º
Princípio da solidariedade[7]

1. O princípio da solidariedade consiste na responsabilidade coletiva das pessoas entre si na realização das finalidades do sistema e envolve o concurso do Estado no seu financiamento, nos termos da presente lei.

2. O princípio da solidariedade concretiza-se:

a) No plano nacional, através da transferência de recursos entre os cidadãos, de forma a permitir a todos uma efetiva igualdade de oportunidades e a garantia de rendimentos sociais mínimos para os mais desfavorecidos;

b) No plano laboral, através do funcionamento de mecanismos redistributivos no âmbito da proteção de base profissional; e

c) No plano intergeracional, através da combinação de métodos de financiamento em regime de repartição e de capitalização.

Dos outros princípios gerais consagrados na Lei, destacamos o princípio da subsidiariedade, reconhecido no artigo 11.º, assente «no reconhecimento do papel essencial das pessoas, das famílias e de outras instituições não públicas na prossecução dos objetivos da segurança social, designadamente no desenvolvimento da ação social». Este último, de algum modo, complementa o princípio da solidariedade, se considerarmos que este respeita e compromete toda a comunidade, mas vê definida, por aquele, uma linha preferencial de actuação: o

---

[7] Referido aqui como princípio, consta como um dos valores que devem ser respeitados, de acordo com os princípios orientadores previstos no artigo 5.º da lei n.º 30/2013, citada. Esses valores são os seguintes: da solidariedade, da igualdade e da não discriminação, da coesão social, da justiça e da equidade, da transparência, da responsabilidade individual e social partilhada e da subsidiariedade.

reconhecimento do papel essencial das pessoas, das famílias, de outras instituições não públicas com vista à eficácia e eficiência acrescida do sistema, contribuindo de forma decisiva para a sua humanização.

Por sua vez, o princípio da coesão intergeracional «implica um ajustado equilíbrio e equidade geracionais na assunção das responsabilidades do sistema» (artigo 13.º).

Sem nos pronunciarmos sobre a maior ou menor correcção técnica da Lei, estamos assim em condições de afirmar que, no plano das suas intenções declaradas, estão salvaguardados e afirmados solenemente alguns princípios éticos fundamentais como elemento agregador do sistema, porque lhe traçam objectivos comuns.

6.2. O princípio da solidariedade noutros âmbitos de observação

Estes princípios éticos devem ser, obviamente, aplicáveis a pessoas e às relações sociais, com o calor humano, distante da frieza talvez só aparente das leis, com a acção concreta que reconhece o outro. Dito de outra forma e com outro propósito, na esteira da observação:

> «A solidariedade não é um propósito bom: caracteriza-se por factos e gestos concretos, que nos tornam vizinhos do próximo em qualquer condição que ele se encontre. Pelo contrário, os populismos florescem precisamente do egoísmo, que fecha num círculo restrito e sufocante não permitindo superar a limitação dos próprios pensamentos para "olhar mais além".»[8]

---

[8] Papa Francisco, *Discurso aos Chefes de Estado e de Governo da União Europeia Vindos à Itália para as Celebrações do 60.º Aniversário do «Tratado de Roma»*, 24

É de uma «solidariedade concreta» que se trata e nela (com «a centralidade do homem, a abertura ao mundo, a busca da paz e do desenvolvimento, a abertura ao futuro») se podem «discernir as estradas da esperança». Esta, diz o Papa, é a tarefa dos Estados e dos governos.

Como é sabido, esta não é uma linha de pensamento iniciada agora, nem sequer iniciada por este Pontífice. Não sabemos exactamente até que ponto esta insistência bem definida, pelo menos desde Leão XIII (1878-1903), ainda sem usar a palavra, numa linha de pensamento e de constante apelo em torno da ideia de solidariedade, hoje reconhecida como uma virtude cristã, terá influenciado os Estados e os governos, por vezes aparentemente de costas voltadas a este apelo ético, salvo em raros momentos de convergência e mútuo entendimento, como no projecto fundador da Europa.

Mas talvez possamos, mesmo correndo o risco de simplificação, evidenciar alguns pontos nessa longa linha de reflexão.

Em primeiro lugar, destacamos um elemento constitutivo de qualquer diálogo: a Igreja afirma-se como é, não esconde nem omite a sua Fé, nela se fundamentando. Por consequência, afirma a centralidade do homem – de todos os homens e do homem todo, como se repete – e a sua irmandade essencial. Não pode pensar de outro modo, porque lhe foi dito que Deus está presente em cada homem.

Trata-se então de tirar consequências práticas dessa convicção estruturante: todos devemos tudo a todos, e não apenas o que lhes pertence por direito, o nosso supérfluo, mas mesmo o que ultrapassa a simples justiça. Trata-se de uma noção muito mais ampla do que a simples afirmação normativa de um princípio e, por isso mesmo, suficientemente forte para imprimir

---

de Março 2017. Disponível na data em: http://w2.vatican.va/content/francesco/pt/speeches/2017/march.index.html.

uma marca ética em todo o discurso sobre o tema e na prática concreta do relacionamento entre os homens.

Na sua especificidade, urge imprimir esta marca ética aos conteúdos próprios dos sistemas de protecção social. Não pode ser outro o fundamento da protecção social: o homem e a sua dignidade «transcendente e inalienável», que não pode ser posta em causa – algo essencial ao respeito pela vida.

Talvez devamos recomeçar a rever (em cada momento?) os nossos conceitos e a abater os nossos preconceitos, para começar a preparar a mudança para as «gerações futuras».

Incluímos, como anexo, uma proposta de subsídios para uma carta ética da regulação e funcionamento da protecção social (conceito amplo), abrangendo muito do que se disse e alguns aspectos que não foi possível incluir no texto.

ANEXO

Subsídios para uma carta ética da regulação e funcionamento dos regimes de protecção social (conceito amplo) na perspectiva transgeracional

No plano do enquadramento normativo

– A lei deve reconhecer clara e inequivocamente direitos e correspondentes deveres, com menção «expressa» do âmbito pessoal e do âmbito material potencial e efectivo, bem como das condições de acesso e do regime de financiamento;

– Deve ser concebida de tal forma, que seja exequível pela estrutura que deve aplicá-la, ou essa estrutura preparada previamente para esse objectivo;

– Os programas informáticos de aplicação devem ser testados cuidadosamente antes do período de efectiva vigência;

– Devem estar garantidos meios que permitam uma aplicação eficaz e eficiente e que garantam o princípio da igualdade de tratamento no todo nacional;

– A lei deve ser objecto de avaliação normativa e a sua execução, de avaliação procedimental, no sentido da garantia dos direitos reconhecidos, da efectiva eficácia das prestações e da garantia de defesa contra eventuais más práticas da administração;

– Devem ser identificados e corrigidos os pontos de dúvida, os pontos de divergência na execução e os pontos susceptíveis de favorecer ou permitir mais fácil acessibilidade à fraude, à divergência de interpretações ou à sonegação de direitos.

No plano da informação

– A administração deve ser preparada e motivada para informar. Para o efeito, deve ter conhecimento atempado dos conteúdos e formação adequada, antes do início de vigência; deve ser também instada a contribuir para a melhoria das normas;

– O público ou os seus destinatários titulares de direitos devem ter informação acessível.

Devem ser mantidos actualizados meios de acesso virtual, com possibilidade de actuação interactiva (perguntas e respostas) e, sempre que possível, informação, pela mesma via, da situação processual.

– A informação geral ao público não deve ser descurada e deve ser pedagógica, contribuindo para criar uma imagem adequada à relevância e interesse comum do objecto da protecção social. Nomeadamente, essa pedagogia deve dirigir-se à crítica aos aspectos de fraude e acesso abusivo, pela criação da consciência da responsabilidade de todos;

– A informação financeira do sistema deve ser descodificada e transparente, de forma que se afaste a ideia de falsos privilégios ou que permita combatê-los, quando existam.

No plano da gestão

– Além dos princípios gerais aplicáveis à gestão de uma organização que se quer moderna e eficiente, deve ter-se especial atenção ao relacionamento dos grupos profissionais entre si, pelas funções que desempenham, estejam ou não relacionadas com a formação académica. Mas participam forçosamente de uma ética comum que tem que ver com os objectivos da organização. As éticas profissionais específicas, quando existam, sem prejuízo do respeito que lhes é devido, exigem gestão conjunta com vista aos objectivos éticos da organização.

– Em particular, quando se relacionem com os públicos, devem evitar-se cuidadosamente quaisquer práticas ou sequer sinais de discriminação, em relação ao sexo, à condição social, à origem geográfica ou à idade (idadismo), e todos os outros constitucionalmente previstos, por vezes disfarçados de boa-fé, de paternalismos sempre condenáveis. Atenção à necessidade de respeitar hábitos culturais enraizados, que não há razão para substituir; reforçar a formação neste campo;

– Atenção especial devem merecer os relacionamentos com as pessoas que precisam de ver avaliada a sua situação clínica para manutenção ou atribuição de prestações sociais;

– Devemos ter em conta que se nos dirigem, por vezes, pessoas fragilizadas por carências de toda a ordem. Manuais de boas práticas poderiam talvez ser elaborados, não apenas para a relação técnico-profissional com os utentes em ambiente de resposta social;

– O problema assume particular sensibilidade sempre que não se trate de gestão directa, e no respeito pela autonomia, mas deve ser objecto de diálogo permanente, designadamente no relacionamento de cooperação.

Alguns destes aspectos não são específicos de uma atitude (de ética) geracional, mas têm pelo menos igual acuidade neste plano.

Leituras recomendadas

Gosseries, Axel, *Pensar a Justiça entre as Gerações*, Coimbra, Edições Almedina, 2015.

Neves, Ilídio das, *Direito da Segurança Social: Princípios Fundamentais numa Análise Prospectiva*, Coimbra, Coimbra Editora, 1996.

Neves, Ilídio das, *Crise e Reforma da Segurança Social – Equívocos e realidades*, Queluz, Edições Chambel, 1998.

VARELA, Raquel (coord.), *Quem Paga o Estado Social em Portugal?* Lisboa, Bertrand Editora, 2013.

VARELA, Raquel, *Para onde vai Portugal?* Lisboa, Bertrand Editora, 2015.